用心理學趣讀三國！

忍術一流、笑到最後的權遊高手

司馬懿

陳禹安 · 著

英雄，不在逆境中產生，就在逆境中消亡。

——題記

自序

三問「心理說史」

「心理三國三部曲」是「心理說史」的開創之作，在十周年紀念版出版之際，很有必要釐清讀者們最關心的幾個問題，其實主要就是三個：「心理說史」是什麼？從何而來？去往何方？

心理說史是什麼？

在「心理三國」系列出現之前，國內從未有過這種集歷史、心理和文學於一體的寫作形式，既像歷史小說又像心理分析，很難歸於已有的類別。系列作品的第一部《心理關羽》，在出版過程中關於書名的爭議從未停息。「心理三國」的內容曾在天涯論壇連載，先後有幾十家出版社表達過出版意願，但幾乎沒有一家不想把書名改換的，因為當時沒有人確切知道《心理關羽》到底在表達什麼。但改來改去，卻都覺得沒有一個其他的書名能夠統攝《心理關羽》的豐富內涵，於是這一獨特的書名就幸運地被保留了下來，並沿用到整個「心理說史」系列的其他作品中。

「心理說史」關鍵在於「心理」兩個字。實際上，把這兩個字當作動詞而不是名詞就容易理解了。「心理三國」就是用心理學去梳理、剖析三國的歷史進程及關鍵細節，《心理關羽》就是用心理學去梳理、剖析關羽一生的心路歷程。

一開始寫「心理三國」的時候，我主要運用的是社會心理學，但自然而然地，人格心理學、發展心理學、進化心理學、認知心理學、生物心理學等應需而入，甚至還引用了全球心理療癒領域大量的研究成果。同時，我本人對於「心理」的理解，也超越了現代學科體系所設定的邊界，把自己對中國傳統文化中的儒釋道以及西方哲學體系的更深感悟融入其中。

從我個人的角度來看，也許「心」理比「心理」更接近真正的內涵，我甚至有這樣一個觀點：這個世界上，和人的社會屬性、文化屬性相關的知識，只有一門心理學。所謂的哲學、人類學、社會學、管理學、行銷學等，實質上都是心理學。

所以，心理說史就是用「心」去梳理歷史、述評人物。

說到歷史，也許又會引發一個爭議。「心理說史」的開創之作——「心理三國三部曲」參照的底本是《三國演義》，而不是所謂的正史《三國志》。讀者們難免會質疑，《三國演義》能算是歷史嗎？

三國是非常特殊的一段歷史，短短幾十年，卻是整個中國歷史中最膾炙人口、廣為人知的，這要歸功於《三國演義》和各種戲劇、評書的民間傳播。如果你和非歷史專業的三國迷說，草船借箭的不是諸葛亮，而是孫權；華雄不是關羽斬的，而是孫堅幹的，也沒有溫酒這回事……恐怕這些三國迷會找你拚命。

從心理學的角度，信即為真，將大眾一致信以為真的資訊視為歷史，其實並無不可。這同樣可以推及廣為人知的《水滸傳》、《紅樓夢》的解讀。

細品《三國演義》，我們還會發現，這其實是中國人代代相傳的集體創作，也是中國人集體潛意識的外顯。《三國演義》中隱藏的是中國人國民性的基因密碼。從而，用心理學加以解剖，就更有其必要性，也更有其正當性了。

當然，心理說史在處理其他的歷史時，會尊重基本史實，但讀者們也必須明白，從來就沒有所謂百分百真實的客觀歷史，任何紀錄都會帶有記錄者主觀感受的痕跡以及個人視角及表述能力的限制。

「心理說史」從何而來？

2007年初夏，我突然從每天平均工作十二小時以上的繁忙節奏中脫身，有了很多的閒置時間。當時，我就想用一種不一樣的方式來闡述歷史。於是，在一台黑色的索尼電腦上不知不覺敲下了三萬字，這就是《心理關羽》的前十節。

寫完這三萬字，突然意興索然，我就放下了，那台電腦後來也不見了。但幸運的是，這些文字在一個隨身碟中留下了備份。整整兩年之後，一個非常偶然的原因令我想起這些文字，然後把它們發到了天涯論壇，每天發一節。剛開始的時候，並沒有什麼動靜，我原想發完這十節，也就該結束了。沒想到第九節發出後，跟帖瞬間火爆起來。網友的熱情讓我覺得這樣的文字也許是有價值的。於是，整個三部曲就一氣呵成了。

所以，「心理說史」本是無心插柳之舉，剛開始的時候，我並不知道我後來會寫出十幾部作品，也不可能想到「心理三國」能夠以數種文字、多個版本風行於世。

一個嬰兒初生之際，人們可能不會急於為他暢想未來，但「心理三國」系列在編寫此自序時已經十周歲了，我們不免要考慮它的未來。

「心理說史」將去往何方？

十年來，我一直在思考這個問題。

歷史到底是什麼？如果歷史僅僅是過眼雲煙，「萬里長城今猶在，不見當年秦始皇」，那麼，事過多年之後，我們去學習歷史、剖解古人又能得到什麼？

從人性的基底來看，所謂歷史，其實是一間巨大的心理實驗室，一打開門，看到的卻是正在發生的現實。歷史，其實不是古人的故事，而是我們每個人自己的故事。基於此，我們也就發現了心理說史的基本價值——剖析古人心理，感悟現實人生。

每個人都是在不斷成長的，每個人的一生其實都有一條心路歷程。我們往往以固定的一個標籤去看待一個人，但一個人並非只代表是一張臉譜。

美國作家狄帕克·喬普拉寫過一本小說——《人子耶穌》，從人的角度描寫了《聖經》中缺失的耶穌從十二歲到三十歲的歷程。喬普拉感慨地說：「不管是否信奉基督教，人們把耶穌看成是靜態的。耶穌沒有煩惱，也不會成長。耶穌在伯利恆的馬廄裡一生下來就是神聖的，終其一生都是如此。」所以，他反其道而行之，把小說的主題定為：一個有潛力成為救世主的年輕人，發現了自己的潛力並學會了實現自己的潛力。

喬普拉對耶穌的成長的理解，其實也應該正是我們對任何一個人——無論是歷史風雲人物，還是現實中普通人——成長的理解。

我希望「心理說史」能夠讓歷史在心理學中復活，讓人性在心理學中鮮活，從而在歷史學、心理學和文學的交叉之處，留下一個不一樣的印記。「看透歷史，講透人性」，這就是「心理說史」必須承擔的歷史使命，也是「心理說史」一直在努力前往的未來。

我們在歷史上所做的每一分努力，都應該是為了讓現實更美好。

2019年12月29日星期日

下午3：38於杭州別館13B

初版自序

三國的兩部歷史
——兼談心理學家的歷史觀

在中國人的心目中，三國這段歷史有著特殊的地位。但稍一深究，就會發現無論是其存續的時間長短，還是對整個歷史進程的作用，都與它所表現出來的巨大影響力嚴重不符。

這是因為三國一直有兩部歷史。其中的一部歷史靜靜地躺在故紙堆中，問津者寥寥無幾；而另一部歷史則在田間地頭、市井巷陌為人所津津樂道。前者就是以《三國志》為代表的所謂「正史」，而後者就是以《三國演義》為代表的，包括小說、戲劇、民間傳說等多種傳播形式的「非正史」。

三國在中國乃至在整個中華文化圈的巨大影響力顯然來自後者。這是一個讓執著於歷史真相的歷史學家們頗感無奈及尷尬的事實。但這一事實，卻也正是驗證心理學上的「易得性直覺」的最佳例證。從人類的認知機制來看，那些形象具體、活色生香、充滿想像、飽含情感的資訊自然更容易被吸收、被認可、被傳播。

西哲培根有云：「讀史使人明智。」我們回望歷史，就是為了從中汲取智慧，以更好地走向未來。那麼，問題就來了。

我們應該讀什麼樣的史呢？

歷史學家當然希望人們去讀他們眼中的正史，而不要讀以訛傳訛的那些非正史。但心理學家的歷史觀似乎有所不同。

首先，心理學家認為從來不存在絕對真實的歷史。

心理學家烏爾里克・奈塞爾在美國航太飛船「挑戰者」號爆炸的那個早晨，詢問埃默里大學的一組大學生，他們第一次聽到這個消息的時候處於什麼樣的情形。所有被詢問的學生都寫下了清晰的紀錄。大約三年後，他讓四十四個依然在校的學生再次回憶當時的情形。在這之後寫的回憶文章中，沒有一份與當年寫的完全吻合，約有四分之一的學生寫下的是完全不同的。

哈佛大學心理學系主任、著名記憶學專家丹尼爾・夏克特所著的《記憶的七宗罪》一書，告訴我們：健忘、分心、空白、錯認、暗示、偏頗、糾纏七種背離真實狀況的現象普遍存在於每一個人身上。

可見，記憶並不那麼靠譜，而歷史作為人類的集體記憶，在其記錄者的概括、刪減以及有意無意的扭曲的過程中，自然也會出現無可避免的偏差。

所以，歷史必然不可能全然真實。如果堅持唯有讀正史才能使人明智，那就是泥古不化了。

其次，心理學家秉持「知方為有，信即為真」的特殊歷史觀。

人類不是上帝，不可能全知全覺。比如，人類在沒有發現細菌之前，並不知道有細菌的存在。所以，只有被人們認知到的，才是「有」或「存在」的，除此之外的事物，只能歸結為「沒有」或「不存在」。

而那些有幸被歸為「有」或「存在」的事物，也只有人們信了，才算是真的。這就是「信以為真，不信以為假」。

心理學上的安慰劑效應，說的是病人雖然獲得無效的治療，卻因相信治療有效，而讓症狀得到舒緩的現象。比如，美國有位「二戰」老兵，經診斷，他疼痛了五年的膝蓋患有退行性關節炎。醫生對他施行了全身麻醉，然後在膝蓋的皮膚上切了一個口子，並沒有做真正的手術。但這位老兵事後卻覺得膝蓋完全好了，而且多年來第一次可以不依靠拐杖行走。即便醫生事後告訴他真相，他也絕不相信自己接受的只是「安慰性診療」。

只要信以為真，就會對人產生影響。只有信以為真，才會對人產生影響。這一認知規律同樣也適用於歷史之於後人的作用。

在《三國演義》中，「溫酒斬華雄」是關羽的英雄壯舉，「草船借箭」是諸葛亮的神機妙算。試問有多少人知道，在《三國志》中華雄是孫堅殺的，草船借箭是孫權所為呢？又有多少人願意相信這才是真實的歷史呢？

清王朝的奠基者努爾哈赤對《三國演義》深信不疑，直接影響了他身邊的人。他的兒子皇太極繼位後，就從《三國演義》中學了周瑜的反間計，離間崇禎皇帝與袁崇煥，結果竟然真的害死了大明朝的護國長城袁崇煥。這發揮作用的顯然不是真實的歷史吧？

「穆桂英掛帥」、「十二寡婦征西」這些楊門女將的故事膾炙人口，流傳甚廣。可其中最重要的人物穆桂英壓根兒就不存在，甚至連穆桂英的丈夫楊宗保也是個子虛烏有的人物。儘管如此，楊家將的故事仍激勵著無數男兒熱血沸騰，精忠報國。

隋文帝楊堅在尚未奪得帝位之前，因為容貌出眾、有王者之相而遭到嗜殺成性的北周宣帝宇文贇的猜忌，面臨性命之憂。堅信楊堅必成大業的術士來和，卻在受宇文贇指派為楊堅看相後，刻意回護楊堅，說他最多只是大將軍之相，從而幫楊堅保住了性命。這不是「信則靈」，又是什麼？

再如，我們都知道神話、童話、寓言都不是真實的，卻不能說它們起不到教誨作用。

所以，與歷史學家不同，心理學家更為關注的是那些被人們信以為真的歷史，以及這樣的歷史到底能發揮什麼樣的作用與影響，而不一定去苦苦追尋所謂的歷史真相到底是什麼。

說到這裡，就有必要轉回來談談三國的兩部歷史了。因為，這牽涉「心理三國」系列作品創作藍本的選擇問題。

「心理三國三部曲」（《心理關羽》、《心理諸葛（繁中版：用心理學趣讀三國！軍師界頂流傳奇——諸葛亮）》、《心理曹操》）是嚴格依照羅貫中著、吳郡綠蔭堂藏版《李卓吾先生批評三國志》（即《三國演義》的前身）的敘事進程展開的。而「心理三國．逆境三部曲」（《心理劉備（繁中版：用心理學趣讀三國！善用眼淚打江山的梟雄——劉備）》、《心理孫權》、《心理司馬（繁中版：用心理學趣讀三國！忍術一流、笑到最後的權遊高手——司馬懿）》）則有所不同。

這有兩個原因。

首先，《三國演義》褒揚劉備過甚，太過背離現實。比如，劉備兵敗徐州，在逃亡途中路遇獵戶劉安。為了表現劉備的仁德深得人心，《三國演義》設計了劉安殺妻，用妻子的肉款待劉備的情節。這樣的情節實在太過殘忍血腥，我在《心理劉備》中就棄之不用了。另外，也有一些情節根據心理邏輯的演進需要，適當採用了《三國志》的說法。比如，關於劉備皇叔身分的一些描述。

其次，在《三國演義》中孫權和司馬懿並非第一陣列的主角，故而對他們人生歷程的交代存在大量欠缺。這直接影響到對他們心理演化進程分析的完整性。為做彌補，我只能從《三國志》、《資治通鑑》等正史中擷取資料，並與《三國演義》對接融合。這顯然不是一件輕鬆愉快的事情，但也只能勉力為之。最後呈現出來的《心理孫權》和《心理司馬》其實是一個《三國演義》和《三國志》的雜合本。這多少讓我心裡有一些糾結。

在寫作過程中，偶然翻到《隨筆》雜誌（2014年第3期）上沈寧先生所寫的一段話：「事實上，《三國志》也已經有了演義的筆法，特別是裴松之的小注，記錄了許多演義故事。而《三國演義》則也是七分實三分虛，用了很多裴松之的小注故事，把《三國演義》稱為史傳，也是可以的。所以我想，古人做史都並不能絕對避免演義筆法，現今史家也沒有什麼理由，動輒以雜有演義而否定記史的文章。」這段話於我，自然是心有戚戚焉，也讓我大為釋懷。

另外，要特別提出的是，儘管心理學家不會苛求百分百的歷史真實，但這並不表明心理學家完全反對追求歷史真實，更不會刻意偏愛野史傳說。我之所以要為「心理三國」系列作品參考藍本的選擇大費周章予以說明，完全是因為三國有兩部歷史的特殊性。除了三國之外，「心理說史」系列的其他作品因為不存在影響遠勝正史的演義故事，也就無須多費口舌了。

事實上，運用心理邏輯來分析歷史，反而更能判斷出正史中相互矛盾的一些記載的真偽。

比如，關於春秋末期吳國權臣伯嚭的命運就有兩種記載。《史記》中說越國吞吳後，伯嚭為勾踐所殺，而《左傳》則記載伯嚭再討得勾踐歡心，繼續在越國擔任太宰。

《史記》、《左傳》均為正史，到底哪一個的記載是真實的呢？

《史記》是司馬遷所著，《左傳》則是根據魯國國史《春秋》所編，而《春秋》經過了孔子的筆削。司馬遷境遇坎坷，《史記》中處處可見他自澆內心塊壘的情感筆觸。孔子首創春秋筆法，並不大肆表露情感傾向，從而更不可能擅改歷史。從司馬遷和孔子的價值觀念來看，兩人均會衷心擁護「讓伯嚭去死」。但孔子卻站在自己的相反立場，保留了關於伯嚭繼續在越國擔任太宰的紀錄，顯然更具可信度。而司馬遷對伯嚭命運的處理，更可能是為了宣揚正義而做了曲筆處理。

所以，我在「心理吳越三部曲」中採納了《左傳》的說法。

當然，這也只是我對歷史真相的一種選擇。我們必須明白，這世上其實哪有什麼正確的選擇，我們所有的努力無非是讓自己的選擇變得正確罷了。

2014年11月23日晚20：26於別館13B

目錄

棋逢對手

掃平遼東

謁陵之變

司馬出仕

拒絕需要大智慧 / 試探與反試探 / 源自誤解的偏見 /
給自己套上了枷鎖 / 再一次犯了大錯 / 被打入了冷宮

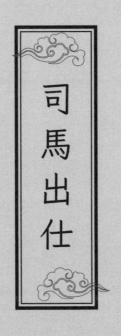

❶ 拒絕需要大智慧

傲慢與偏見往往會導致人們在自以為正確的情況下錯失良機。司馬懿就是這樣斷然拒絕了曹操的徵召。

不過，他的運氣似乎還不錯。七年之後，曹操的使者又一次登門請他出山。

這不得不讓人們相信，拒絕往往就是誘引的代名詞。不過，在整個三國中，最擅長這一手法的並非司馬懿，而是諸葛亮。

諸葛亮隱居隆中，擺出了一副絕不想出山的架勢，對求賢若渴的劉備避而不見。這反而讓劉備更加堅定地想要得到諸葛亮。他一再親自登門，連吃兩記閉門羹後，終於在第三次見到了諸葛亮的真顏。劉備折節下交，盛情相邀，諸葛亮這才答應出山輔佐劉備。

巧合的是，劉備「三顧茅廬」和曹操「二請司馬懿」發生的時間就在前後腳。東漢建安十二年（西元207年），劉備從隆中臥龍崗請出了諸葛亮。不到一年，剛剛榮任大漢丞相的曹操也再度派出了延請司馬懿的使者。

司馬懿和諸葛亮，這兩個日後分別接替曹操和劉備而成為直接對手的三國風雲人物，幾乎在同一時間登上了東漢末年變幻莫測的歷史舞台。這也許不僅僅是一種巧合。司馬懿和諸葛亮能力不相上下，而且年歲相仿。諸葛亮出山的時候是二十八歲，司馬懿比他大兩歲，正好是三十而立。

看起來，曹操和劉備這兩個敵對陣營同時上演了「求賢若渴」的一幕。但其實大大不然。諸葛亮和司馬懿的職業生涯之旅，有著一個相似的開頭，卻走上了完全不同的道路，而最終的結果也是大相徑庭。

諸葛亮一出山，就是星光燦爛。劉備請他擔任軍師一職，放手將軍政大權交給了他。而司馬懿卻是星光黯淡，曹操並不怎麼待見他，只是安排他擔任丞相府的文學掾。文學掾不過是一個品秩很低的小小文吏，和諸葛亮一步到位獲得的高管職位完全不可同日而語。

既然曹操並不重用司馬懿，為什麼卻又要在時隔七年後，再次派人延請他呢？

事實上，曹操在派出使者的時候，還曾經特別交代過一句：「如果司馬懿還是抗命不來，就直接把他捆起來，押到監獄問罪。」（原話為：若復盤桓，便收之。）

類似的話，在劉備三顧茅廬的過程中也出現過。當時，張飛陪同劉備二次延請諸葛亮不得後，十分生氣，對劉備說：「哥哥，你這一次不要自己去了。他如不來，我只用一條麻繩就將他縛來見你。」

但兩者的區別在於，一個是張飛說的，並不代表劉備自己的意思。而一個卻是曹操本人說的，正是他內心意圖的真實表現。

話語的背後，是掩藏不住的負面情緒。這其實已經說明，曹操對司馬懿前一次的拒絕始終是耿耿於懷的。

曹操為什麼會有這樣的心理反應呢？

這還要從曹操當時的人生狀態說起。

曹操第一次徵召司馬懿的時候，正好攀上了他人生的第一個巔峰。曹操在官渡之戰中，與袁紹對抗，在極為不利的情勢下，浴血奮戰，以弱勝強，竟然擊敗了實力最為雄厚的袁紹。這可以說是古今中外戰爭史上一次奇蹟般的勝利，也從此確立了曹操傲視天下的霸主地位。

心理學的研究表明，重大的成功會極大地提升人的自尊。曹操本來就是一個喜怒均形於色，勝必驕、敗不餒的激情之人。在這巨大的勝果刺激下，曹操當然是興高采烈，志得意滿了。

被曹操控制的漢獻帝隨即讓曹操擔任司空。司空和太尉、司徒並稱為「三公」，是東漢時期位爵最尊的官職。三公擁有的一項特權就是可以自行開府，征辟僚屬。也就是說，曹操當了司空之後，就有權力在全天下的範圍內徵召他認為是賢良的人才作為他的掾屬，為他個人效力，而無須經過皇帝的批准。

這一項特權，足以炫示曹操奮鬥有成的優越感，曹操當然不會輕易放過。於是，他開始大舉徵召賢才。

司馬懿的父親司馬防生有八個兒子。老大是司馬朗，字伯達。司馬懿是老二，字仲達。接下來是老三司馬孚，字叔達；老四司馬馗，字季達；老五司馬恂，字顯達；老六司馬進，字惠達；老七司馬通，字雅達；老八司馬敏，字幼達。

司馬防的這八個兒子，個個才能出眾，因為每個人的名字中都有一個「達」字，時人雅稱為「司馬八達」，名動天下。

曹操剛剛出仕的時候，曾受過司馬防的提攜。當時，司馬防擔任京兆尹之職，他大力舉薦曹操，曹操也因此邁出了漫漫仕途的第一步，擔任京都洛陽的北部縣尉。曹操因為和司馬防有過這樣一段淵源，所以早就聽說了「司馬八達」的美名。

當曹操擁有了自辟僚屬的權力後，他立即就想到了「司馬八達」中的老大司馬朗。這時，司馬朗已經三十一歲了。對渴望三十而立的司馬朗來說，曹操的徵召簡直就是一場及時雨。

東漢末年，自董卓作亂以來，戰爭頻仍，很多像司馬朗這樣身懷大才的年輕人都失去了正常的仕進之路。

曹操在擊敗袁紹後，一時間人望高漲。所以，司馬朗毫不猶豫就接受了曹操的邀請。司馬朗隨後表現出來的品性才幹讓曹操十分滿意。他的弟弟司馬懿也已經二十三歲了，曹操求賢若渴，向司馬懿發出了熱烈的邀請。

但是，曹操絕沒有想到，自己的熱臉貼到了司馬懿的冷屁股上——司馬懿竟然斷然拒絕了他的盛情相邀！

一般而言，低自尊是各類攻擊行為和對他人抱有消極態度的重要原因。但是，當高自尊的人遭到別人的拒絕時，往往比低自尊的人更容易表現出暴力行為。這是因為，高自尊意味著相對於他人的某種優越感，而他人的拒絕，則挫傷了這種優越感。出於維護自尊的本能，暴力性的報復行為也就隨之而生。這就是高自尊暴力傾向。

任何一個人，在春風得意的時候，被人潑了冷水，都會惱羞成怒，更何況是情緒激動亢奮遠烈於常人的曹操！

曹操的第一反應當然就是憤怒，馬上就想對司馬懿施以報復。不過，曹操倒也心知肚明，自己的成功之幕剛剛拉開，袁紹雖敗於官渡，但實力猶存，依然不可掉以輕心。和諸多軍國大事相比，司馬懿的拒絕實在算不上什麼太大的事情。但儘管如此，曹操還是對司馬懿實施了報復行為，好在司馬懿有備在先，巧妙逃過一劫。

此後，曹操繼續與袁紹對抗，終於在幾年後，徹底肅清了袁紹的勢力，並攻占了袁紹的大本營冀州。袁紹手下的一大批文臣武將、賢能之士都歸了曹操。

這其中就有名士崔琰。

曹操得了冀州，十分高興，眉飛色舞地就把心裡話說出來了：「我昨天審查了一下冀州的戶籍，總共有三十萬人，這可真是個大州啊！」曹操的言下之意無非是說可以從冀州大量徵兵調糧，增強自己的軍事實力。

曹操的這句話被崔琰聽到了，他絲毫不顧及曹操作為一個勝利者的得意之情，神情嚴肅地對曹操說：「現在天下大亂，袁尚、袁譚兄弟互相殘殺，冀州百姓苦不堪言。您來到這裡，也不先問問百姓疾苦，救他們於水火之中，反而先問戶籍兵甲，這難道是冀州百姓所希望的嗎？」

旁邊的人聽崔琰如此犯顏直言，忍不住為他捏了一把冷汗。但曹操卻絲毫沒有怪罪崔琰，而是立即向崔琰謝罪。崔琰也由此贏得了曹操的敬重。

崔琰歸入曹操帳下之後，有一次和司馬朗閒談，說到了司馬懿。

崔琰對司馬朗說：「你的二弟仲達，聰明果決，剛強勇毅，將來的成就恐怕不是你所能比得上的。」

司馬朗正值盛年，自信滿滿，對崔琰的話很不以為然。但曹操得知了他們倆的對話後，心思卻又活絡開了。

司馬朗在曹操麾下已有多年，他的學識才幹早已贏得了曹操的認同。如果司馬懿比司馬朗還要精明強幹，志在千里的曹操是不會放過這樣的頂級人才的。而崔琰一向以善於識人著稱，再加上此刻他在曹操心目中的分量很重，所以，曹操立即信了崔琰的話，再度動了徵召司馬懿的念頭。這時，距離他第一次徵召司馬懿已經過去了整整七年。

在這七年中，曹操的征服之路順風順水，接連掃平了一系列對手，基本平定了中國的北方。曹操為了獨掌大權，一舉廢除了三公制度，復設丞相。這個丞相尊位，當然是曹操為自己量身定做的。丞相既然取代了三公，當然也擁有開府用事、征辟僚屬的權力。

於是，司馬懿再一次迎來了曹操的使者。

根據「拒絕往往等同於誘惑」的人際交往法則，曹操應該對二請而來的司馬懿更加熱情才對，為什麼司馬懿對曹操的拒絕就沒能像諸葛亮對劉備的拒絕那樣，換來更加笑語殷勤的邀請，反而讓曹操懷恨在心呢？

> 心理感悟：拒絕是人生的必修課之一。

❷ 試探與反試探

曹操其實也不完全是懷恨在心，他是心有餘悸。

當初，他以司空的身分徵召司馬懿，被拒絕了一次。他十分擔心自己以更加尊崇的丞相身分再次徵召司馬懿，還是會遭到拒絕。

人們總是習慣於從他人的行為來推斷其性格特質和價值取向。這就是對應推論。司馬懿前一次的拒絕，讓曹操不由自主地得出了一個結論：司馬懿很可能是因為看不起自己才這樣做的。

曹操之所以會這樣想，和他內心深深隱藏的自卑感大有關係。

很多人以為，曹操是一個超級自信的人，不可能和自卑扯上什麼關係。其實不然。

東漢末年，非常講究門第出身和親緣血統。這一現象延續到了魏晉時期後，愈發變本加厲，以至於形成了壁壘森嚴的門閥體系。

當時，最吃香的是袁紹這樣出身名門望族的世家子弟。自袁紹的曾祖父算起，四代之中有五人位居三公，人稱「四世三公，門人故吏遍於天下」。但即便袁紹這麼牛，還是有人看不起他。這個人就是袁紹同父異母的弟弟袁術。其原因就在於袁紹的母親是袁家的一個侍女，出身卑賤，而袁術的母親則是其父袁逢的正妻。庶出的袁紹要不是被過繼給了伯父袁成，搖身一變成了袁成一系的嫡子，勢必被袁術死死壓制，難有出頭之日。

曹操的出身本來很不錯，是大漢開國功臣、丞相曹參的子孫，絕對屬於名門之後。但可惜的是，他的祖父曹騰卻是一個宦官。曹騰因為迎立漢桓帝有功而被封侯，後來又被封為大長秋，在宦官中也算是登到了極品。曹騰在宮中三十多年，一直沒有什麼過失。而且，他器量寬宏，為人稱道。有一個叫做種暠的刺史上書彈劾他，他不以為忤，反而稱頌種暠為能吏。但儘管如此，曹騰的宦官身分還是帶來了揮之不去的刻板印象偏見。

所謂刻板印象偏見，是指人們根據性別、種族、年齡、職業等社會分類而形成的關於某一類人的固定印象。東漢中期以後，宦官頻頻弄權，甚至影響到君主廢立，使得社會各界對整個宦官群體產生了強烈的刻板印象偏見。這一偏見不但影響到了曹騰本人，也給他的孫子曹操帶來了嚴重的心理陰影。

曹騰因是宦官，沒有生育能力，他按照當時的成例，收養了曹嵩為子。關於曹嵩的來歷，眾說紛紜，未有定論。但基本可以確定的是，曹嵩應是出生孤寒之家，否則他不會被送給外人當養子。所以，曹操的生物學基因和曹氏沒有任何關係。這在重視出身的社會規範下，也增加了曹操內心的自卑感。

曹嵩後來做的一件很不光彩的事，更是加重了曹操的心理負擔。漢靈帝當政時，為了滿足窮奢極欲的享受，公然下令，明碼標價，賣官鬻爵。擔任大司農、大鴻臚的曹嵩官迷心竅，竟然花鉅資一億錢，買了太尉一職，當上了三公。但父親的這個三公之位非但沒有給曹操帶來榮耀，反而授人以柄，為人家提供了攻擊的口實。

後來，曹操與袁紹抗衡之際，曹操門第出身上的這幾個弱點都被袁紹手下的大筆桿子陳琳寫入了檄文之中。陳琳寫的這篇《為袁紹檄豫州文》，尖刻怒罵，嬉笑譏諷，意氣縱橫，酣暢淋漓，堪稱檄文的典範名作。據說，曹操乍一聽到這檄文，頓時驚出了一身冷汗，連正在發作的頭風病也好了。

司馬懿出身於河內郡的名門望族，雖然比不上袁紹家的四世三公，但祖孫幾代都是太守級別的高官，而且身世清白。曹操自卑心理作怪，自慚於自身的種種汙點，很容易就會認為司馬懿是看不起自己的出身而不屑為自己效力。這自然會導致他自尊受到衝擊。

對任何一個人來說，自尊受傷都是「天字第一號」的大事，曹操當然不可能無動於衷。哈佛大學的克里斯．阿吉里斯教授提出：左右人們行動的主要因素是維持控制、效益最大化、損失最小化以及對消極情緒的儘量避免等。這樣的思維模式就是防禦性推理。曹操為了避免再一次在司馬懿面前栽面，這才明確指示使者，如果司馬懿再抗命不從，直接就把他押送監牢。

這麼說來，曹操應該是一個心胸狹窄、小肚雞腸的人了？

這似乎又有點兒不對勁。

曹操的氣量其實挺大的。崔琰直指其非，曹操沒有生氣，反而對他心生敬重。陳琳在檄文中痛斥曹操祖宗三代，曹操也沒有生氣。袁紹敗亡後，陳琳非但沒有被處死，反而成了曹操的座上賓。陳琳對於自己當初極盡挖苦之能事的檄文深感不安，曹操卻以一句「當初你寫檄文罵我也就可以了，為什麼要侮辱我的父祖呢」輕輕揭過了這場過節。還有，曹操征討張繡，張繡先降後叛，害得曹操的長子曹昂、侄子曹安民、猛將典韋均死於非命。後來，張繡打不過曹操，再次投降。曹操既往不咎，接納並寬待張繡。

可見，曹操是一個寬宏大量的人。那麼，他到底為什麼會對司馬懿的第一次拒絕如此耿耿於懷呢？

這和司馬懿的做法大有關係。司馬懿拒絕曹操的決然程度簡直令人匪夷所思！

司馬懿的理由是生病，但他是裝病！他躺在床上，接待了曹操的使者，並告訴他自己得了風痺之症。

風痺是指因風寒濕氣侵襲而引起的肢節疼痛或麻木的病症。罹患此症的人，行動不便，形同廢人，十分痛苦，基本上只能臥床不起，做不了什麼事情了。

用裝病來拒絕曹操的徵召，本是一種無傷雙方顏面的和緩性拒絕，頗具謀略智慧。司馬懿能想出這個辦法，說明他確實聰明過人。只是，他還是低估曹操的心計了。

曹操比司馬懿大了二十四歲，當司馬懿還在襁褓中的時候，曹操就已經用過裝病這一招了。當時，初入仕途的曹操為了嶄露頭角，不惜採用激烈手段來揚名立萬。他雖然大出風頭，但也因此得罪了宦官群體和權貴群體。曹操覺察到了危險的迫近，於是託病辭官，回家避禍。

裝過病的人，對於他人的裝病自然十分敏感。以己度人，正是人類慣常的心智模式之一。曹操在自卑的驅使下，對於自己第一次行使身為三公的征辟權力特別在意。對於那些拒絕了自己的人，不管是用什麼理由拒絕的，曹操都會反應過度，施予強有力的報復行為。

於是，曹操偷偷派出了一個刺客，前去刺探司馬懿所稱的病情是否屬實。一旦確證司馬懿純屬裝病，那就證明了他看不起曹操。事先得到曹操授權的刺客，當場就會將司馬懿刺殺。

曹操愛恨分明，情感濃烈，對司馬懿使出這樣的暗黑手段是不足為奇的。在明代俞琳編著的《經世奇謀》一書中，還記載了另外一則曹操任用刺客的軼事，可為佐證。

劉備一直是曹操的手下敗將。但自從劉備三顧茅廬請出了諸葛亮後，就開始時來運轉，接連幾次打敗了曹軍。曹操受了刺激，就派了一名刺客前去行刺劉備。這名刺客假扮成一位智謀出眾的儒士，去和劉備縱論天下大勢，竟然深得劉備認可。過了一會兒，諸葛亮進來了，這名刺客忌憚於諸葛亮的英名遠播，急忙以上廁所的藉口避席而退。毫不知情的劉備很高興地對諸葛亮說：「剛才這位是一個奇才之士，我要把他留下來，當您的得力助手。」

諸葛亮卻說：「我看這位客人的臉色不對勁，心裡有恐懼的情緒，眼睛視線往下，翻著往上盯著人看，奸形外露，一定是個刺客！」劉備不信，急忙派人去找這位客人，卻發現他已經翻牆逃走了。

如果司馬懿以為裝病就能騙過曹操而不做預防，那麼，當刺客臨門之日，也就是司馬懿斃命之時。

崔琰確實沒有錯看司馬懿。司馬懿竟然料到了曹操會再派人來偵察自己是否真的得了風痺之疾。曹操的使者走後，司馬懿就不再下床，耐著性子，靜靜等候那個他預料中必然會來的人。

果然，幾天之後，曹操的刺客就來了。這位刺客旁若無人，直接登堂入室，快步走到司馬懿的床榻之前。

司馬懿躺著一動不動，只是用充滿疑惑的目光注視著他。這位刺客還是不說話，卻突然拔出了寶劍，對著司馬懿猛然刺了下去！

對司馬懿來說，這就是一場生死考驗！如果他驚慌失措，害怕躲避，那麼他的謊言自然不攻自破，刺客的這一劍就會實刺，了結他的性命。但是，即便司馬懿能夠預判出這只是刺客的試探之舉，試問天下又有幾人，能夠在利刃加身的時候，不動聲色，既不反抗，也不躲避呢？

司馬懿卻真的做到了！他眼中閃現出惶急之色，身子卻一動不動。刺客的劍在即將刺入司馬懿身體的時候，戛然而止。司馬懿甚至都能感覺到劍芒臨身的那種逼人寒意！

刺客盯著司馬懿使勁地看了一眼，還是不發一言，迅速轉身，飛快地離開了。

司馬懿唰地出了一身冷汗！他長長地吁出了一口氣，知道自己終於挺過了這一關。隨即，自得之情立即取代了慶幸之意。他的心中滿是驕傲。饒是你曹阿瞞奸猾過人，還不是被我玩弄於股掌之上？

這正是司馬懿內心的祕密！他確實如曹操所擔心的那樣，壓根兒就看不起曹操，打心眼裡就不想為曹操效力。他甚至對大哥司馬朗欣然從命，成為曹操屬吏而深感不解、深感不滿。

司馬懿為什麼會表現出對曹操的深惡痛絕呢？

心理感悟：不要輕易撕開他人貼在自尊上的保護膜。

❸——源自誤解的偏見

正如曹操從司馬懿的拒絕中推斷出了他對自己的蔑視，司馬懿也經由對應推論很早就對曹操形成了極其惡劣的第一印象。

這源自十二年前曹操所做的一件驚天動地的大事。

當時，董卓把持朝政，橫行霸道，眾大臣迫於他的淫威，敢怒不敢言。三十出頭的曹操年輕氣盛，主動提出要去行刺董卓。事到臨頭，曹操在猶豫中坐失良機。曹操不敢久留，隨即逃出京都。董卓識破了曹操的用心，立即在全國通緝曹操。曹操逃至中牟縣被擒。縣令陳宮敬佩曹操為國除奸之舉，私自將他放了，並棄官相隨，跟著他一路逃亡。

曹操和陳宮逃至故人呂伯奢家中。呂伯奢盛情招待曹、陳二人。因為家中無酒，呂伯奢親自出門去買。等候期間，曹操、陳宮忽然聽到廚房有磨刀之聲，又聽到有人說「殺」字。曹操生性機警，而機警在特殊的情境下完全等同於多疑。曹操一路逃亡，對這樣的聲音和字眼自然分外敏感，他斷定呂伯奢是故意穩住自己，脫身去向官府報告了，否則買酒只要派個下人去就可以了，何必親自前往？

於是，曹操立即招呼陳宮，拔劍在手，將呂伯奢家中一應人等，殺得一個不留。等殺到了廚房，才發現呂家僕役們綁了一口肥豬，正要殺了招待曹操。

曹操這才知道自己一時衝動，犯了個不可饒恕的滔天大錯。從犯陳宮頓時也傻了眼。兩人四目相對，面面相覷。當責任重到無法承擔，人們的第一反應就是逃跑。曹操、陳宮兩人急忙上馬，匆匆逃離呂家。

半路上，正好遇到買酒回來的呂伯奢。呂伯奢滿腔熱情，不知曹操為何要走，急忙再次挽留。曹操卻故意使詐，趁呂伯奢不注意，一劍將他殺了！

陳宮為人正義，此前跟著曹操一起誤殺呂伯奢全家已經是心懷愧疚，但多少還有個「誤殺」的理由可以為自己開脫。但此刻曹操明知呂伯奢清白無辜，還要將他殺掉，就擊潰了陳宮的心理底線。

陳宮激怒而質問曹操。曹操卻說了一句堪稱千古第一的惡言：「寧使我負天下人，休教天下人負我！」

這句話徹底涼透了陳宮的心，他深深後悔自己沒有看清曹操極度自私的真面目，竟貿然傾心追隨。此後，陳宮伺機離去，從此和曹操形同路人。

曹操濫殺呂伯奢一家以及他說的「寧使我負天下人，休教天下人負我」這句千古惡言流播四方後，就成了他人以此來推斷曹操性格特質和價值取向的最佳素材。

人們在進行對應推論的時候，一般會特別關注觀察對象的三類行為。

第一類行為是自由行為。即在特定的情境下，人們可以根據自己的自由意志而決定施行的行為。這就排除了那些不得不做的被強制約束的行為。顯然，人們更容易透過自由行為，而非被迫行為，來判斷出他人的性格特質和價值取向。

第二類行為是不尋常行為。人們會注意那些產生了特定效果的行為。而那些普普通通、平平常常的行為在人們的注意力框架中，都只能視為背景而被完全忽略。

第三類行為是社會期待度低的行為。在某一情境下，人們往往會按照既定的社會規範行事而導致行為趨同。從這樣的社會期待度高的行為中，是無法判斷出他人性格與價值觀中的特別之處的。只有違背一般社會規則的行為，才能告訴我們，做出行為的這個人，在性格特質和價值取向上是多麼與眾不同。

曹操的殺呂行為正是符合上述三類標準的「三合一」行為。

首先，這是曹操的自由選擇，並沒有人拿著刀架在曹操的脖子上逼著他殺人。其次，這是典型的不尋常行為。即便呂伯奢心生歹意，曹操也還是可以選擇逃離，而不一定非要殺人滅口。再次，這是社會期待度極低的行為。呂伯奢顧念舊情，不但冒著風險收留逃犯，還殺豬買酒，準備盛情招待。對於這樣的行為，符合一般社會行為規範的回饋應該是深受感動，感恩戴德才對。但曹操反而大開殺戒，拔刀相向。曹操此前反應過度，誤殺呂家老小八口，多少還有一個勉強開脫的理由。但在確認誤殺後，按照社會規範的要求，曹操應該向呂伯奢跪地請罪才是符合社會期望的行為，而決不能再殘殺呂伯奢了。曹操不但殺了呂伯奢滅口，還振振有詞地為自己辯解，簡直無恥之尤。這就更加出乎所有正常人的預料了。

總而言之，由此而來的對應推論，給曹操的名聲蒙上了極為不利的陰影。人們紛紛斷定曹操是一個多疑、衝動、殘忍、嗜殺的大奸大惡之人。

這一年，司馬懿十一歲。司馬氏一家的孩子均是早熟早慧之人，早已有了自己的判斷力。司馬懿從父親口中得知了曹操的這一驚世駭俗的罪行後，立即像大多數人一樣，對曹操產生了極大的反感。而且，他的反應比一般人要強烈得多。

這是因為曹操的所為嚴重背離了司馬懿源自嚴格家教的價值觀。

司馬防秉持儒家思想，一舉一動，都是一絲不苟，決不逾軌。即便是在氣氛輕鬆的宴會上，司馬防也是面容整肅，不苟言笑，威儀十足。他平時特別喜歡讀《漢書》，對其中的名士賢臣十分景仰，能夠背誦下來的有幾十萬字。司馬防對兒子的要求十分嚴格。這些孩子即便是行過了冠禮（即古時的成人禮），在司馬防面前也是恭敬謹慎，不讓進屋就不敢進屋，不讓落座就不敢坐下，不指著發問就不敢主動說話。十一歲的司馬懿尚未行冠禮，還不能算是成人，但是在父親以身作則的薰陶與教誨下，價值觀早已成型。

儒家思想的核心要義無非就是「仁義禮智信」。司馬懿用這些價值觀內涵來衡量曹操的言行，很容易就會將曹操定位為一個與自己格格不入的「不仁不義不禮不智不信」的無恥之人。

人們在對陌生人做出愛憎好惡的評判時，價值觀是一個很重要的衡量標準。那些擁有相同價值觀的人很容易相互產生好感，併發展出親密關係。這就是相似性法則。

心理學家紐加姆透過一個實驗驗證了這一法則。他研究了兩組轉學而來的大學生。這些人在轉到同一所大學之前，從未碰過面。入學之前，紐加姆以電子郵件的方式詢問了這些學生一些問題，內容包括家庭、宗教、社會公共事務以及種族關係。學生們針對這些問題的答案就透露了他們的價值觀。

等這些學生入學後，紐加姆對他們進行跟蹤觀察，每週評估一次他們之間相互喜歡的程度。結果發現，那些在問卷中表現出相似價值觀的學生，在學期結束後，明顯表現出了強烈的相互喜歡的情感。

由相似性法則逆推可知，那些價值觀大相徑庭的人之間，很難形成相互欣賞的親密關係。司馬懿對曹操的認知與判斷正是如此。

在司馬懿看來，像曹操這樣的人，是應該遭天譴的，自己決不能與之為伍。這一深刻的第一印象強烈地刻入了司馬懿的記憶之中。所以，十二年後，當曹操的第一次徵召來到後，司馬懿才會以如此斷然的方式予以拒絕。

在司馬懿的認知中，曹操這個大奸大惡的無恥之徒、殺人狂魔，終究是不能成就大事的。像這樣的人，他避之唯恐不及，怎麼還會甘心與其朝夕相處，忠心為其效力呢？

其實，曹操固然有錯，但也不是一個厚顏無恥到了極點的卑劣人渣。司馬懿多少誤解了曹操，就像陳宮誤解了曹操一樣。曹操在連續殺人後，內心處於嚴重失衡的狀態。他說「寧使我負天下人，休教天下人負我」，其實是他在犯了無可挽回的慘重錯誤後，未經大腦思考，衝口而出的自辯之辭。他希望用這樣一句話來抵擋所有世俗道德的狂轟濫炸，也只有這句話，才可以讓曹操立於一個不敗的支點。畢竟，「讓自己正確」是支撐人們活下去的基本動力。否則，曹操就只能以死謝罪了。

事過之後，曹操對自己說的這句話也十分後悔，而且此後終其一生，都沒有再說過這句話。但這句話造成的惡劣影響已經覆水難收了。

在曹操第一次徵召司馬懿的前一年，曹操又一次舉起了屠刀，將密謀行刺他的國舅董承、王子服等人夷滅三族！這起新近發生的大屠殺，再一次強化了曹操在司馬懿心目中的殺人惡魔形象。

出於對曹操的深惡痛絕和極度恐懼，為了永絕後患，司馬懿才會選擇裝風痺之疾。因為，只有這樣的病才能徹底讓曹操死心。同時，司馬懿也沒有對曹操生性多疑的性格特點掉以輕心。所以，他在拒絕曹操之後，著意防範刺客前來試探，終於僥倖過關。

不過，司馬懿並不知道，當他在為自己成功擺脫曹操的糾纏而慶幸、自得之時，其實也給自己套上了一副沉重的枷鎖……

> 心理感悟：偏見是誤解的私生子。

❹——給自己套上了枷鎖

司馬懿很快就知道自己用力過猛，裝病過頭了。

這個風痺之疾哪裡是那麼好裝的？裝一天兩天容易，時間一長，一個正常人誰能夠老是偽裝成四肢麻木、行動不便、終日臥床不起的廢人？

但是，出於對殺人狂魔曹操的極度恐懼，司馬懿卻又不得不繼續裝下去。這是一副十分沉重的枷鎖，但既然已經套上了，就很難解脫了。司馬懿性格中的堅忍成分在這咬牙切齒的偽裝中得以充分展現，並得到了更高強度的淬煉。

司馬懿裝了很久很久，但終究還是露出了馬腳。

有一次，司馬懿見天氣晴朗，豔陽高照，於是吩咐僕役們將家中的幾部藏書拿到外面晾曬，以免受潮損壞。本來這事純屬平常，但偏偏這一天出了意外。

司馬懿躺在床上繼續裝病，突然間聽到半空中一聲驚雷，從窗戶往外一看，整個天空早已烏雲密布，一場大雨眼看就要傾盆而下。

司馬懿頓時打了個冷顫，不假思索地從床上一躍而起，衝到了屋外，要去搶收那些攤著晾曬的書。

家中的一個小婢女正好就站在旁邊，她一直以為主人真的是突然得了很嚴重的風痺之疾，無法動彈，只能僵臥床上，沒想到主人竟然動如脫兔，從屋中衝了出來，其反應之敏捷，動作之靈便，簡直比正常人還要厲害！小婢女頓時就被嚇呆了，站在那裡一動不動，瞪大了眼睛直勾勾地盯著司馬懿！

司馬懿猛然想起自己應該是一個手腳無法動彈的病人，他根本就沒有做好真相暴露後的心理準備，小婢女的驚駭頓時也讓司馬懿驚呆了！

在這一瞬間，司馬懿和這小婢女，主僕二人靈魂出竅、互相盯視，就像木頭人一樣呆呆地凝滯成了兩座雕像。此時，天空陰暗，狂風勁吹，電閃雷鳴，這一幕場景，有一種說不出的詭異之感！

為什麼司馬懿苦苦堅持了這麼久的心理防線會在這風雨驟至的一刻猝然失守呢？

主要的原因就在於，書籍在當時實在是太珍貴了，堪比今日的頂級奢侈品。

東漢末年，因為宦官蔡倫改良了造紙術，書的載體擺脫了竹簡與布帛，但是雕版印刷則遲至隋唐時期才被發明出來，活字印刷更是要等到北宋時期才出現。所以，東漢末年要「出版」一部書主要還是靠手抄，成本極高。

事實上，在現代印刷術流行之前，書的價格一直居高不下。以明代出版的《封神演義》為例，整部書的價格是二兩銀子，而當時一個刻書匠辛苦工作一個月，工資還不到二兩銀子，連一部書也買不起。即便是縣令，一個月的薪俸也只能買兩三部書。根據當時的物價，二兩銀子可以買到八十三斤鯉魚，或一頭半豬，或四十隻雞，或六十六斤香油，或二百七十六斤大米。明代的文學家王世貞，為了得到一部宋版《兩漢書》，竟然用一座莊園去交換。明代的藏書家朱大韶則用家中一位漂亮的婢女換來了一部宋版《後漢紀》。可見，書的價格確實不是一般的高。

從明代倒推一千三百多年前的東漢末年，書的極度珍貴也就可想而知了，讀書人對於書的極度珍惜也就可想而知了。

司馬懿正如普天下所有的讀書人一樣，視書如寶，愛書如命。在暴雨將至，寶書可能挨澆受損的這一刻，司馬懿的大腦裡立即閃現出一個極度危險的警報。為了解除迫在眉睫的危險，人類的大腦會將所有的注意力用於應對這一危險，而將其他所有的防範、戒備拋諸「腦後」。於是，司馬懿渾然忘了自己處於裝病狀態，在本能的驅使下立即衝了出去！

不巧的是，他的反常舉止偏偏被家中的這個小婢女看了個一清二楚。當下，兩個人面面相覷，僵立當場！

司馬懿的心中恐懼至極，他立即想到了自己裝病的真相暴露後，一旦被曹操得知，不但會給自己帶來滅頂之災，甚至也會讓整個家族遭殃。但是，一向以智謀出眾而著稱的司馬懿在這一刻卻想不出任何的補救之策。

正在此時，司馬懿的妻子張春華在屋中大喊一聲，將那個小婢女喊回了屋中。等到司馬懿回過神來，跑回屋中，駭然發現那個十幾歲的小婢女已經斷氣了！

原來，張春華毫不猶豫地將她掐死了。

司馬懿心機深沉，唯恐人多嘴雜洩了密，假裝風痺之事只告訴了妻子張春華一個人。

張春華是河內郡平皋縣人，父親當過縣令，也算是官宦出身。她自幼就以聰敏過人而著稱，此時與司馬懿結婚不久。

張春華那無與倫比的決斷力頓時令司馬懿驚駭不已！身為一介女流，張春華竟然能夠在司馬懿束手無策的時刻，在一瞬間就想出了殺人滅口的對策，這絕對是智力超凡入聖的人才能夠做到的。而且，還不僅於此，張春華竟然還能在一瞬間就將這一對策付諸實施，毫不猶豫地將這個無辜的小婢女置於死地！這絕對是心狠手辣到了極點的決然之人才能夠做到的。

要知道，這時的張春華還不到二十歲！

司馬懿看著倒在地上的小婢女的屍體，突然想到了曹操，突然明白了曹操為什麼會殺了呂伯奢。此時此刻，張春華不啻是一個翻版的曹操！

但司馬懿還顧不上往下細想，急忙與張春華一起，妥善處置了小婢女的屍體。在當時，奴婢的命就是主人的，可以任由處置。一個小婢女死了，是絕不會有人來刨根問底的。司馬懿裝病的祕密也因這一個無辜性命的無聲消失而得以保全。

一切處置停當後，司馬懿繼續躺到床上裝病。張春華殺婢的這一幕一直在他眼前反覆重演，他心頭大亂，思緒翻滾，過了好一陣子才勉強靜下心來。

司馬懿知道，張春華完全是為了他才做了這件駭人聽聞之事。但是，這樣濫殺無辜的行為與司馬懿深受儒家思想浸潤的價值觀完全不符。這自然會導致他內心激烈的衝突。可是，司馬懿卻又不得不承認，張春華的所作所為確實是當時情境下對自己最有利的唯一選擇。但這到底是不是最正確的選擇呢？

在對妻子心生感激的同時，司馬懿也深深地感到了張春華的可怕。她的凌厲決斷，帶給司馬懿的是三分敬仰，七分畏懼。

司馬懿很快又想到，既然張春華為了幫自己保密可以殺人滅口，曹操為什麼就不可以為了保密而殺人滅口呢？難道殺人滅口的人，就一定是大奸大惡的無恥之徒嗎？

任何人，只要事不關己，隨時就能拿出最高的道德標準來給別人扣大帽子。而只要事一關己，立即就能給自己的不端行為找到種種確屬無奈的理由。這就是典型的自利性偏見。

儒家思想一貫推行「己所不欲，勿施於人」。如果司馬懿覺得張春華殺小婢女是可以接受的，那他就沒有理由不接受曹操殺呂伯奢。

就在這痛苦的糾結中，司馬懿思想上的接納之門慢慢打開了，並最終導致他徹底改變了對曹操的看法。

人們往往根據自己的利益需求、情感好惡、既定態度等來解讀外部的客觀資訊。這就是選擇性偏見。在這種偏見的驅動下，人們戴著有色眼鏡看人，往往是主觀、片面的。只有當偏見因為某種特殊的機緣有所消融後，對他人的看法才會不那麼偏頗。

司馬懿慢慢發現，曹操身上其實也有很多很多的閃光點，而這是他此前在選擇性偏見的控制下一直視而不見的。

比如，曹操在剛剛擔任洛陽北部縣尉時，就有過一次讓仁人志士拍手稱快的壯舉。當時，洛陽城中權貴橫行，治安很差。曹操下令實施宵禁制度，並製作了三十根五色棒，掛在衙署門口，凡是違背宵禁制度，深夜浪行者，均著亂棒打死。宦官蹇碩的叔父仗著侄子是漢靈帝跟前當寵的大紅人，根本無視一個小小縣尉的禁令，肆無忌憚地率領著一幫從人出行。結果被曹操抓了個正著。曹操毫不猶豫，立即下令將蹇碩的叔父當場亂棒打死。曹操由此名聲大振，洛陽治安一夜變好。

又如，曹操擔任兗州牧時，曾經任命畢諶為別駕。後來，張邈叛變，劫持了畢諶的一家老小。曹操對畢諶說：「你的老母親落在張邈手上，你可以離開我，以保全老母親的性命。」畢諶磕頭謝恩，表示自己絕無二心。曹操對畢諶的忠心十分感動，流下了眼淚。但是，畢諶告辭出去後，卻偷偷地逃走去和親人相會了。後來，畢諶又歸到了呂布手下。等到曹操攻破呂布，畢諶也落到了曹操的手裡。眾人都以為畢諶在劫難逃了，但曹操卻並沒有報復畢諶，反而說：「能夠對親人盡孝的人，難道不會忠於君主嗎？這樣的人，正是我想要找的人。」於是，任命畢諶擔任魯國相。

上述曹操不畏強權、寬宏大量的事蹟不正是儒家所孜孜推崇的大仁大義之舉嗎？司馬懿漸漸地接受了曹操，認可了曹操。對應推論又一次發揮了神奇的效力。司馬懿開始認為曹操取得的一系列成功並非偶然，而這些導致曹操成功的性格特質必然還將幫助曹操取得更大的成功。

當司馬懿對曹操的好感與日俱增時，他對曹操的恐懼也與日俱增。在經歷了迫不得已的殺婢事件後，司馬懿自己給自己套上的枷鎖變得更加沉重。他時刻擔心自己的裝病之舉會被曹操察知而對自己不利。在巨大的恐懼的強力推動下，司馬懿更加堅忍地裝起了病，以至於和新婚妻子的魚水之歡也全然停止了。這也導致了他婚後七八年，一直沒有子息。

心理感悟：愛是破解恐懼的最強武器。

5——再一次犯了大錯

歲月不居，時節如流。司馬懿的裝病生涯雖然難熬，但一晃也好幾年過去了。在這期間，司馬懿的心性得到了前所未有的磨煉。

不過，隨著年歲漸長，慢慢逼近了「三十而立」，司馬懿不免焦躁起來。現在，他終於能夠理解當年長兄司馬朗為什麼會欣然接受曹操的徵召了。懷才總是要用的，可是他現在裝病已經快裝成一個廢人了。再這樣任由年華流逝，豈不是要虛度一生了？

司馬懿開始後悔自己拒絕曹操的決定了。當初，他認為曹操是成不了氣候的，但現實卻和他開了一個天大的玩笑。曹操不但成了氣候，而且是成了大氣候。曹操挾天子以令諸侯，掃平了北方各路諸侯，榮登丞相之高位，大漢朝的大半個天下都在他的掌控之中。說得更直白一些，除了投奔曹操，司馬懿已經很難找到其他的出仕途徑了。

這時的曹操，已經從一個行刺董卓的英雄，漸漸變成了第二個董卓。當司馬懿突然想到這一點後，不由不寒而慄。因為，從孩提時代開始，董卓就是司馬懿的噩夢。對董卓的恐懼，一直深深掩藏在司馬懿的心靈深處！

那時，曹操號召各路諸侯討伐董卓。董卓吃了敗仗，決定將都城從洛陽遷往長安。身居要職的文武百官都跟著漢獻帝先走了。董卓自己卻還暫留在洛陽。

司馬懿的父親司馬防擔任治書侍御史，正在隨行之列。司馬防決定，讓二十歲的長子司馬朗帶著一家老小返回距離洛陽不遠的老家溫縣，以免跟著遷都之眾，長途跋涉，大受其苦。

司馬防的這個決定，差一點讓自己的整個家庭遭受滅門之災。正當司馬朗收拾行囊，準備上路之際，卻被人告發說是要攜帶家屬逃亡。

原來，董卓率兵進入洛陽後，他的部屬橫行霸道，燒殺搶掠，害得洛陽百姓民不聊生。百姓們為保性命，只好拋家捨業，逃亡而去。董卓因此下令嚴禁私自遷徙，違者重懲。

司馬朗立即被抓走了。父親已經奔赴長安，長兄又遭橫禍，家中頓時失去了主心骨。年僅十二歲的司馬懿內心充滿了恐懼。他十分擔心長兄司馬朗難逃殺人狂魔董卓的毒手，到了晚上，焦慮地連覺也睡不著。

司馬懿在忐忑不安中過了好幾天，沒想到司馬朗竟然平安無事地回來了。

原來，司馬朗被押去見董卓。原本這必然是凶多吉少。但是，董卓見了司馬朗，卻想起了自己夭折了的兒子。他的兒子，如果不死，也和司馬朗一樣，都是二十歲。這個看似並不起眼的共同點，竟然造就了一個啟動效應。

所謂啟動效應，就是指外界某一個特別的資訊或物品激發出了人們的某種情感記憶或身分意識。

董卓這個殺人惡魔由此被激發出了惻隱之心，對司馬朗說：「你和我死去的兒子同歲。一看到你，我就想起了他。我差一點就要對不起你了。」

司馬朗抓住惡魔董卓難得流露出來的這一點「共情性父愛」，連忙說：「明公憑藉崇高的美德，在大亂中輔助天子，清除穢亂，舉薦賢士，這確實是竭盡思慮，復興社稷啊！您的威德日隆，功業卓著，但是兵災戰亂卻日漸嚴重，四方州郡動盪不安，就連京都近郊的百姓都不能安居樂業，紛紛拋棄家業田產，四處流亡躲竄。雖然四處設禁，用重刑加以殺戮處罰，但還是不能禁絕。這就是我會想回歸故鄉的原因。希望明公稍微多考慮一下，那麼您的名聲就可以與日月同輝，即便是伊尹和周公也不能和您相比了。」

董卓的情緒依然處於「共情性父愛」之中，再加上司馬朗的話又說得十分中聽，董卓懇切地回應說：「我也悟到了這一點。你說的話真是很有道理。」

於是，董卓放回了司馬朗。司馬朗可能是當時唯一能夠從董卓魔爪中平安脫身的人。對比一下二十歲的司馬朗之於董卓的周旋以及二十三歲的司馬懿之於曹操的拒絕，可以看出，司馬朗的處事應變要比司馬懿圓通得多。

司馬朗平安回家，包括司馬懿在內的一大家子人懸著的心總算放了下來。但是，在他被抓、失聯的那幾天裡，董卓那些殺人如麻的往事傳聞一一在司馬懿的想像中浮現，董卓的恐怖形象從此在司馬懿的心中留下了濃重的陰影。

當司馬懿驚覺曹操已經變成了第二個董卓後，恐懼立即扼住了司馬懿的心靈。他越來越擔心，曹操有一天也會對自己的矇騙之舉施以殘酷的報復。當然，司馬懿絕不會想到，有朝一日，在諸般機緣的推動下，自己也會成為第三個董卓，第二個曹操而獨霸朝政。

司馬懿心中五味雜陳，既後悔自己的貿然拒絕讓自己錯失良機，荒廢光陰，又害怕曹操記恨在心，不肯放過自己，還期盼著曹操能夠回心轉意，再給自己一次機會。種種複雜的情緒讓司馬懿度日如年，而他自己選擇的風痺之疾，更是讓他進退維谷，既不敢不繼續裝下去，又很難堅持繼續裝下去。

司馬懿在百般煎熬中迎來了自己的三十歲。就在他日漸心灰意冷的時候，好消息終於來了。曹操在得知崔琰對他的高度評價後，再一次向司馬懿伸出了橄欖枝。

久旱逢甘霖的司馬懿興奮異常，毫不猶豫地接受了這峰迴路轉的禮物，立即跟著使者上路了。一路上，司馬懿的心情雀躍，過往七年的煎熬與痛楚，彷彿也搖身一變，成了最為甜蜜的回憶。

司馬懿的表現，正鮮明揭示了人類的主觀預期對於過往事實（記憶）的塑造作用。人們對於人生中各種事件的回顧性評價很大程度上取決於結束之時的情感方向及強烈程度。這就是結局效應。如果結束之時的情感狀態是強烈的正向情緒，那麼，再痛苦的歷程，也會變得美好，充滿意義。反之，則反之。

諾貝爾獎獲得者、著名學者丹尼爾・卡尼曼曾經利用會給病人帶來極大痛苦的結腸鏡檢查做過一個實驗。參加實驗的共有六百八十二名病人。在結腸鏡檢查結束後，醫生將內視鏡在其中一半的病人的體內靜止不動多放了幾分鐘。在這幾分鐘內，病人感覺到的痛苦要比之前檢查時輕得多。事情的結局最終影響了人們的記憶。這些被人為延長了檢查時間的病人，在檢查結束時以及一個小時之後，紛紛表示他們整體感覺良好。而另外一半的病人則對結腸鏡留下了不堪回首的痛苦記憶。

司馬懿再獲良機的美妙感覺，把七年來苦苦掙扎的陰霾一掃而空。但他根本不知道，他的這一次欣然接受，卻是犯了一個比他上一次斷然拒絕更大的錯誤！

他對此前的風痺之疾沒有做任何解釋就生龍活虎般地上了路，等於是擺明了告訴曹操，我上一次就是騙你的。這無異於當眾打曹操的臉！這就帶來了兩者間情感關係的失衡。造成失衡的責任主要在司馬懿，而且，曹操又處於尊位，所以，恢復平衡的第一步也必須落在司馬懿身上。

如果司馬懿沒有就此做出相應的彌補，生性敏感的曹操必然會心生不滿。

曹操其實是一個非常複雜的人，集善良與殘忍、寬容與狹隘、仁愛與自私等截然相反的品性於一體。更重要的是，曹操是一個非常傑出的政治家，往往會根據戰略大局所需，而表現出雙面性格中的某一面。

司馬懿被喜訊沖昏了頭，根本沒想到，曹操此時重權在握，春風得意，根本不需要做出任何政治姿態來塑造形象。而且，此時曹操的手下，謀士如雲，根本就不缺乏人才。在這樣的情勢下，曹操當然更傾向於放縱自己的心性，恣意行事。

正如前述，曹操心底掩藏著不易覺察的自卑，這導致他心細如髮，對於他遭受過的所有輕視與凌辱均牢記在心，一旦有合適的時機，就會爆發出來。

我們可以從八年之後，曹操被封為魏王時的一件小事來體察他的這一習慣性心理機制。這件事和司馬懿的父親司馬防有關。

曹操當了魏王，已經位極人臣。他專門派人將年近七十的司馬防請來。在宴席上，曹操借著酒意，半開玩笑地對司馬防說：「司馬公，你看我今天還能不能當個縣尉啊？」

司馬防反應很快，回答道：「當初我舉薦大王的時候，您正好適合當縣尉呢！」

兩個人都是話中有話。

原來，當初曹操自認為自己的才幹足以擔任洛陽縣令。但是主管此事的選部尚書梁鵠卻不同意。司馬防也就只推薦曹操擔任洛陽縣令之下的北部尉了。

曹操今日舊話重提，就是想說明當年梁鵠和司馬防小看他了。司馬防的回答也很巧妙，曹操聽了，哈哈一笑也就過去了。

另一位也曾小看曹操的梁鵠，後來也被曹操收歸部下。梁鵠的書法非常不錯，自創八分書，深得曹操喜愛。曹操對梁鵠的善待任用，多少也是有意對外炫示他的心胸。

所以，曹操的寬宏大量是真的，小肚雞腸也是真的。問題的關鍵就在於如何在特定的情勢下觸動曹操的性格開關。

如果司馬懿能夠誠懇地對曹操道個歉，開誠布公地承認自己當年愚鈍無知，試圖以詐病來欺蒙丞相，曹操聽了之後，一定會哈哈一笑，對司馬懿盡釋前嫌的。

但是，司馬懿卻光顧著高興了，根本沒有注意到自己對曹操的態度從一個極端跳到了另一個極端，會給自己的未來帶來什麼樣的麻煩。

> 心理感悟：從一個極端，到另一個極端，是人生中最常見的重大錯誤。

6 被打入了冷宮

司馬懿興沖沖地去見曹操，心結未除的曹操一見到司馬懿身材高大，目光炯炯，立即想到了司馬懿此前對自己的蔑視，內心深處的自卑頓時噴薄而發，心情不由大壞。

司馬氏的子弟，出於基因遺傳，個個身材高大。司馬懿的哥哥司馬朗十二歲的時候，身高就和成人一樣了。他去參加童子考試時，監考官懷疑他是故意虛低年齡前來應試的。司馬懿長得高大挺拔，頓時激發出了曹操的「外表拒絕敏感度」。

所謂「外表拒絕敏感度」，其實就是一種自卑性反應。敏感度高的人，過於關注自己的外表，擔心自己外表不夠出眾而遭到他人的蔑視。

曹操是一個外表拒絕敏感度很高的人。他在當了魏王之後，有一次要接見匈奴的使者。曹操擔心自己身材矮小，相貌醜陋，會被蠻夷之人嘲笑，起不到威懾作用。於是，曹操就讓身材高大、相貌堂堂的崔琰假扮自己接見匈奴使者。曹操本人則握刀站在一旁。接見完畢後，曹操特意派人去問匈奴使者「魏王怎麼樣」。使者回答說：「魏王的儀容風采非同尋常，但是旁邊的那位捉刀人才是真的英雄啊！」曹操聞報後，立即派人殺了這位洞察力十足的匈奴使者。

從這個小故事可以看出，曹操雖然氣度迫人，但他自己卻很不自信。

可是，在司馬懿到來之前，曹操帳下已經有很多位身材高大的人了，比如司馬朗、崔琰等。為什麼曹操在這幾個人面前脫敏，而唯獨對司馬懿敏感了呢？

其實，外部拒絕敏感度是一種相對的心理反應。崔琰、司馬朗等人對曹操恭敬有禮，發自內心地把他當作上司來看待，自然就消融了曹操的自卑性敏感。

一項針對權威地位如何影響人們的身高判斷的心理學實驗發現，一個人擁有的頭銜越是顯赫，人們對他的身高就會估計得越高。

一位劍橋大學的教授來到澳洲的一所大學訪問。澳洲大學的心理學教授借這個機會做了一項構思巧妙的實驗。這位訪問學者在不同的班級被介紹為不同的頭銜。在一個班上，他被介紹為學生。在第二個班上，他被介紹為實驗員。在隨後的班級，他分別被介紹為講師、高級講師、教授。然後，每個班的學生被要求估測這位訪問者的身高。結果發現，隨著他的頭銜的不斷升高，他的身高也被估計得越來越高。具體地說，頭銜每升高一級，身高估值就平均增加半英寸。同樣的一個人，當他被介紹為「教授」的時候，比他被介紹為「學生」的時候，竟然要高出兩英寸半！

這種看似可笑的判斷其實在人們的日常生活中屢見不鮮。因為，頭銜的高低代表著權威的大小。當人們出於權威崇拜而高估權威人物的各種內外部特質時，權威人物也會明顯感受到權威帶給自己的莫大好處，從而自信倍增。

曹操因著崔琰、司馬朗對自己的敬重而消弭了外表拒絕敏感度，但司馬懿卻一直沒有就自己的拒絕做出解釋和道歉，曹操的自卑無從消散，自然就心情不豫了。

司馬懿除了身材高大，還有一個大異於常人的特點，那就是「狼顧之相」。

正常人的脖子最多只能左右各轉九十度，但司馬懿卻可以轉一百八十度，直接把腦袋轉到正後方。在動物中，狼的脖子也可以轉到正後方，所以，司馬懿的這個特點被稱為「狼顧」。

剛開始的時候，人們並未認為司馬懿的這個極為獨特的天生異相有什麼負面的含義。否則，司馬懿早就祕而不宣了。

正因司馬懿從未設防，所以，他的「狼顧之相」也在熟人圈子裡作為趣聞而廣為流傳。曹操知道了這件事後，激起了好奇之心。

曹操命司馬懿站在原地，把頭轉到正後方給他看。司馬懿不知就裡，依言而行。曹操見了之後，十分訝異，又見司馬懿目光炯炯，眼神銳利，不由說了一句：「鷹視狼顧，哼哼……」言中不盡之意，當然不會是褒揚之聲。

曹操此時對司馬懿的負面情緒正濃，這一句評語自然就走向了負面批判之路。

蘇聯心理學家包達列夫，曾經將同一個人的照片分別給兩組被試看。這個人的容貌特徵是眼睛深凹，下巴外翹。包達列夫有意向兩組被試分別介紹了這個人不同的身分背景。他對第一組被試說「這個人是個罪犯」，對第二組說「這是位著名學者」，然後請兩組被試分別對照片上的這個人的容貌特徵與性格之間的關係進行評價。

結果，第一組被試認為，眼睛深凹表明這個人凶狠、狡猾，下巴外翹則反映了他頑固不化的性格；而第二組被試認為，眼睛深凹，表明他具有深邃的思想，下巴外翹則反映他具有探索真理的頑強精神。

在人們的定式思維中，凶狠狡猾、頑固不化是和犯罪分子畫等號的，而思想深邃、頑強探索真理則與學者固化關聯。這是兩類完全不同的性格特質。但為什麼在上述實驗中，明明是同一個人，在被人為賦予了不同的身分背景後，兩組被試就得出了截然不同的性格判定呢？

這其實是一種驗證性偏見。人們往往根據內心已有的信念或情緒來對外部事物進行評判，以得出與內心一致的結論。

司馬懿未能及時消除曹操心中的偏見，他的「鷹視狼顧」之相也就隨之被定位為負面的評價，並且在日後的傳播中越傳越糟，最終演化成了陰險狡詐、狼子野心的代名詞。這是司馬懿怎麼也預料不及的。而出自曹操之口的這一評價，因著曹操的絕對權威地位而影響重大且深遠，直接對司馬懿的命運造成了不可估量的影響。

實際上，「目光炯炯、眼神銳利」的鷹視之相完全可以解讀為正氣凜然的英雄氣質。而狼顧之相在整個中國歷史上也只是一個孤例。幾千年的歷史中，陰險狡詐的野心家很多，卻沒有聽說其他人也有狼顧之相。可見，狼顧之相與狼子野心並不能畫等號。

但曹操心中已有偏見，就不會好好對待司馬懿了。於是，曹操任命司馬懿為丞相府的文學掾，這是級別很低的一個職位。而更有意思的是，司馬懿的具體職責竟然不是在丞相府處理公文，而是給時年二十二歲的曹丕當輔導老師，傳授儒家經典理論。

曹操這樣的安排是什麼用意呢？

有的人也許會以為這是在重用司馬懿了。曹操的長子曹昂早幾年就死於亂軍之中，曹丕現在是曹操年紀最大的兒子，最有希望成為曹操的接班人。曹操讓司馬懿去輔導曹丕，顯然是對他委以重任，寄予厚望。

但其實不是這樣的。

首先，曹操剛剛就任丞相，而丞相一職並沒有世襲一說。因此，此刻就說曹操要讓曹丕當接班人，為時尚早。

其次，就算曹操真的開始考慮接班人問題，曹丕也並非是板上釘釘的唯一人選。曹操的兒子眾多（一共有二十五個之多），其中英才出眾者不在少數。而最得曹操歡心的既不是曹丕，也不是曹植，而是曹沖。

曹沖是曹操諸多兒子中最聰明的一位。曹沖稱象的故事一直到今天依然流傳不息。但可惜的是，就在曹操擔任丞相的前一個月，十三歲的曹沖不幸夭折。曹操悲痛欲絕，曹丕善言勸慰老父。曹操卻流著眼淚說：「這是我的不幸，卻是你們的幸運啊。」

曹操在劇痛之餘，不加掩飾說的這句話，其實已經透露了他的內心隱祕。如果要立嗣，曹沖才是第一人選。現在，曹沖剛剛去世，尚未從悲痛中完全恢復的曹操根本不可能考慮接班人人選的問題。

此外，曹操雖然已經五十四歲了，但依然身體強健，精力旺盛。他的事業心也依然勃勃待發，發誓要以掃平天下為己任。既然曹操的重心還放在王霸雄圖上，那麼，最好的人才就得用在刀刃上。所以，只有為曹操本人效力，每天不離左右的人，才算是真正得到曹操重用的人。司馬懿被打發去和曹丕做伴，實際上就是被曹操打入了冷宮。

司馬懿滿懷興奮而來，憋足了七年的勁兒，想要大展身手，卻沒想到自己會被放到了這樣一個無足輕重的位置上，其內心的失落自然可想而知。

但是，他卻不敢表露任何的不滿。他終於明白了，是自己的前科給自己帶來了麻煩。如果自己再恣意行事，曹操隨時會施以更大的報復。好在，七年的煎熬歲月已經錘鍊出了司馬懿的堅忍品性。他決定要隨形就勢，隨遇而安，先好好地侍候好眼前的曹大公子，然後再慢慢尋找施展的機會。

> 心理感悟：人們往往要等到支付代價時，才會發現自己的錯誤。

邊緣人物

起點是很重要的 / 在鱷魚身邊生存 / 殘酷的競爭開始了 /
對權力的思考 / 對殘忍習以為常 / 頑固的第一印象 /
接連救了兩個賽點 / 大師級的智慧 / 悲欣交集的境遇

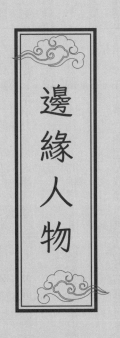

❼——起點是很重要的

司馬懿的出仕與他日後的生死之敵諸葛亮的出山簡直不可同日而語。諸葛亮是風風光光的高起點、大手筆，而司馬懿則不得不為自己的傲慢與偏見以及應對失策支付代價，被淒淒慘慘地打入冷宮。

但是世事無常，機運難料，曹操對司馬懿的打壓無意中卻給他提供了一條絕地逆轉的捷徑。

這首先得「感謝」天才兒童曹沖的過早去世。如果曹沖不死，自然是第一接班人選。曹沖死後，雖然曹操暫時還無意立嗣，但這是日後必然要做之事。在多位有可能成為嗣子的候選者中，曹丕的長子身分至少為他爭得了半個身位的領先優勢。

在這樣的情況下，司馬懿得以成為曹丕的輔導老師，就很有可能借勢於曹丕的日後走紅而飛黃騰達。當然，前提是曹丕真的能夠被曹操選定為接班人。

在一個人的職業生涯中，存在著一種起點效應。選擇或者被選擇從什麼樣的部門、職位作為起點，會極大地影響到未來的職業成就。

美國的一項針對擁有三千五百名雇員的公用事業部門中的三百三十八名管理者的研究發現，人們從哪個部門開始自己的職業生涯、這個部門的許可權大小，對他們的薪資增長率影響很大。而且，在權力較大的部門工作，晉升也更快。可見，對於追求職業成功的人們來說，並非所有的職業平台都具備同等的價值。

但是，我們同時也要看到，如果僵化地認為只有從當前的核心部門起步，才能更快成功，也是有失偏頗的。因為，在核心部門中，早就擠滿了最富才華的競爭者。所以，最取巧的辦法應該是選擇那些在不久後有望成為新的核心部門的位置。

在曹操的組織體系中，為曹操本人效力就是當前的核心部門、核心業務。但這裡早就人才濟濟了，諸如荀彧、程昱、毛階、賈詡之類的頂尖智囊不可勝數。而曹丕如果能夠順利成為曹操的接班人，就將成為新的組織核心。那麼，此刻為曹丕效力，就等於是走上了一條青雲之路。

所以，司馬懿被派去給曹丕當輔導老師，雖然是職業生涯的低起點，卻也是一個充滿潛力的新起點。曹操麾下能夠看到這一點的人不在少數。於是，曹丕身旁漸漸地聚攏了一大幫英才賢士。司馬懿因為工作身分的關係，具備了很大的鄰近優勢，從而得以與這些英才賢士們很自然地展開情境性交往。

所謂鄰近優勢，是指基於居住場所或工作場所的相鄰接近這一自然便利性條件而對相互間開展人際交往的促進作用。

心理學家安德魯·鮑姆和格倫·戴維斯在一個有趣的實驗中發現，僅僅透過改變大學生宿舍大門的方位，就極大地增進了居住在宿舍樓裡的大學生之間的友誼。宿舍樓原本是一條長廊通到底的。安德魯·鮑姆和格倫·戴維斯給長長的走廊增加了兩扇門，並將中部的三間宿舍改造為公共休息室。結果發現，改造之後的宿舍樓給學生們帶來了更多的社交生活，從而有效促進了他們之間的親密關係，相互間的日常摩擦也大大減少了。

顯然，宿舍建築結構和功能上的小小改變，卻極大地增加了鄰近優勢，從而讓學生們在自然而然的情況下擁有了更多的接觸機會。

司馬懿為曹丕效力，也充分享受到了鄰近優勢帶來的人際交往紅利。曹操是一個猜忌心很重的人，如果他麾下的人著意結黨營私，一定會遭到他的嚴厲打擊。司馬懿與諸多賢才的交往，卻是無須刻意經營的。這自然不會引發曹操的負面反應。

在這個過程中，司馬懿與陳群、吳質、朱鑠三人結下了深厚的友誼，後來四人被合稱為「四友」。曹丕日後執政時，這四人都成了宰輔重臣。

有意思的是，司馬懿名義上擔任的是文學掾，但是他的文學修養卻很一般。我們可以從司馬懿唯一存世的一首四言詩中窺見一斑。

天地開闢，日月重光。遭逢際會，奉辭遐方。將掃逋穢，還過故鄉。肅清萬里，總齊八荒。告成歸老，待罪武陽。

這是司馬懿六十歲那年，率領大軍征討遼東，路過老家溫縣時所寫。當時，魏明帝曹叡特別恩准他衣錦還鄉。司馬懿感恩戴德之餘，激情迸發，寫下了這一首詩。

我們不妨隨便各選一首曹操和曹丕的四言詩來與司馬懿的四言詩做一對比。

對酒當歌，人生幾何？譬如朝露，去日苦多。慨當以慷，憂思難忘。何以解憂？惟有杜康。青青子衿，悠悠我心。但為君故，沉吟至今。呦呦鹿鳴，食野之苹。我有嘉賓，鼓瑟吹笙。明明如月，何時可掇？憂從中來，不可斷絕。越陌度阡，枉用相存。契闊談讌，心念舊恩。月明星稀，烏鵲南飛。繞樹三匝，何枝可依？山不厭高，海不厭深。周公吐哺，天下歸心。

這是曹操的《短歌行》。

丹霞蔽日，采虹垂天。谷水潺潺，木落翩翩。孤禽失群，悲鳴雲間。月盈則沖，華不再繁。古來有之，嗟我何言。

這是曹丕的《丹霞蔽日行》。

只要稍有文學修養的人，很容易就能看出司馬懿的作品用詞乾澀，情感枯燥，毫無文采，與曹氏父子的才情飛揚的燦爛華章根本是天差地別。

以司馬懿這樣的文學修養，根據相似性法則，他應該很難得到曹丕的認可與歡心。事實上，與曹丕最為投緣的確實是徐幹、應瑒、陳琳、劉楨、阮瑀這些「建安七子」中的人物。這幾個人和曹丕都是文壇高手，自然氣味相投。

吟詩寫賦本是司馬懿最大的一個弱項，但是當他為文采斐然的曹丕效力時，在機緣巧合之下，這個弱項反倒成了強項。

原來，曹操自己要親率大軍出征，漸漸就將留鎮後方的重任交給了曹丕。曹丕是個天性浪漫放縱的文學青年，很不喜歡處理枯燥乏味的公文以及辦理諸多後勤雜務。而司馬懿的性格很是堅忍，他本人最大的才華也在於政務處理上。曹丕發現了司馬懿的這個特長後，簡直如獲至寶，漸漸地就將這些極其煩瑣卻又極其重要的公務交托給司馬懿處理。

司馬懿由此獲得了最為難得的歷練機會，這對於他開闊眼界、增長才幹極為有益。司馬懿知道曹操對自己心懷不滿，但既然已經身入曹營，又無別處可投，也只能踏下心來，將手頭的事情辦好，慢慢等待轉機的出現。

沒過多久，曹操又徵召了司馬懿的弟弟司馬孚。司馬孚只比司馬懿小了一歲。曹操同樣任命司馬孚擔任文學掾，但安排他做曹丕的弟弟曹植的輔導老師。

這對曹丕來說，其實不是一個好的信號。曹植與曹丕是一母同胞的兄弟，他比曹丕小五歲。隨著年歲漸長，曹植越來越顯露出自己在文學上超邁絕倫的才華，也越來越贏得了曹操的歡心。

司馬氏兄弟在儒家經典上的造詣很高，名聲遠揚。曹操徵召司馬孚，也是想讓曹植多接受一些儒家思想的薰陶，更為全面地發展能力。這也透露出了曹操有意在曹丕和曹植兄弟兩人中挑選接班人的微妙心思。

對司馬懿來說，弟弟司馬孚出仕後，兄弟三人可以時時團聚，倒是好事一樁。司馬懿漸漸接受了這冷遇的生活。

凡事有弊，亦必有利。遭遇冷遇同時也意味著生活平靜。在波瀾不驚的日子中，司馬懿的長子在他成婚七八年後終於出生了。司馬懿為他取名為「師」，字子元。這一年司馬懿三十歲。

當司馬懿按部就班地開始他的職業生涯之時，曹操的事業雄心進一步膨脹。他已經完全平定了北方，環顧天下，只有荊州的劉表、江東的孫權和益州的劉璋這幾個對手了。從地理形勢來看，攻占荊州是最合適的選擇。況且，曹操的死對頭劉備，此刻也正寄居於荊州劉表處。

曹操在鄴城挖掘了一個人工湖——玄武湖，引漳河之水灌入湖中，以此操練水軍，為進兵掃平江南做準備。

心理感悟：善於利用人生起點優勢的人，往往會成為社會大眾的領跑者。

⑧ 在鱷魚身邊生存

水軍操練嫻熟後，曹操決定親率百萬大軍，一舉掃平江南。這個時候，孔融實在看不過眼了，終於站出來勸阻曹操。

孔融說：「荊州劉表、劉備，都是漢室宗親，又不曾背反朝廷，為什麼要去攻打呢？如果丞相興不義之師，恐怕會大失天下所望。」

孔融的口才是上上之選，這幾句話掐住了曹操的七寸，威力十足。曹操一向打著天子的旗號，以正義之師的名義討伐四方。但孔融提出，劉表、劉備都是漢室宗親，與天子本是一家，又沒有背反朝廷，曹操如果還要前去攻打，顯然就是師出無名了。

孔融這樣說，等於是直接扯下了曹操屢試不爽的正義之師的幌子。孔融為什麼要這樣打擊曹操呢？這有兩個原因。

首先，孔融一向忠於漢室，看不慣曹操「挾天子以令諸侯」的逆篡之舉。他擔心若自己坐視不管，等到曹操掃平江南，漢室很可能就保不住了。

其次，劉備曾經力解北海之圍，助孔融脫困，對孔融有恩。而且，劉備得到漢室承認後，還曾表薦孔融為青州刺史。孔融勸阻曹操，也是為了幫劉備一把，以免他慘遭不幸。

曹操權勢日熾，早就沒有人敢當面違逆他的心意了。孔融這麼一攪和，曹操當即大怒，喝道：「劉備多次欺弄我，是我的心腹大患。劉表卻收留他，一定有逆背之心。我意已決，你不要多說了，否則定斬不饒！」

曹操根本就不和孔融辯論，直接用高壓手段封他的嘴。在曹操此前的言行中很少出現這樣的情形。可見，曹操此時的自我膨脹心理已經躍升到了極點。

孔融無奈，只能退下。但他生性豪邁，一向放言無忌，回頭就開始發洩對曹操的不滿。孔融的這些話語被御史大夫郗慮得知後，立即去向曹操告發。郗慮因曾數次被孔融當眾侮慢，因此懷恨在心。

曹操猜忌心雖重，但也並非沒有容人之量。以曹操此前的所作所為推斷，郗慮的告發，本來也不至於置孔融於死地，但這一次的結果卻大大不同。曹操竟然以「謗訕朝廷」、「欲圖不軌」這樣莫須有的罪名將孔融處以極刑！

殺孔融，是曹操這一生中極為重要的一個轉捩點。在此之前，曹操不計前嫌，收攬了大量曾經與他作對的人才，這也給他的事業帶來了極大的助力。但是現在，他卻容不得孔融這樣的狂放之士了。這也預示著，曹操曾經一帆風順的事業也將隨著他的性情大變而走向下坡路。

殺孔融，也是曹操一生中的一大敗筆。因為孔融是儒家先聖孔子的嫡傳子孫，也是盛名遠播的當世大儒，絕不是一個誰想殺就能殺、想殺就敢殺的人物。

孔融率性行事，放言無忌，曾經得罪過很多大人物。但在曹操之前獨攬朝政的大將軍何進、亂世狂魔董卓都因為忌憚孔融的盛名而不敢殺他。

孔融少有異才，很小的時候就已暴得大名，長大後更是以膽氣豪壯、剛正不阿著稱。漢靈帝時，孔融被時任司徒的楊賜征辟為掾屬。後來，河南尹何進因裙帶關係即將被任命為大將軍。楊賜派孔融拿著自己的名片前去祝賀。何進府上的門人倨傲無禮，孔融一時性起，奪回名片，不告而別。何進的屬吏們認為孔融無禮太甚，想要派刺客追殺孔融。但是，有一位門客卻對何進說：「孔融聲名遠揚，將軍如果與他結怨，四方之士就會相隨而去了。還不如以禮對待他，讓天下人都知道將軍的胸懷廣大。」

何進覺得有道理，於是在受任大將軍之後，征辟孔融，讓他擔任更高級別的官員。孔融雖然得罪了何進，但何進並沒有拿他怎麼樣，反而厚待恩遇他。

後來，何進被宦官所殺。西涼軍閥董卓取代何進掌控朝政。董卓倒行逆施，想要廢掉漢少帝劉辯。孔融當眾與董卓爭辯，言辭激烈，說得董卓下不來台。董卓懷恨在心，有心將他殺掉，卻又忌憚他聲名卓著，殺了後會招惹非議。於是，董卓將孔融轉任議郎，隨後又暗中使壞，將孔融派到黃巾軍最為猖獗的北海國任職，希望借黃巾軍之手除掉孔融。要不是劉備仗義相救，董卓的這一借刀殺人之計就得逞了。

按照一般的看法，董卓暴虐殘忍的程度遠遠超過曹操。但是，就連董卓都不敢輕易殺害的孔融，卻被曹操毫不猶豫地殺掉了。由此可見，曹操不但已經完全演變成了另一個董卓，而且在肆無忌憚的程度上頗具有過之而無不及的架勢。

孔融之死，深深地觸動了在組織底層的陰暗角落裡默默存在的司馬懿。因為，孔融是司馬懿心目中的神聖偶像，成為像孔融那樣的人，曾經是司馬懿一生的夢想！

正如前述，司馬防恪守儒家傳統，對八個兒子家教極嚴。司馬懿在這樣的環境薰陶中成長，自然形成了以儒家為正統的價值觀。而孔融是儒家創始者孔夫子的二十世孫，其學問與人品都堪稱世之典範。可以說，孔融不但是司馬懿崇拜的偶像，也是諸多將儒家教誨奉為經典者的偶像。

司馬懿一心想在學業和事業上持續精進，以達到孔融的境界。可是，在強權面前，即便像孔融這樣名揚四海的大儒，也是不堪一擊。那麼，即便司馬懿透過一生的努力，最後真的成了孔融，又有什麼意義呢？

司馬懿不由自主地陷入了沉思，孔融名重才高，為什麼卻沒能保住自己的命呢？

當人們對於各種事件進行歸因時，往往傾向於認為我們生活的世界是公平的，每個人都會得到他所應得的東西。一個人獲得了成功，肯定是因為他做對了什麼。而當不幸降臨到一個人頭上時，肯定也是受害者的自作自受。這就是公平世界假設。

如果司馬懿能夠從這個角度將孔融之死視為咎由自取，也許可以撫平他內心的巨大創傷。

孔融確實做過好幾件觸忤曹操的事情。其中最典型的一件就是編造典故，譏諷曹操父子。

曹操擊敗袁紹，攻下鄴城後，本來想將袁紹美貌無雙的兒媳婦甄氏據為己有，不料卻被兒子曹丕搶先一步得手，曹操只好同意了這門婚事。孔融知道這件事後，專門給曹操寫了一封信，說當年周武王伐紂後，將妲己賜給了自己的兒子周公旦。曹操從未聽說這一說法，以為孔融學識淵博，對他的引經據典深信不疑。後來，曹操專門向孔融請教。孔融卻語帶譏諷地回答說：「從今天的事情來看，當初必是這樣的！」原來，孔融是看不慣曹氏父子的行徑，故意用捏造典故的方式來大肆嘲諷。曹操明白過來後，氣了個半死，從此深深恨上了孔融。

如果就此將孔融的死因歸結為他放言無忌，得罪了曹操，從而被曹操殺害，也是說得通的。但是，司馬懿卻不這樣看。他的思慮更為深廣，也更加充滿疑惑。

這一方面是因為曹操並沒有對每一個得罪他的人睚眥必報，另一方面則是因為孔融勸諫曹操時所說的話是很在理的。也就是說，孔融是因為踐行忠義而被殺的。按照公平世界假設，這樣的人是不應該遭到惡報的。而曹操違背忠義之道，本該遭到天譴，但卻是春風得意，誰也奈何不了他。

這些重重的矛盾，造成了司馬懿的百般糾結，也讓他開始深深地懷疑起自小奉行不殆的儒家價值觀。

與此同時，司馬懿也更加體會到了曹操的可怕。此前，在別人尚未將曹操視為董卓之時，司馬懿因為幼年時的心理陰影早就將曹操與董卓畫上了等號。現在，曹操已經凶形畢露，早有前科的司馬懿自然心驚膽戰，唯恐哪一天曹操不高興了，隨時會拿自己是問。

可是，司馬懿又是無處可逃的，生活還得繼續。有一句印度諺語說：安家河中，就必須和鱷魚交朋友。這句話也許特別吻合司馬懿此刻的境遇。

對司馬懿來說，曹操就像是一條凶形惡相的大鱷魚，司馬懿唯有拿出十二分的精神來與他打交道，小心逢迎，才有可能避免惹禍上身。可是，卑躬屈膝、阿諛奉承又與他一貫受到的儒家思想教育是背道而馳的。

司馬懿無可避免地陷入了恐懼、矛盾、糾結、無奈之中。可以說，偶像的坍塌，徹底改變了司馬懿。就從孔融死的這一天起，司馬懿的內心走向了完全的分裂。

孔融之死，不但是曹操一生中最重要的轉捩點，也成了司馬懿一生中最重要的轉捩點。儘管此刻的司馬懿除了本能地知道必須要保全自己之外，並不知道自己到底應該如何去做才能保全自己，也根本不知道自己的未來將會走向何方……

> 心理感悟：所謂的公平，往往只是讓我們心安的理由罷了。

⑨——殘酷的競爭開始了

曹操親率大軍南下，司馬懿陪著曹丕鎮守後方，沒有隨同出征，這倒讓他輕巧地避過了一場巨大的災難。

荊州劉表在曹操大軍壓境之際病死。繼位的兒子劉琮被曹操嚇破了膽，望風而降。曹操不費吹灰之力，得了荊州，自然更是志驕意狂。但得意忘形的曹操很快遭了報應，在赤壁被孫劉聯軍用火攻打得大敗，差一點連老命都丟在長江之畔。這一次慘敗，標誌著曹操開始從人生的巔峰滑落。

曹操狼狽逃回鄴城後，心態發生了重大變化。此前，他一路向前猛衝，渴望建立萬世不拔之基業。但赤壁之戰卻給了他當頭一棒，讓他突然警醒，自己已經年過半百了。曹操以詩人特有的敏感情懷生發出了「人生幾何，譬如朝露」的無限感慨。在這樣的心理推動下，曹操起意要在鄴城興建一座銅雀台。

人生易老，功業易逝。那些取得了巨大成功的大人物，往往喜歡興建雄偉壯闊的建築物來宣示自己的功業，並希望能借由建築物的耐久性而永垂不朽。這就是物化成功的衝動。

曹操並不是第一個有物化衝動的大人物。在曹操之前，夏桀的靈台、商紂的鹿台、吳王夫差的姑蘇台、秦始皇的琅琊台、漢武帝的柏梁台、東漢光武帝劉秀的雲台，都是這種物化衝動的產物。

兩年之後，銅雀台落成。建安十七年（西元２１２年），曹操召集眾臣與諸子，在台上大擺宴席。司馬懿作為曹丕的親隨，也參與了這次盛會。

暢飲一番後，曹操突然雅興大發，讓兒子們以「銅雀台」為題各寫一篇《銅雀台賦》。

曹操的兒子們，除了曹彰以勇武著稱，不善詩賦外，其他幾個或多或少都繼承了父親的文學天賦而才氣斐然。這其中，又以曹丕和曹植最為出色。

在這一次命題作文大賽中，自然是才思敏捷的曹植率先交卷。但曹操一直等到幾個兒子都交卷了，才先展開曹丕的賦作來看。

曹丕的《登台賦》是這樣寫的：

登高台以騁望，好靈雀之麗嫻。飛閣崛其特起，層樓儼以承天。步逍遙以容與，聊遊目於西山。溪谷紆以交錯，草木郁其相連。風飄飄而吹衣，鳥飛鳴而過前。申躊躇以周覽，臨城隅之通川。

曹丕在短短的時間內完成的這一篇賦文，構思精巧，言簡意賅，用詞華麗，寫景如生，確實可算是佳作。曹操看了之後，點頭贊許。

但是，當曹操再翻開曹植的命題作文後，曹丕立即就相形見絀了。曹植的《登台賦》是這樣寫的：

從明後以嬉遊兮，登層台以娛情。見太府之廣開兮，觀聖德之所營。建高門之嵯峨兮，浮雙闕乎太清。立中天之華觀兮，連飛閣乎西城。臨漳水之長流兮，望園果之滋榮。立雙台於左右兮，有玉龍與金鳳。攬「二喬」於東南兮，樂朝夕之與共。俯皇都之宏麗兮，瞰雲霞之浮動。欣群才之來萃兮，協飛熊之吉夢。仰春風之和穆兮，聽百鳥之悲鳴。雲天亙其既立兮，家願得乎雙逞。揚仁化於宇宙兮，盡肅恭於上京。惟桓文之為盛兮，豈足方乎聖明？休矣！美矣！惠澤遠揚。翼佐我皇家兮，寧彼四方。同天地之規量兮，齊日月之輝光。永貴尊而無極兮，等君壽於東皇。御龍旂以遨遊兮，迴鸞駕而周章。恩化及乎四海兮，嘉物阜而民康。願斯台之永固兮，樂終古而未央！

曹植的想像力與遣詞造句遠比曹丕更為瑰麗出奇。而更重要的是，曹植的立意也明顯高於曹丕。曹丕之作，通覽全篇，不過寫景而已。而曹植不但寫景，而且高度頌揚了父親曹操所開創的偉大功業，將曹操捧成了就連春秋時期兩位最著名的霸主——齊桓公、晉文公也難以望其項背的人物。（惟桓文之為盛兮，豈足方乎聖明？）除了稱頌之外，曹植還奉上了最衷心的祝願，希望父親曹操可以萬壽無疆，永享貴尊。（永貴尊而無極兮，等君壽於東皇。）

如果你是作為主考官的曹操，在曹丕和曹植這兩個兒子之間，你會覺得誰寫得更好？又會是誰最能贏得你的認可？

答案不言自明！

曹丕、曹植兄弟間的這一場「銅雀台文鬥」與發生在神秀與惠能間的禪宗衣缽之爭頗為類似。

中土禪宗始自達摩初祖，一直傳到了五祖弘忍。弘忍要傳衣缽的時候，他的首選是座下的大弟子神秀。神秀追隨弘忍多年，修為頗深，但弘忍認為他距離徹悟的境界還是差了一點。於是，弘忍讓神秀寫一首偈子，如果能讓他滿意，就把衣缽傳給他。

神秀深思熟慮之後，在牆上寫下了「身是菩提樹，心如明鏡台，時時勤拂拭，勿使惹塵埃」這幾句話。五祖弘忍座下眾弟子紛紛叫好。此時的惠能剛剛來投奔弘忍。他出身南蠻，還是個不識字的文盲，根本沒有人看好他。惠能聽人念了神秀的這首偈子後，忍不住也想寫一首偈子。可是，他不會寫字，只好央求別人在牆上寫下了「菩提本無樹，明鏡亦非台，本來無一物，何處惹塵埃」這幾句話。

弘忍得知後，明白惠能已經明心見性，禪悟的境界遠遠超過了神秀，於是決定將衣缽傳給「偈子大賽」的獲勝者——惠能。

惠能靠著勝出一籌的偈子而得到了弘忍的真傳，成為禪宗六祖。而在「銅雀台文鬥」中勝出一籌的曹植自然也贏得了曹操的歡心。從此之後，曹操選擇接班人的天平開始向曹植傾斜。

曹丕身為長子的優勢被曹植的絕世才華彎道超車，瞬間落了下風。這造成了曹丕極大的挫敗感。

心理學的研究表明，在比試或爭鬥中獲勝的一方，往往會覺得事情已經告一段落，而落敗的一方，則傾向於認為事情並未完結，從而更為深刻地記住自己的失敗。這就是「失敗深化記憶」。

曹植對自己在「銅雀台文鬥」中大出風頭，不過是一笑而過。而曹丕卻牢牢地記住了這不堪的一幕，對曹植產生了忌憚的心理。這對一母同胞的好兄弟日後的殘忍爭鬥也在這一刻埋下了伏筆。

曹丕的失勢，在其樂融融的氛圍中，雖然不甚顯眼，但隨侍在旁的司馬懿還是敏銳地覺察到了曹丕強顏歡笑背後的落寞。這對司馬懿來說，也是一個沉重的打擊。

司馬懿應召出仕已經三年了，但始終沒有得到曹操的認可與重用。這幾年來，他唯一的成果就是取得了曹丕的信任。他也只能將自己出人頭地的唯一希望寄託在曹丕的身上。如果曹丕最終在爭嫡之戰中落敗，失去了接班人的地位，司馬懿恐怕也將在默默無聞中度過餘生了。

司馬懿雖然已經磨煉出了堅忍的品性，但每個人都是活在希望中的，如果未來的希望蕩然無存，再堅忍的人也會陷入無助和彷徨之中。不過，好在曹操並未一錘定音，做出最終的選擇，曹丕也許還有挽回的可能。

在這樣的情勢下，作為曹丕一黨的司馬懿，很容易就會生發極力襄助曹丕奪得繼承權的想法。因為，幫助曹丕上位，就是在幫助自己。但是，此後不久，曹操公開發布的《讓縣自明本志令》，卻讓司馬懿噤若寒蟬，徹底斷了耗費心力介入曹丕和曹植奪嫡之爭的念頭。

曹植的絕美華賦廣為傳播後，曹操雖然心神俱醉，但很快清醒過來。曹植的頌贊雖然讓他渾身舒坦，但也引發或者加深了他人對於曹操逆篡之心的擔憂。孫劉聯盟在赤壁擊敗曹操後，繼續大造輿論，說曹操即將謀權篡位。曹操此時身居丞相之職，封爵是武平縣侯，雖有代漢而立的野心，但畢竟茲事體大，在深思熟慮、安排停當之前，絕不可無端洩漏。所以，曹操故意借著退還漢獻帝封賜給自己的三個縣封邑的由頭，發布了《讓縣自明本志令》，以做彌補掩飾。

曹操寫道：

……欲望封侯作征西將軍，然後題墓道言「漢故征西將軍曹侯之墓」，此其志也……遂平天下。身為宰相，人臣之貴已極，意望已過矣。今孤言此，若為自大，欲人言盡，故無諱耳。設使國家無有孤，不知當幾人稱帝，幾人稱王！或者人見孤強盛，又性不信天命之事，恐私心相評，言有不遜之志，妄相忖度，每用耿耿。

曹操這段話的意思是說，我最早的想法不過是能夠官拜征西將軍，封萬戶侯，死的時候，墓碑上能夠刻上「漢故征西將軍曹侯之墓」，就心滿意足了。後來，我竟然平定了天下，身居丞相之位，作為人臣，已經到了富貴的極點了，早就超過我的期望了。現在有人說我有不遜之志，真是讓我耿耿於懷！國家要是沒有我，還真不知道有幾人稱王，幾人稱帝！

曹操這是在做自我辯護，但讓司馬懿惕然心驚的卻是緊隨其後的一段話：

然欲孤便爾委捐所典兵眾，以還執事，歸就武平侯國，實不可也。何者？誠恐己離兵為人所禍也。既為子孫計，又己敗則國家傾危，是以不得慕虛名而處實禍，此所不得為也。

曹操的意思是說，如果要我放棄我的部屬兵馬，以武平侯的身分回到我自己的封地，實在是不可以的。為什麼呢？我實在擔心一旦放棄兵權就會為人所害。我必須為子孫考慮，又考慮到一旦我遭了慘禍，國家就會傾危，所以我不能為了虛名而讓自己處於實禍之中。

曹操這是繼續為自己擁兵自重做辯護，以示自己確實是不得已而為之，並無篡逆之心。但這段話卻讓司馬懿豁然開悟，想明白了一個迷惑已久的大問題。

司馬懿到底從中看到了什麼，又看懂了什麼呢？

> 心理感悟：人生最大的失敗是對失敗念念不忘。

⑩——對權力的思考

曹操的這番話讓司馬懿深深陷入關於權力的思考中去了。借由這一思考，他終於明白了孔融會死的真正原因。

司馬懿對於權力的思考，可以歸納為「權力三問」——權力為什麼只為某些人擁有？要如何才能獲得真正的權力？獲得權力後要如何行使權力才能保住權力？

孔融之所以空負盛名，卻在屠刀面前毫無還手之力，就是因為他沒有掌握真正的權力。曹操之所以可以對這麼多人生殺予奪，就是因為他掌握了真正的權力。可是，為什麼權力只為曹操、董卓這樣的少數人所擁有呢？

而更關鍵的是，不論是董卓，還是曹操，也並不是從一開始就擁有權力的。董卓最初是涼州刺史，只是獨霸一方。如果不是大將軍何進為了剷除宦官勢力而宣召他入京，董卓根本沒有機會攫取最高權力。而曹操的起點更低，當初要不是司馬懿的父親司馬防推薦他當縣尉，曹操的權力之路就無從起步。那麼，他們又是怎樣一步步獲得了生殺予奪的最高權力的呢？

更進一步，當這些人獲得了權力之後，又是如何行使權力以保住自己的權力的呢？何進曾經很有權力，最後卻死於宦官之手。董卓曾經很有權力，最後卻死於義子呂布之手。他們到底是怎麼失去權力的呢？要如何做，才能確保權力永遠掌握在自己的手中呢？

曹操關於自己擁兵自衛必要性的闡述，讓司馬懿頓然領悟到了權力運作的奧祕。

結合曹操這一路走來的權力之旅，司馬懿總結出了很多權力心得，也更深地了解了曹操的內心隱祕。

一個人在沒有獲得絕對權力之前，是不能為所欲為的。一直以來，曹操對於很多反對者的寬恕其實是不得已而為之的。比如張繡，害死了他的長子曹昂、侄子曹安民、愛將典韋，曹操怎麼會不對他恨之入骨？但當時曹操的權力根基未穩，只能壓抑仇恨，接受張繡的投降，以化敵為友，增強自身實力。同時，曹操還有一些寬恕之舉是在情勢絕對可控的前提下而為之的。比如陳琳，在檄文中將曹操祖宗幾代罵得很慘，但袁紹既滅，放過陳琳，根本無傷大局，反而能贏得寬仁的名聲，何樂而不為？至於那些可能對自己掌控權力帶來隱患的人，比如袁紹的三個兒子，那是決不能放過的。同樣，孔融因為名聲極盛，影響力極大，如果任由他發表反對言論，勢必對曹操日後的布局造成極大的輿論壓力。這樣的孔融，當然是非死不可的。而曹操敢於誅殺孔融，也足以證明他確實已經獲得了絕對的權力。

司馬懿進一步想到，真正有效的權力，其實只有一種，那就是軍權（兵權）。曹操在《讓縣自明本志令》中確實是說出了大實話。在這亂世之中，唯有擁兵自重，才能掌控一切。而要想維護權力，就必須利用手中的權力，剷除一切可能對權力造成威脅的人。在掌權者的字典中，根本沒有「殘忍」二字。在他們看來，那些令人慘不忍睹的殺戮，都是維護權力的必然之舉。何進太不殘忍，結果身首異處。董卓還不夠殘忍，結果暴屍於市。而比何進、董卓更殘忍的曹操，卻依然好好地活著。

司馬懿突然領悟到，曹操為了維護自己的權力，為了獲得更大的權力，必然還會繼續殘忍下去。這個想法頓時讓司馬懿不寒而慄，冷汗涔涔而下！

司馬懿很清楚曹操對自己的印象很差。曹操對他「鷹視狼顧」的負面評價早已廣為人知。曹操連孔融都敢殺了，憑什麼不會對至今無足輕重的自己下手？

司馬懿經由「權力三問」的思考，頓時明白了自己看似平靜的生活，其實危機四伏。如果自己的行為稍有不慎，被曹操逮到了把柄，恐怕很難逃過一死。

司馬懿懷才未遇，怎麼會甘心赴死？而要在曹操身旁活下去，就決不能有任何忤逆他的言行舉止。當然，司馬懿也絕不會甘心只是像行屍走肉般活著。他和所有胸懷壯志的年輕人一樣，渴望著建功立業。或者說得更直白些，司馬懿也想要擁有實現雄心所必不可少的權力！而要實現這一目標，其關鍵人物還是曹操。司馬懿只有努力改變曹操對自己的不良印象，贏得他的信任與歡心，才有可能得到重用而大展宏圖。

司馬懿這樣的想法，對於他此前的價值觀又是一個巨大的衝擊。但是，業已內心分裂的他，在堅忍的性格特質的護航下，成功地壓制了自相矛盾的內心糾結而體現出了外表上的平靜似水。

他憑著直覺，做出了一個決定：絕不參與任何可能招致曹操不滿的活動！這當然包括他本來最應該參加的曹丕和曹植的奪嫡之爭！

司馬懿打定了這個主意之後，從此以後就像一個閒雲野鶴般的局外人一樣，每天任身邊潮起潮落，雲卷雲舒，只是埋頭於具體事物，著力於個人的才幹提升。

儘管如此，曹操對司馬懿的猜忌心理卻突然增強了。這倒不是因為司馬懿做錯了什麼，而是因為曹操做了一個奇怪的夢。

有一次，曹操夢見三匹馬在同一個馬槽中吃食，醒來後心有不豫。曹操是個機警多疑的人，他由此聯想到，「槽」與「曹」同音，應是暗指曹氏。三馬同食於槽，可能是指三個姓馬的人或者姓名中有「馬」的人會對曹氏不利。

曹操這麼一想，司馬氏三兄弟立即就從腦海中浮現出來了。司馬朗、司馬懿、司馬孚此刻都在為曹操效力，合起來正好是「三馬」。當然，曹操這麼快就想到了司馬氏三兄弟，首先要「歸功」於司馬懿。曹操從一開始就對司馬懿抱有負面印象，司馬懿迥異於常人的「鷹視狼顧」更是加重了曹操對他的偏見。

曹操的夢其實是一種神奇的預感。所謂預感，是指一種以夢境或遠端感應的形式警告人們危險即將來臨的直覺。雖然現今的科學並未將預感置於自己的領域之內，但世界範圍內的預感研究早已開始。在科技最為發達的美國，有一個截至目前世界上最大的預感案例資料庫。這個預感案例資料庫就是位於北卡羅來納州的達拉謨萊茵研究中心，其中有很多精準預測未來並讓當事人趨吉避凶的成功案例。

從事後的歷史進程來看，曹操的預感是非常準確的，只不過他對預感的解讀出現了偏差。他所夢見的「三馬」其實不是司馬朗、司馬懿和司馬孚，而應該是司馬懿和他的兩個兒子司馬師、司馬昭。但這時，司馬師剛剛三歲，司馬昭還在娘肚子裡，尚未出生。曹操只能用他最合理的想像，將三馬推斷為司馬朗、司馬懿和司馬孚，而尤以司馬懿為重點懷疑對象。

自從做了這個「三馬同槽」的夢後，曹操對司馬懿的猜忌之心就更加強烈了。他考慮到司馬懿主要在為曹丕服務，於是多次提醒曹丕說：「司馬懿這個人看上去不像人臣之相，將來恐怕會干預我們曹家的內事，你不要太輕信於他。」

可是，司馬懿的誠懇奉公，早已贏得了曹丕的認可。司馬懿突出的行政才幹也讓曹丕對司馬懿頗為倚重。曹丕一聽父親對司馬懿流露微詞，急忙幫司馬懿說好話。幸虧曹丕從中周旋，曹操對司馬懿的負面情緒才沒有進一步激化。否則，以曹操猜忌多疑的性格，司馬懿就是有九條命，也不夠他殺的。

不過，曹丕多次為司馬懿辯護後，信用透支，反而引起了曹操的擔憂。曹操唯恐曹丕被司馬懿迷惑而壞了大事，於是將司馬懿調任為黃門侍郎，從此不再擔任曹丕的輔導老師。

後來，司馬懿又先後被安排擔任議郎、丞相府東曹屬、丞相府主簿等職務。但兜兜轉轉下來，司馬懿的職位品秩並未升高，所擔任的都是芝麻綠豆般的小官。

從中也可以看出，曹操對司馬懿始終存在防範心理。而曹操率性而為的做法以及此前口無遮攔的評價，早已向外界發出了一個鮮明的信號：司馬懿是不受歡迎的人，你們最好和他保持距離！

這等於是將司馬懿推入了「社會孤立」的悲慘境地之中。

人是社會性的動物，離不開彼此之間的情感交流。那些被剝奪了社會情感聯接或者遭到其他個體排斥而陷入孤立狀況的人，往往在心靈上備受傷害。

基普．威廉斯設計過這樣一個實驗。他找來一名被試，告訴他將要進行一個實驗，但是事實上實驗早已開始。在房間中，實驗助手們私下裡已經提前結好了聯盟。當一名實驗助手拿起房間裡的籃球四處投擲後，他的同盟者們給予了高度的關注和熱烈的評價。而當真正的被試也拿起籃球投擲後，卻沒有任何一個人搭理他。這個被無視的被試頓時感到很不開心。接下來的實驗安排是在電腦上完成遊戲任務。同樣，這名被試也被其他人忽視了。就在這個程度極為輕微的社會排斥中，這名被試事後被檢測出了很高程度的抑鬱、憤怒與悲傷的情緒。

司馬懿已經被曹操用言行宣布為不受歡迎的人了，他所遭受的社會排斥程度自然要嚴重得多，社會排斥對他心靈的傷害自然也要嚴重得多。

處於類似情境下的人，往往會在私下裡大肆抱怨來發洩不滿。但是，司馬懿卻緊緊地閉上了嘴，沒有表露任何的情緒波動。因為他早已洞悉曹操的內心隱祕，他深知，只要自己稍有輕舉妄言，就會招來殺身之禍！

司馬懿唯一能夠依賴的武器就是堅忍。他渴望用自己的堅忍來融化曹操的殘忍，從而另覓生天。

> 心理感悟：每一個人生的低谷，都有可能成就思想的巔峰。

⓫——對殘忍習以為常

正當司馬懿在曹操的陰影下苦熬歲月之際，曹丕的日子也開始變得艱難起來。

曹丕雖然已經被任命為五官中郎將，作為丞相的副手，協助曹操處理軍國大事，但曹操對曹植的好感卻越來越濃烈。

這一方面固然是因為曹植在文學上的絕世才華贏得了曹操的歡心，而另一方面則是因為曹操在潛意識中對曹丕頗有不滿。

說起來，這還是由一個女人引發的。

當初，曹操攻破了袁紹的大本營鄴城後，一心想要占有袁紹美貌的兒媳婦甄氏。

曹操此人，好色成性，雖已妻妾成群，但對於絕色女子的熱愛從未停歇，也惹出了不少桃色是非。他擊敗張繡後，與張繡的寡嬸勾搭成奸，氣得張繡反水，致使曹操長子曹昂死於亂軍之中。他擊敗呂布後，立即將呂布部將秦宜祿的美貌妻子攬為己有。大將軍何進敗亡後，曹操毫不客氣，順勢將何進的兒媳婦納為自己的侍妾。

沒想到，秉承了父親好色基因的曹丕，這一次竟然比曹操下手還快，先行一步占有了甄氏。曹操雖然心有不甘，但總不能和兒子搶女人，只好應允曹丕與甄氏成婚。

這件事在曹操的潛意識中埋下了一粒競爭關係的種子。雖然在意識層面，曹操不再與兒子計較，但在他本人也無法掌控的潛意識層面，曹操卻將曹丕視為一個與自己對立的爭偶對手。在潛意識的微妙影響下，曹操暗暗對曹丕心生不滿。與此同時，曹植的異軍突起又大大搶走了曹丕的風頭。

曹丕的前途由此蒙上了濃重的陰影。而自身難保的司馬懿只能是默默旁觀，絕不敢越雷池一步。

日子在司馬懿的等待與忍耐中漸漸流淌。在這靜水流深的生活中，「權力三問」時不時在司馬懿的心中洪波湧起。司馬懿將曹操當作自己最好的老師，密切關注著曹操的一舉一動，認真地加以揣摩分析。誰也無法預料，司馬懿的這一為求自保的無奈做法竟然讓自己變得謀略深沉，最終成為一股改變天下大局的強勢力量。

司馬懿對曹操越是了解，就越是提醒自己絕不可輕舉妄動。司馬懿的謹言慎行、從不出頭的策略取得了很好的效果。曹操暫時凍結了對他的懷疑。

此後，曹操在「三馬同槽」惡兆的驅動下，下狠手誅殺了馬騰、馬休、馬鐵父子三人。曹操殺了這「三馬」後，對於以司馬懿為首的另一「三馬」的防範也隨之放鬆了許多。

建安十八年（西元２１３年），權勢更熾的曹操進位為魏公，從此擁有了自行封土建國的權力。曹操將經營已久的鄴城定為魏國的首都。曹操此舉，是對於兩漢四百多年的制度（異姓之人最多封侯，不得僭越）的強力突破，給自己招來了很多敵人。

當初，王莽篡漢時，也是先以異姓之人升任安漢公為起點的。許多忠心漢室之人紛紛將曹操視為王莽第二，而對他恨之入骨。

漢獻帝的皇后伏氏與父親伏完不堪忍受曹操的一再僭越，密謀剷除曹操。但是，伏完父女行事不密，被曹操察知。曹操下令讓郗慮、華歆率領鐵甲衛士入宮擒拿伏皇后。

伏皇后嚇得光著腳丫躲到夾壁牆中，卻被華歆當著漢獻帝的面拉了出來。披頭散髮的伏皇后哭著向漢獻帝求救，漢獻帝只能歎氣道：「我自己也不知道還能活多久啊。」

曹操下令，將伏皇后及她所生的兩位皇子殺掉，伏氏宗族也被滿門抄斬。這極其殘忍的一幕令朝廷上下無數仁人志士扼腕。

司馬懿獲悉曹操這一最新的殘忍之舉後，心裡也頗為不忍，但他的反應卻遠遠沒有當初聽說曹操殘殺呂伯奢一家時那樣強烈不滿了。

司馬懿為什麼會是這樣的反應呢？當初那個因為對曹操的殘忍深惡痛絕而不肯為之效力的司馬懿到哪裡去了呢？

這其實是一種心理脫敏現象。當那些足以引發劇烈心理反應的外部刺激在頻頻出現後，個體會逐漸失去敏感性而見怪不怪。

司馬懿原本對包括董卓、曹操在內的權臣們為所欲為的大肆殺戮行為十分敏感。這樣的行為很容易激起他內心強烈的不滿與憤懣之情。但是，當他親身經歷以及耳聞目睹了一系列的殺戮事件後，他對殘忍的敏感度漸漸降低了。

司馬懿的殘忍啟蒙第一課是他的夫人張春華給上的。當初，張春華擔心司馬懿詐病的祕密會被家中的小婢女洩露，立下殺手，扼死了小婢女。正是張春華的這一和司馬懿切身利益密切相關的殘忍之舉，讓司馬懿放棄了用完全敵視的眼光來看待曹操。

此後，他在曹操身邊，又目睹了一系列的殘忍殺戮行為。隨著他對「權力三問」的不斷揣摩參悟，他漸漸接受了這樣的觀點：為了保住手中的權力，即便是不擇手段也是可以的。而對那些有可能危及自身權力的不良因素，無論是什麼，都必須堅決予以剷除！

司馬懿的思想轉變與對殘忍的脫敏，是一個同步的過程，這意味著他的價值觀在悄然間已經發生了翻天覆地的變化。這也表明，他的內心已經在耳聞目染中變得殘忍。

獨特的天分與獨特的際遇相結合，漸漸地將司馬懿塑造成了一個集堅忍與殘忍於一體的人。這個人逐漸具備了改變歷史的巨大能量，只是他現在還沒有機會登上歷史的舞台，成為激盪風雲的主角。一旦他擁有了這樣的機會，這將會是多麼可怕的一個人啊！不過，這也僅僅是一種可能罷了，僅僅從司馬懿當下備受冷落的處境來判斷，他也許永遠都不可能擁有成為歷史主角的機會。

曹操殘殺伏氏後，朝野上下噤若寒蟬，再沒有一個人敢對曹操的僭越之舉說三道四。曹操掃清了輿論障礙後，開始放手設置國中之國——魏國的朝廷規制。

曹操任命了魏國的尚書、侍中、六卿等重卿高官後，魏公國就算是正式開張了。曹氏陣營中，人人喜笑顏開，唯獨曹丕感到了深深的失落。

原因很簡單。曹操並沒有正式冊立曹丕為魏國太子！

此前，曹操的職務是大漢丞相。丞相一職，並無世襲之說。而此刻，曹操已經是魏國之公，擁有自己獨立的領地、朝廷和百官，而且可以傳子傳孫，自然必須確立太子之位。但曹操對此卻毫無表示。

曹丕一開始以為父親是因為事務繁忙而暫緩冊立太子，但漸漸覺得情況越來越不妙了。

建安十九年（西元２１４年），曹操東征孫權。曹操宣布，五官中郎將曹丕隨軍出征，鄴城留守之職由曹植擔任。

這等於是向外界發出了極為明確的信號，曹操準備要立曹植為太子了！

為什麼這麼說呢？

自打從袁紹手中奪占了鄴城之後，鄴城一直被曹操當作自己的大本營。曹操此前的歷次出征，留守鄴城的都是曹丕。比如，建安十一年討伐并州的高幹、建安十二年攻打塞外的烏桓、建安十三年進攻荊州的劉表、建安十六年征討隴西的馬超、韓遂，都是如此。這與歷來帝王出征，太子鎮守國都的古制暗合。

這一次曹操突然改派曹植鎮守鄴城，眾人都認為這是曹操心意轉變的鐵證。而不善掩飾的曹操在大軍臨行之際對曹植的諄諄囑託，更是將他的心意表露無遺。

曹操對曹植說：「我當初擔任頓丘縣令時，是二十三歲。現在回想當初的作為，全都正確無誤，沒有留下遺憾。你今年也正好是二十三歲，希望你好自為之！」

曹操這句話裡的殷切之意就連傻瓜也聽得出來。曹植聽了，自然是滿心歡悅，而同在一旁的曹丕聽了，卻是心如刀割，卻不敢有絲毫的表露。

曹操此次東征孫權沒有討到什麼便宜，很快就收兵回師了。

這時，曹操的死對頭劉備利用益州劉璋的昏庸無能，攻取了益州，並對鄰近的漢中虎視眈眈。曹操聞訊大怒，再度出兵，要搶在劉備前面攻占漢中。

這一次出兵，曹操仍然讓曹植留守鄴城。分派給曹丕的任務卻是擔任督運專使，負責將各類軍需物資從後方轉運至前線。

兩相比較，曹丕明顯落了下風，大大不如曹植了。曹丕滿懷鬱悶，卻不敢不認真對待曹操分派的差使。曹丕深知，如果自己的工作出現紕漏，影響了前方戰局，那麼，在奪嫡之爭中，自己就徹底沒戲了。

曹丕默默地生悶氣，司馬懿的好消息卻來了。他終於得到了跟隨曹操出征的機會。在一連荒廢了幾個春秋後，司馬懿終於嗅見了一絲春天的氣息。他早就看清了形勢，目前的曹丕自身難保，不可能對自己施以援手。要想改變命運，就必須在曹操身上下功夫，以改變曹操對自己的不良印象。而隨同曹操出征，則給了司馬懿與曹操親密接觸的機會。

司馬懿決定，在這一次攻打漢中的戰役中，一定要絞盡腦汁，為曹操獻上絕妙之策，以擺脫當前的艱難處境。

但是，從人類的普遍認知規律來看，要改變一個人的第一印象是很難的。司馬懿到底能不能透過自己的努力而如願以償地讓曹操對他另眼相看呢？

> 心理感悟：權力往往會麻痺良知的神經。

⑫——頑固的第一印象

曹操這一次的出征進展非常順利，他透過收買張魯的寵臣楊松與自己裡應外合，很快就攻下了漢中。曹操獲勝之後，自然喜笑顏開。

司馬懿知道曹操的頭號大敵就是劉備，他這一路上殫精竭慮，苦思冥想，終於想到了一個妙策，於是趁著曹操興奮開懷的當兒，上前獻策。

司馬懿對曹操說：「劉備靠奸詐手段矇騙劉璋，得了西川，蜀人並未歸心。現在主公您已經得了漢中，益州震動，現在正是攻打的好時機，可以速速進兵。劉備措手不及，必定土崩瓦解！」

曹操正在興頭上，一看是司馬懿說話，心情立即為之一冷，但好在多少還有一些喜悅殘留，臉色倒也並不太難看。

曹操歎了一口氣，說：「人苦不知足，既得隴，復又望蜀啊！」

「隴」指隴右或隴西，就是漢中；「蜀」就是益州。曹操說的這句話並非他的原創，而是引用漢光武帝劉秀說的一句話。當初，劉秀用自嘲的口吻說這句話，是為了展示自己想要一統天下的雄心。而曹操卻反其道而行之，用來駁斥司馬懿的建議。

司馬懿聽了，彷彿遭了當頭一棒，愣在了那裡。這怎麼會是曹操說的話呢？這最不該是曹操說的話啊！如果曹操不是擁有著強烈的「苦不知足，得隴望蜀」的壯志雄心，他怎麼可能在天下大亂中，克服種種困難，逐漸掃平割據各地的群雄，而擁有了大半個天下的呢？

司馬懿內心如遭重創，頓時覺得自己苦心孤詣地揣摩、分析曹操的心理毫無用處，到頭來還是一場空！

而更關鍵的是，司馬懿的建議是很有道理的，以曹操的卓越眼光，應該能夠看到這一點。一旁的劉曄聽到曹操與司馬懿的對話，以為曹操出現了嚴重的判斷失誤，忍不住站出來支持司馬懿。

劉曄說：「劉備剛剛得了蜀地，人心不穩。主公得了漢中，蜀中驚恐不安，其勢自傾。以主公之英明神武，只要大兵相向，必然攻而克之。如果稍稍延誤時日，等到劉備穩定了蜀中民心，加上文有諸葛亮，武有關、張、趙、馬、黃、魏等虎將，恐怕就不那麼好攻打了。不抓住這個時機，日後恐成後患。」

劉曄向來深得曹操信任，但曹操卻說：「士卒們長途跋涉，已經十分辛苦，還是要體恤一下他們，先讓他們好好休整吧。」這等於是把劉曄和司馬懿一起否定了。

其實，曹操何嘗不想立即對死對頭劉備發起攻擊，徹底將其殲滅，永絕後患呢？而且，這確實是一個攻打益州的最佳良機。蜀中百姓聽說曹操快速攻克漢中後，料定曹操必然會來攻打，人心大亂，一日數驚。劉備攻取蜀中，本來就在道德上大有虧欠，蜀中官吏百姓反對他的人不在少數。如果曹操趁亂進兵，確實有可能像司馬懿、劉曄預判的那樣，亂中取利而一舉攻克。

那麼，到底是什麼原因導致曹操沒有這樣做，以至於錯失良機呢？

這個根子還在於曹操對司馬懿的第一印象上。

司馬懿因為行事不當且又因判斷失誤而坐失了解開曹操心結的機會，導致曹操對司馬懿產生了極為惡劣的第一印象。從人類的認知規律來看，一旦第一印象成型，人們就會出現「偏見同化」。即人們在理解或解釋後續相關資訊時，往往會不假思索地在認知上讓其與最初的信念或判斷保持一致。

有一個近乎荒謬的案例生動而鮮明地印證了這種「偏見同化」現象。

一位叫做查理·巴隆的美國喜劇演員，曾經受邀在加州醫學協會的會議上表演助興。巴隆靈機一動，與主辦方達成協議，偷偷地將自己假扮成一位虛構出來的阿爾賓·阿維格爾博士。面對由醫生和律師這些專業人士組成的觀眾，巴隆利用各種捏造出來的統計資料，講了他的「人際交往理論」。觀眾們幾乎完全相信了巴隆是貨真價實的人類基因學博士。當觀眾們發現巴隆的理論中有很多古怪之處時，往往就認為是自己對這方面知之甚少的緣故。一直到演講結束，都沒有人質疑巴隆所宣揚的謬誤百出的「人際交往理論」。最後，巴隆才笑著自己揭穿了這個純屬搞笑的把戲。

但是，巴隆的把戲卻揭示了人類的一個可怕的祕密。當人們的第一印象將巴隆定位為人類基因學博士後，他們就幾乎失去了理性判斷的能力，而任由巴隆信口雌黃，對他深信不疑。

在曹操對司馬懿的第一印象中，曹操將司馬懿視為與自己相對立的、不懷好意的個體，在「偏見同化」的驅動下，曹操自然就不假思索地將司馬懿的建議視為「不懷好意、於己不利」的了。從而，衝口而出的必然是否定與拒絕。

如果是劉曄率先向曹操提出這個建議，曹操一定會加以慎重考慮，絕不會以一句「人心不足，得隴望蜀」直接予以否定。但劉曄跟在司馬懿後面幫腔，等於是幫了司馬懿的倒忙，曹操反而更加堅定地堅持自己的看法了。司馬懿苦思冥想的智慧結晶，反而是助推曹操下定了一個完全相反的決心，同時也間接幫了劉備一個大忙。

曹操在堅定拒絕之後，實際上馬上就後悔了，這也造成了他內心的認知失調。為了讓自己的心態平衡，曹操很快就給自己找到了理由。

當初，袁紹敗亡後，兩個兒子袁尚、袁熙逃到了遼東。謀士郭嘉建議說不要緊逼，否則占據遼東的公孫氏擔心會被吞併，就會與二袁聯合，共渡難關。曹操採納了郭嘉的建議，按兵不動。結果，公孫氏主動設計殺了二袁，並將他們的首級送給了曹操，以求自保。

後來，曹操遠征江南，對孫權恐嚇過度，結果促成了孫權與劉備聯合，最終造成了曹操在赤壁慘敗。而在這之前，郭嘉已經去世了。曹操痛定思痛，長歎說：「要是郭奉孝還活著，我哪裡會遭受如此慘敗啊！」

這正反兩個案例，正好可以供曹操自我解脫之用。但事實上，此刻的情形與前兩次大不一樣。二袁與公孫氏、劉備與孫權都十分明確地將曹操視為對手，故而占據極大優勢的曹操一緊逼進攻，他們就會抱團求生。而劉備以背反仁義的做法占領蜀中後，原來忠心於劉璋的人，在無奈中屈從於劉備。如果曹操以討伐不義的名義出兵西川，對劉備有怨恨情緒的益州勢力反而會趁著曹操來攻之際發動叛亂。

總之，曹操還是因為自己的偏見而錯失良機了。這也給了劉備和諸葛亮充足的時間，用強力手段扭轉了劉璋治下法紀渙散的局面，讓益州成為堅強的堡壘。而曹操的損失還遠不止於未能「得隴望蜀」，後來，劉備在益州站穩腳跟後，反而「得蜀望隴」，將漢中從曹操手中活生生地搶了過去。這真是曹操始料未及的。

司馬懿在挨了當頭一棒後，內心非常苦澀。他這才明白曹操對自己的成見竟是如此頑固。儘管他生性堅忍，但還是有些心灰意冷了。既然曹操如此不待見自己，他不得不顧慮言多必失，禍從口出。司馬懿默默收拾好心情，告誡自己以後還是少言寡語為妙。

此時，劉備因為擔心曹操的進攻，迫不得已將已經吃到嘴裡的荊州地盤，吐出了三郡給東吳，有效緩和了與孫權的關係。孫劉再度結盟後，孫權親率大軍對曹操的地盤合肥發動了進攻。

曹操不敢在漢中久留，派心腹愛將夏侯淵鎮守漢中，自引大軍趕往合肥支援。曹孫再次交手，互有勝負。雙方相拒月餘後各自退兵。

曹操回到許都後，侍中王粲上詩頌德，眾臣紛紛諫議曹操晉爵為王。唯獨忠心漢室的尚書崔琰大力反對。此前，曹操最得力的謀士荀彧因為諫阻曹操進位為魏公而遭到冷遇，後來又被迫自殺。眾人均以荀彧為前車之鑑而勸崔琰看清形勢，放棄對漢室的愚忠。但崔琰決不妥協。曹操大怒，下令將崔琰杖殺。

漢獻帝在群臣催逼之下，不得不下詔讓曹操進位為魏王。從此，曹操冕十二旒，乘金銀車，駕六馬，用天子車服儀鑾，出警入蹕，和漢獻帝完全沒有兩樣了。

崔琰的死對曹丕來說，是一個重大的打擊。因為，崔琰曾經是曹丕的堅定支持者。隨著曹操進位為魏王，曹丕和曹植兄弟間早就暗流湧動的奪嫡之爭變得更加激烈、複雜了。

在遭到曹操新的冷遇後，司馬懿有著強烈的衝動要幫助曹丕贏得太子之位，但他思前想後，還是強自壓抑住了自己的心性，恪守自己當初定下的原則，冷眼旁觀，默不作聲。

> 心理感悟：不是挫折帶來了挫折感，而是挫折感帶來了挫折。

⑬——接連救了兩個賽點

隨著曹操對曹植的偏愛展露無遺，群臣漸漸分成了兩派。

儘管曹植優勢明顯，但支持曹丕的還是大有人在。諸如賈詡、崔琰、毛玠、恆階、辛毗等元老重臣屬於曹丕陣營。這些人力挺曹丕，主要是出於「立嫡以長」的傳統觀念。而支持曹植的主要以政壇新人為主，為首的是楊修以及丁儀、丁廙兄弟。

在曹丕的支持者中，崔琰的示範作用最強。崔琰的侄女是曹植的正妻，從親疏關係來論，崔琰更應該站在曹植這一邊。但崔琰卻站在了自己的相反立場，撇清了利益糾葛而更顯公允。從而，崔琰的意見對曹操的影響頗深，有效延緩了曹操做最終決定的時間，為曹丕贏得了寶貴的時間。

崔琰支持曹丕是出於對正統道義的維護，在同一價值觀念的作用下，崔琰強烈反對曹操僭越稱王。這就給他自己招來了殺身之禍，也讓曹丕痛失強援。

反觀曹植，在父親或明或暗的縱容下，拉開架勢，處心積慮，要將太子之位搶到手中。在這個過程中，聰敏過人、才華卓越的楊修發揮了重要的作用。

在曹操的陣營中，楊修是最能摸透曹操心思的人。這一點是包括司馬懿在內諸多謀臣大將們均自愧不如的。

比如，有一次，曹操派人修建丞相府的一座門。建好後，曹操來看了一眼，在門上寫了一個「活」字後，一言不發就走了。眾人均不解其意。楊修得知後，立即說：「門裡加個『活』字，就是『闊』字。丞相正是嫌門太大了。」眾人這才恍然大悟，於是按照楊修的指點，將門拆了，重新修建。曹操這才滿意了。

諸如此類的事例不勝枚舉。久而久之，大家都紛紛巴結楊修，將他奉為活神仙，凡是想要揣測曹操心意的，都要先去請教一番。

這樣的一個強援加入了支持曹植的陣營，對於曹植爭取曹操的歡心大有裨益。楊修事先揣測曹操的心事，針對曹操可能提出的關於治國安民等方面的問題，為曹植準備好了一篇對答錄。曹植熟讀牢記後，對曹操的發問無須考慮就對答如流。不明真相的曹操以為曹植除了文采出眾外，治國理政的能力也很突出，這進一步增加了曹植的分量。

除此之外，楊修還隨時指點曹植應對曹操的臨時考驗。有一次，曹操故意下令讓曹丕、曹植兩兄弟外出，事先卻密令城門守吏不得放行。

曹丕不知就裡，果然被攔了下來。曹丕只能灰溜溜地回去覆命。而多次享用過楊修的「智慧紅利」的曹植在出發之前，先諮詢了楊修。楊修心如電轉，立即明白這是曹操的試探之計，馬上告訴曹植說：「如果守吏阻攔你出城，你可以王命在身為由，就地斬吏出城。」

胸有成竹的曹植心領神會，當守吏阻攔他時，喝道：「我奉王命出城，事情緊急，如箭離弦，誰人敢攔？難道是想背反嗎？」當即拔劍將守吏斬首，縱馬出城。

這一場比試，顯然又是曹植占了上風。曹操從中看到了曹植極強的應變能力，卻不知道這是出於楊修的指點。

總之，在「活神仙」楊修的鼎力相助之下，曹丕節節敗退。司馬懿看在眼裡，急在心頭。他突然意識到，自己和曹丕其實是同病相憐，都不受曹操待見。

根據相似性法則，司馬懿對曹丕在情感上又親近了幾分，對曹丕的看法也大有改觀。

曹丕性情浪漫，喜好舞文弄墨，平時與陳琳、應瑒等建安七子交往甚歡，與深沉寡言的司馬懿並不合拍。而司馬懿雖竭誠輔佐曹丕，但對曹丕的公子哥做派卻也不甚欣賞。

但是，曹丕面對失寵逆境，沒有失意忘形，也沒有怨氣沖天，而是忍住委屈，苦苦堅持的做法逐漸贏得了司馬懿的好感。這事實上也是司馬懿本人正在踐行的自保之道。而曹丕所承受的心理煎熬甚至要超過司馬懿。司馬懿從未得到重用，而曹丕一度距離太子之位只有一步之遙，面對巨大的利益得失，很少有人能夠避免患得患失。但是，曹丕卻能做到雖受挫而不喪氣，雖懊惱而不失形。這是極為可貴的一種品質。司馬懿受到了極大的震撼，他捫心自問，如果自己處在曹丕的位置上，能做得像曹丕一樣好嗎？答案是「不能」。

此前，曹丕的兩位親信劉楨、吳質因為在酒宴上失禮，被曹操施以嚴懲。劉楨被罰到官府的手工作坊做苦工，吳質也從五官中郎將府上的掾屬位置被發配到距離鄴城八百里之遠的朝歌縣當縣長。

眼看曹丕的處境越來越艱難，吳質為了幫助曹丕，找了個藉口悄悄從朝歌縣潛回鄴城。

曹丕請吳質商議對策，又擔心被人發覺舉報。吳質於是想出了一個妙策，將自己藏在裝絲絹的大竹筐中，用馬車神不知鬼不覺地運入曹丕府中。兩人以為這瞞天過海之計無人可以察覺。殊不知，曹植早就派出了耳目在曹丕府前盯梢。

大竹筐出入往來的次數一多，就引起了耳目的懷疑。楊修得知後，立即判定這是吳質的暗度陳倉之計。

楊修一陣激動，知道曹植最好的機會已經不請自來！只要向曹操告發此事，將吳質抓住，不但吳質的腦袋立即搬家，曹丕也會徹底失去當太子的機會。

被勝利衝昏頭腦的楊修毫不掩飾，親自上陣，直接向曹操告發。曹操聽了，果然怒氣勃發。他最忌諱的就是手下的大臣與自己的兒子結黨營私，參與立嫡之爭。曹操立即安排人手，去曹丕府前埋伏搜查。

曹丕安排在曹操身邊的眼線獲悉這一訊息後，立即飛報曹丕。曹丕一見大禍臨頭，頓時慌了手腳，急忙派人去向吳質求救。

吳質的謀略在三國謀士中最多是第二流，和楊修相差甚遠。但在這一危機事件的處理上，吳質卻表現出了處亂不驚的風範，並給出了最為有效的應對之策。

吳質告訴曹丕無須慌亂，第二天照常用大竹筐運送絲絹。

次日，曹操派出的人手在曹丕府前攔住了裝著大竹筐的馬車搜查，結果並未發現吳質藏身其中。

曹操得知情況後，對一向信任的楊修產生了懷疑，以為楊修介入了嗣子之爭，並且故意抹黑曹丕。楊修日後的殺身之禍，就在這一刻埋下了伏筆。

其實，以楊修的智謀以及對曹操思維模式的熟諳，如果不是得意忘形導致智慧短路，完全可以置曹丕和吳質於萬劫不復的死地。他根本用不著向曹操告發曹丕用竹筐偷運吳質入府一事。他只要有意無意地在曹操面前提及吳質無故從朝歌縣任上潛回鄴城就可以了。

曹操治下極為嚴苛，吳質擅自離職必會引發他的高度懷疑。曹操一定會立即派出耳目去監視吳質家宅。而只要一監視，自然就會發現曹丕和吳質暗中密謀的事情。這樣，太子之爭的發展就會完全如楊修所願，水落石出，毫無懸念。

得益於楊修的失策，曹丕和吳質險勝一局，挽救回了一個賽點，讓奪嫡之爭得以繼續上演。

曹丕和曹植的奪嫡之爭漸漸浮上水面，曹操知道自己必須下決心了。他內心還是傾向於選擇曹植，不過，在做最終決定之前，他還是想聽一聽足智多謀的老臣賈詡的意見。

賈詡一直是支撐曹丕的，但是崔琰的前車之鑑，讓他不敢率性而言。可是，曹操的問題卻也不能不回答。

這是兩難的選擇。賈詡是如何應對的呢？

賈詡聽了曹操的問話，坐在那裡，一動不動，良久沒有說話。這是很無禮的舉動，絕不是賈詡慣常的風格。曹操等了半天，終於忍不住了，略帶怒氣地問道：「文和，我剛才和你說話，你一直不作聲，這是怎麼回事？」

賈詡彷彿突然驚醒過來一樣，說：「剛才我心中若有所思，所以沒能立即回答主公的問題。」

曹操緊接著追問：「你想到了什麼事情？」

賈詡淡淡地說道：「我剛才想到了袁紹和劉表父子。」（原文為：吾思袁本初劉景升父子矣。）

曹操聽了，頓時陷入了久久的沉默、久久的沉思之中。

賈詡就是用這麼一句話，不但輕鬆地破解了難題，巧妙地表達了自己的意見，也深深地觸動了曹操！袁紹和劉表都是曹操的手下敗將，他們的失敗很大程度上可以歸因於在立嗣問題上出現了動搖。袁紹和劉表都選擇了廢長立幼，造成了內部的分裂。曹操深知這一點，而且有效利用了這一點。只是，當曹操身處局中時，當局者迷，差一點也重蹈袁紹和劉表的覆轍。

賈詡只用一句話，就點醒了曹操。這是對「啟動效應」的深刻領悟與精準運用，堪稱典範！

賈詡憑藉自己的智慧，又幫曹丕挽救了一個賽點。原本要下定決心的曹操，再一次陷入了猶豫之中。

司馬懿得知此事後，這才知道自己差一點錯過了一個大宗師級別的高人。他對賈詡佩服得五體投地，決心要好好體悟賈詡那非同一般的智慧。

心理感悟：所謂難題，無非是缺乏足夠的智慧罷了。

⑭——大師級的智慧

讓司馬懿為之熱血沸騰、頂禮膜拜的首先是賈詡的生存智慧。

賈詡年輕的時候，在路上碰到叛亂的氐族人，同行的幾十人都被抓獲了。賈詡對氐族人說：「我是太尉段熲的外孫，家裡有的是錢，你們不要傷害我，我家裡一定會出一大筆錢贖我回去的。」

太尉段熲曾經長期擔任邊防將帥，威震西陲，這些氐族人一向十分畏懼段熲。賈詡這麼一說，氐族人非但沒有傷害他，反而和他訂立了盟誓，恭恭敬敬地送他走了。而和賈詡一同被抓的那幾十人都遇害了。

賈詡其實不是段熲的外孫，這不過是他在危難之際的救急之策罷了。那麼，賈詡為什麼能夠憑藉這一句謊言而平安脫身呢？

生死關頭，為了自保，說幾句謊言是無可厚非的。不過，謊言人人會說，但絕不是每一句謊言都能出奇制勝的。賈詡的高妙之處就在於對人性的深刻洞察與精準把握。

首先，他立即就想到了太尉段熲，而沒有攀附其他的高官重臣。顯然，段熲這個威震西陲的名字能夠立即生發「啟動效應」，而讓氐族人產生畏懼心理。

但僅僅讓氐族人產生畏懼心理是遠遠不夠的。因為，畏懼之心如果缺乏解決之道，往往會導致狗急跳牆。氐族人出於畏懼段熲的瘋狂報復，極有可能將賈詡殺人滅口，毀屍滅跡。

所以，賈詡隨即跟上的一句又製造了一個新的「啟動效應」——我們家願意出大價錢贖票。這句話是為了安撫氐族人不至於因為害怕而立即撕票。

另外，賈詡為自己捏造的「外孫」身分也十分妥帖，既不與段熲過分近，也不與段熲過分遠，填補了所有可能導致謊言被拆穿的漏洞。如果說自己是段熲的孫子就太近了，因為賈詡姓賈，而段熲姓段，有可能會被同行的他人無意中揭穿，氐族人也比較容易從其他管道進行核實。而說自己是段熲的外孫，即是段熲女兒的兒子，與段熲的親緣關係也足夠近，但又不容易稽查核對。因為當時不甚重視女性，故而段熲女兒的情況很難為外人知曉。

賈詡的這一段有驚無險的經歷，折射出的是他極為高妙的生存智慧。後來，賈詡正是憑藉著這一智慧，在亂世中歷事董卓、李傕、段煨、張繡、曹操五主而平安無事。這可能是三國中絕無僅有的第一人。對苦苦尋求自保的司馬懿來說，賈詡無異於凜然生威的智慧天神。

更令人咋舌的是，儘管賈詡屢屢轉換門庭，但每一位主公都從未懷疑過他的忠誠，個個對他十分敬重，甚至可以說是言聽計從。賈詡也從未讓他的主公們失望，凡出謀劃策，所言必中。

比如，董卓被司徒王允設計所殺後，王允要清算董卓餘黨。當時，董卓的部屬李傕、郭汜等人被嚇破了膽，都想扔下自己的兵馬，趕快逃亡。賈詡阻止他們，說：「我聽說長安城中正在商議著打算把所有的涼州人斬盡殺絕，如果諸位拋棄屬眾獨自逃亡，外面一個小小的亭長就能把你們抓住。你們不如帶領部隊向西，沿途收聚士兵，再進攻長安，為董公報仇，如果能夠幸運地成功，就可以控制天下。如果不能成功，再逃走也不遲。」

李傕、郭汜採納了賈詡的計策，聯絡涼州諸將，率軍晝夜兼程，奔襲長安，果然一舉攻克。李傕等縱兵擄掠，殺死官吏百姓萬餘人，司徒王允滿門被殺。一時間，整個朝政被李傕掌控。

從道義而言，賈詡這是在助紂為虐了。這也確實讓賈詡日後飽受非議。但是，僅從對形勢、人心的判斷，賈詡的計謀確實應驗如神。

再如，賈詡為張繡效力時，曹操南征張繡，包圍了張繡據守的穰城。隨後不久，袁紹想乘虛襲取許都，曹操立即從穰城撤退。張繡率兵尾隨追擊，劉表也派出兵馬，切斷曹軍退路，與張繡夾擊曹軍。曹操出奇兵大敗張、劉聯軍。曹軍獲勝後，再度撤退。張繡不甘失敗，要親自率兵追擊，賈詡勸阻他說：「不可追，追必敗。」張繡不聽，果然被曹操親自斷後擊敗。曹軍再撤退，張繡不敢再追了，賈詡卻又對張繡說：「趕快再追，一定會獲勝。」

張繡不敢相信，說：「前面我沒聽你的話，追擊已經慘敗過一次，怎麼還要追呢？」賈詡說：「形勢已經起了變化，現在趕快去追，準能獲勝。」

張繡見賈詡說得堅決，收聚兵馬，再行追擊，果然將曹軍後部擊潰。

張繡見賈詡料事如神，忙向他請教其中緣故。賈詡說：「這個道理很簡單。將軍您雖然擅長用兵，但不是曹操的對手。曹軍剛剛撤退時，曹操一定會考慮到要防範追兵，所以他會親自殿後。我們的追兵一定抵不過曹操親自督戰的後軍。所以我知道將軍您必然失敗。曹操之所以急急退兵，一定是後方出了事，所以擊敗您的追兵後，一定會全力撤退，留別人斷後。他留的將領雖厲害，卻比不上將軍，所以我知道您用敗兵也能取勝。」

賈詡的這一番分析徹底征服了張繡。張繡從此對賈詡言聽計從。

此後，袁紹派人招降張繡。當時袁紹是實力最強的割據勢力。張繡巴不得能和袁紹聯合。但是，賈詡沒有和張繡商量，當著張繡的面強硬回絕了袁紹的使者。張繡大惑不解，詢問賈詡為什麼要這麼做。

賈詡說：「將軍如果要投降，不如選擇曹操。」

張繡大驚，曹操是他的死對頭，就算自己真的要投降，他也不會接受。但賈詡卻說曹操兵力較弱，更願意拉攏盟友。而且他志向遠大，一定能夠不計前嫌。最關鍵的是，賈詡判斷曹操憑藉「挾天子令諸侯」的政治優勢，一定能夠後來居上。

張繡早已對賈詡的判斷力深信不疑，這一次賈詡提議歸順曹操，雖然在意料之外，但張繡還是聽從了他的建議。

曹操果然不計前嫌，欣然接納了張繡，還讓自己的兒子曹均娶了張繡的女兒為妻，以徹底打消張繡的疑慮。

賈詡在說服張繡降曹的同時，也憑藉自己的眼光與智慧征服了曹操。曹操親自接見賈詡，握著他的手說：「使我的信譽揚於天下的人，就是文和你啊！」曹操當即拜賈詡為執金吾，封都亭侯，後來又遷升冀州牧。

可見，賈詡不只生存智慧是上上之選，自彰智慧也是遠超他人。這兩大智慧，正是司馬懿當下最為稀缺的心靈養料。

司馬懿在遭到曹操「得隴望蜀」的譏諷打擊後，一度心灰意冷，陷入了迷茫，既不想也不敢再對曹操進言了。但是，賈詡這一次積數十年之功力所說的輕描淡寫的一句話，好似清風輕撫山岡，明月柔照大江，拂去了司馬懿心頭的濃重陰雲。

司馬懿心扉洞明，突然看清了自己的心理誤區，也體悟到自己的不足之處。沉默不可能是金，自己絕無可能透過沉默來改變曹操對自己的不良印象。賈詡的沉默不過是故作姿態，以為後面的話語鋪陳作勢。要想自保，進而自彰，必須開口進言。其關鍵就在於「怎麼說」和「說什麼」。

在這方面，賈詡已經提供了諸多能夠擊中曹操的心靈軟肋而收到奇效的好例子。司馬懿由此平添了無比的信心，並開始如饑似渴地了解、學習大宗師賈詡的生存智慧與說服之道。

就在司馬懿對於征服曹操重拾信心之際，曹丕與曹植之間的競爭出現了微妙的變化。

曹操被賈詡勸阻之後，再一次把目光對準了外部尚未征服的對手。建安二十二年（西元217年），曹操以魏王兼大漢丞相的尊貴身分對孫權發起了進攻。

這一次，在鄴城留守的依然是曹植，而曹丕再一次跟隨出征。

這是曹植第三次留守鄴城了。在有過兩次歷練後，曹植已經駕輕就熟，應對自如了。而更關鍵的是，曹操的這一安排極具象徵意義，這預示著曹植在太子之爭中的節節獲勝，雖然曹丕一方接連挽救了幾個賽點，但曹植還是無限逼近了衝線的一刻。

從性格來說，曹植比曹丕更為放縱不羈，更具文人墨客的浮游情懷。曹植為了這太子之爭，強自壓抑心性，已經忍了很久了。眼見即將成功，曹植的心態不免輕縱起來。

但是，曹植卻不知道「行百里者半九十」的道理。古往今來，多少英雄豪傑在人生的征途上，都因為成功在望而提前歡慶，最後倒在了終點線上。

才情四溢的曹植，到底能不能倖免於這一悲劇性的詛咒呢？

> 心理感悟：有些方向，注定要在迷失之後才能找到。

⑮——悲欣交集的境遇

曹操的這一次出征東吳，司馬懿的兄長司馬朗以兗州刺史的身分，率領數千兗州子弟隨同出征。司馬懿沒有想到，自己這一次與兄長的告別，竟是永別。

建安二十二年（西元217年）的這個春天，中原大地爆發了一場規模巨大的瘟疫。這場瘟疫來勢洶洶，奪走了無數人的生命。後來曹植在《說疫氣》中這樣描寫瘟疫帶來的慘象：「家家有僵屍之痛，室室有號泣之哀。或闔門而殪，或舉族而喪。」

司馬朗帶著部屬趕到長江之畔的居巢時，瘟疫也已經在軍隊裡傳染開了。司馬朗一向愛護屬下，他在軍營中不斷巡視，查看軍卒的病情，甚至親自送湯侍藥。

瘟疫最大的特點就是傳染性。司馬朗和染病的軍卒多次親密接觸後，很快也被傳染了。以當時的醫療水準，對於這類瘟疫基本是無藥可救的，染上的人，均難逃一死。

司馬朗很快就被死神奪走了生命，年僅四十七歲。臨死之前，司馬朗因為自己未能為國出力，深感愧疚，於是寫下遺言：「刺史蒙國厚恩，督司萬里，微功未效，而遭此疫癘，既不能自救，辜負國恩。身沒之後，其布衣幅巾，斂以時服，勿違吾志也。」

人世間的事，往往是歡笑中夾雜著悲傷，快樂中蘊藏著痛苦。司馬朗的猝然辭世，讓司馬懿痛心不已，但他卻不知道，兄長之死，卻為他的命運打開了柳暗花明之門。

曹操在讀到司馬朗這封情深意真的遺書後，深受感動，流淚不止。就在這一刻，曹操對司馬懿的偏見堅冰突然出現了消融的跡象。司馬朗既然死了，「三馬」不再成形，那個預兆式的噩夢不破而解，曹操對司馬懿的戒心也隨之大減。

司馬朗忠心奉公，為自己辛勞十六年的情形一幕幕浮現在曹操面前。在互惠法則的驅動下，曹操為自己的無以為報而感到愧疚。不過，司馬朗死了，他的兄弟司馬懿、司馬孚還在。曹操的這一份回報之心自然而然就轉向了司馬懿和司馬孚。

曹操隨即又想起，這些年來，雖然自己一直不怎麼待見司馬懿，但司馬懿從未有過半句怨言，依然兢兢業業，夙夜在公。曹操頓時感到了另一種愧疚。

在這兩種愧疚的雙重作用下，曹操終於改變了對司馬懿的不良印象！當偏見的陰霾散去後，曹操也開始慢慢看到了司馬懿更多的優點。

這是司馬懿一生中最大的命運轉捩點。而這樣一個峰迴路轉的機會，其實是他的兄長司馬朗無意間用自己的生命換來的。

與司馬懿同病相憐的曹丕也同樣罹受了瘟疫帶來的沉重打擊。與曹丕意興相投的「建安七子」中的王粲在瘟疫初起之時就感染而死。其後，徐幹、應瑒、陳琳、劉楨也陸續死於這場瘟疫。再加上孔融和阮瑀早已死去，至此，建安七子已盡數離世。曹丕在奪嫡之爭中飽受的煎熬之苦，只能透過與這些文學天才們詩歌酬唱來加以排遣。如今，知音全逝，前途未明，曹丕深深感到了命運的無常、生命的無奈以及自己的無助。

曹操對孫權發起進攻。東吳這邊，軍事主將魯肅剛剛去世，孫權任命魯肅推薦的呂蒙都督軍事。呂蒙的戰略思路和魯肅大為不同。魯肅一向堅持聯合劉備，共同對付曹操。而呂蒙則將劉備視為頭號大敵。在呂蒙的主導下，孫權同意暫時向曹操臣服，以便集中精力對付劉備。

曹操征討孫權多年，一直沒能順利征服，這一次孫權的投降，讓曹操大喜過望，決定馬上撤軍回師。這個好消息很快就傳到了後方鎮守鄴城的曹植耳中。

曹植聞訊大喜，身上的壓力頓時減輕了。他立即召集群臣在府上設宴，開懷痛飲。曹植放鬆了自我約束，群下自然上行下效，一時間，君臣喝得東倒西歪，好不暢意。在這個時候，竟然沒有一個老成持重的人提醒、規勸一下曹植。可見曹植一黨中，著實缺少具備政治大局觀的人才。

曹植喝得興起，又再下令，讓群臣跟隨自己去郊外遊春。曹植坐上馬車，一路疾馳，來到魏國王宮的正門之前。

這座正門叫做司馬門。按照禮制，只有身為魏王的曹操才可以乘車從司馬門出行。其他所有人等，只能走司馬門兩旁的邊門。

曹植在酒精的催發下，早已得意忘形，以為自己已經擁有了掌控魏國的一切權力。當門吏依禮攔住曹植的馬車，請他從邊門出行時，曹植勃然大怒，對著門吏一陣怒斥。曹植殺門吏可是有先例的。門吏擔心自己的腦袋不保，不敢違逆，乖乖地將司馬門打開。

曹植駕著馬車，從司馬門疾馳而出，好不快意。這一路上，人們以為魏王曹操出行，個個恭謹萬分。曹植掃視大道兩側，更是有一種躊躇滿志、君臨天下的超級快感。

這一天，曹植玩得十分盡興，卻不知道自己已經犯下了一個致命的錯誤。

曹操率領大軍回到鄴城後，很快得知了曹植擅自從司馬門出行的放縱之舉。曹操的心情一下子降到了冰點！

曹操一向治軍極嚴，特別講究令行禁止，就連自己違犯了軍令，也不輕易放過。最著名的就是「割髮代首」的故事。

有一次，曹操率軍出征，路過麥田。為了不讓馬匹踐踏麥田，曹操特意下令，大軍行處，不得傷及麥子，違者斬首。全體士卒個個凜然遵守。但偏偏麥田中一隻鳥兒突然飛起，導致曹操的戰馬受驚，躥進麥田中，踩壞了一大片麥子。按照曹操剛剛下達的軍令，這就是死罪。但曹操是三軍主帥，如果將主帥就地正法，出征就失去了意義。可是，如果曹操犯法而無須懲罰，軍令也就失去了嚴肅性。於是，曹操決定「割髮代首」。在當時的世代，割髮並不像我們今日是一件平常之事。人們奉行「身體髮膚，受之父母，不得損傷」的社會價值規條，甚至有一種髡刑，專門是以剃除頭髮作為刑罰的。所以，曹操的「割髮代首」並非惺惺作態。三軍將士見曹操如此嚴遵軍法，個個深受觸動。

曹植雖然是曹操最寵愛的兒子，但他還是不能容忍曹植的自由放蕩、目無法紀。曹操立即將曹植叫來，痛斥一頓，然後下令將那位司馬門守吏斬首！

要不是曹植一向深得曹操歡心，這個被砍頭的人就該是曹植了。那個守吏是當了曹植的替罪羊。曹植的腦袋雖然保住了，但他的政治生命卻從此走向了盡頭。曹操再也無法找回當初對曹植的喜愛之情了。他雖然嘴上不說，但已經在心裡將這個空有才華，卻不堪大用的兒子從繼承人的名單上劃去了。

行百里者半九十，曹植也像眾多樂極生悲的才人們一樣，在黎明即將到來的時候，倒在了終點線上。曹植被排除後，曹操的選擇就只能是曹丕了。曹丕在無盡的絕望中，竟然極其幸運地迎來了絕地逆轉的消息。幾個月後，曹丕被正式冊立為魏國太子。

曹丕強忍著興奮，表現得平靜如水。但是，當老臣辛毗趕來祝賀時，曹丕終於忍不住了。他急匆匆地將辛毗請入內室，也顧不上君臣禮儀了，緊緊地摟住辛毗，在他耳邊輕輕地說道：「辛公，你可知道我心中是何等歡喜！」說完，曹丕竟然涕淚橫流，把辛毗的衣衫都潤濕了。

要說曹丕能夠贏得奪嫡之爭，確實很不容易。他在劣勢盡顯、相形見絀的情況下，一直苦苦忍耐，終於等到了曹植犯錯，從而絕地逆轉。這一段飽嘗艱辛的心路歷程，在曹丕心中刻下了不可磨滅的印記，也徹底地改變了曹丕的價值判斷。曹氏手足相殘的悲劇，也因為這一段風雲變幻的爭鬥歷程而埋下了無可挽回的伏筆。

曹丕被立為太子後，司馬懿的春天也隨之降臨。曹操下令，讓司馬懿和司馬孚兩兄弟擔任太子曹丕的中庶子。中庶子一職，是太子的親密侍從和貼身顧問。這一任命，絕對是重用的象徵，是多少人苦求而不得的。這與當初曹操著意提醒曹丕注意司馬懿已經完全不可同日而語了。

曹操之所以同時提拔司馬兩兄弟，多少隱含著對他們因公殉職的長兄司馬朗過往的忠誠與貢獻的彌補之舉。這同時也表露了曹操對司馬懿的猜疑之心終於煙消雲散。

但此時此刻，還不能說司馬懿已經得到曹操的信任，更不用說倚重了。如果司馬懿因此而得意忘形的話，曹植式樂極生悲的悲劇也將在他身上重演。

板凳已坐十年冷，雄心依舊未成灰。在苦苦熬過艱辛歲月後，即將步入「四十不惑」的司馬懿終於要擺脫邊緣人物的角色了。他內心中當然也像曹丕那樣欣喜若狂，但他卻不會像曹丕那樣對著辛毗失態般地宣洩。他內心裡要淡定得多，因為曹氏兄弟這一場驚心動魄的較量給他上了活生生的一堂「權力爭奪課」。

司馬懿明白了，在權力的角鬥場上，是沒有手足之情的；司馬懿明白了，權力不可能從天而降，必須要靠爭奪才能獲得；司馬懿明白了，在權力之爭中，只要堅持得足夠久，再厲害的對手也會犯錯；司馬懿明白了，只要權力一刻沒有到手，就決不能有片刻的放縱……

> 心理感悟：在人生征途中，賽點才是真正的起點。

托孤重臣

又一次殘忍的洗禮 / 生活才剛剛開始 / 自信是最強悍的資本 /
一次失敗的勸進 / 擺脫噩夢的詛咒 / 受之有愧的獎賞 /
最毒辣的催化劑 / 揭開權力的祕密 / 高手的隔空過招 /
一場家庭絕食風波 / 權力的快感與代價

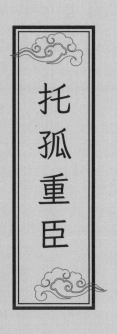

⑯ 又一次殘忍的洗禮

劉備在益州站穩腳跟後，很快對漢中發起了攻擊。一時間，漢中守將夏侯淵飛報告急。曹操急忙親提大軍，從鄴城出發，西上長安救援。留守鄴城的重任再一次落到了曹丕身上。司馬懿作為太子中庶子，自然是陪在曹丕身邊，幫他處理一應公幹。

司馬懿在得知劉備進攻漢中的消息後，嘴角不免露出了一絲難以覺察的微笑。劉備的進攻其實是幫了司馬懿一個忙。當初，曹操在得手漢中後，因為對司馬懿深懷偏見而拒絕進攻益州。現在，劉備大舉來襲，等於是驗證了司馬懿的前瞻性和正確性。司馬懿認為，這件事一定會對曹操有所觸動，從而有助於提升自己在他心目中的印象，也有助於改變自己的命運。

果不其然，曹操在進軍途中，反思起自己的決策失誤，覺得有必要對司馬懿這個人重新加以衡量評定。

就在曹操坐鎮長安，指揮漢中戰局的時候，曹丕鎮守的鄴城卻發生了一起嚴重的叛亂。

曹操僭越稱王後，激起了一大幫漢室忠臣的憤慨之心，紛紛想要刺殺曹操，為大漢鋤奸，但都被曹操提前偵破。曹操對這些叛亂者決不容情，大肆殺戮，卻沒能徹底平息。這一次曹操領兵出征後，一位叫做魏諷的官吏動了殺機，決心殺掉曹丕，占據鄴城，然後再號召天下，共同討伐曹操。

魏諷糾集了一幫志同道合的夥伴，周密策劃。但就在即將起事之際，卻出現了一個告密者。

曹丕聞報後，先是大驚，隨即穩定心神，親自帶兵，連夜行動，根據告密者提供的名單，將一眾參與叛亂者盡數擒獲！

為了向曹操及外界證明自己完全勝任接班人之位，曹丕這一次行動堪稱果敢堅決。曹丕同時決定，要先斬後奏，將叛亂者全部斬首後，再向曹操稟告。

但是，就在曹丕核查叛亂者名單的時候，卻陷入了困境。

原來，有兩個參與叛亂的年輕人正是「建安七子」之一的王粲的兒子！

王粲是曹丕的文學密友，兩個人私交很深。王粲與曹丕詩賦酬唱，陪伴曹丕度過了備受煎熬的艱苦歲月。大約兩年前，王粲被瘟疫奪去了生命。

曹丕不勝傷感，親自參加了王粲的葬禮。在安葬完畢後，曹丕提出了一個匪夷所思的建議。他說：「仲宣生前喜歡聽驢叫，我們大家每人發一聲驢叫來送別仲宣吧。」

於是，在王粲的墓前，此起彼伏，響起了一陣驢叫之聲。

曹丕以魏王之子的身分，竟然屈尊紆貴學驢叫，可見他和王粲確實是情誼深厚，連世俗禮儀都拋到了腦後。

按照常理推論，曹丕念及故人情分，應該對王粲的兩個兒子網開一面，留他們一命才對。但是，曹丕卻下令將所有參與叛亂者盡數斬首，絕不通融。

這樣一個冷血無情的曹丕，和當初那個情深義重的形象判若兩人，難道王粲屍骨未寒，曹丕就已忘了往日的情分了嗎？

曹丕確實是變了，但導致這個變化的並不是他的性格，而是情境時勢使然。

曹丕費盡千辛萬苦，剛剛得到了太子之位，自然十分謹慎小心，也十分注重他人（特別是曹操）對自己的評價，唯恐自己行事不當，會導致惡評如潮，最終導致曹操改變心意，更立太子。

於是，「反向歧視」的心理機制隨之主導了曹丕的決策思維。所謂「反向歧視」，是指出於對社會評價的高度敏感，而對本該特別保護、照顧、優惠的個體或群體施予完全相反的措置，以維護自身的名譽或聲望。

按照曹丕和王粲的交情，手握生殺大權的曹丕，是可以，也是有能力對王粲的兩個兒子手下留情的。但是，曹丕擔心自己會因此背上「枉顧私情」的惡名，而引來曹操的不滿，於是硬起心腸，將王粲二子與魏諷等人一併問斬。

曹丕隨即將自己措置叛亂的情況，派人飛報曹操。

曹操看了曹丕的報告，對兒子的當機立斷、果決行事深感滿意。但他感到唯一美中不足的卻是曹丕對王粲二子的處置。

曹操長歎一聲，說：「要是我在鄴城，是不會讓王仲宣斷後的啊！」

王粲曾經契合曹操的心靈步伐，上詩頌德，請求曹操晉爵為王。曹操牢牢記住了王粲的恩惠，因此對他頗有好感。而在當時，「不孝有三，無後為大」，曹操出於對王粲的回報心理，才會有此一說。而曹丕則完全是從自己的利益立場做出決斷。

司馬懿近距離目睹了曹丕處置叛亂的全過程，曹丕從一個溫文儒雅的翩翩公子變成了一個冷血無情的劊子手的重大變化讓他感觸頗深。

人們往往把他人的行為歸因於人格或態度等內在特質上，而忽略他們所處情境的重要性。這就是「基本歸因錯誤」。

司馬懿也難以避免「基本歸因錯誤」的影響。從他的角度來看，曹丕的變化再一次為「權力三問」做出了更為深刻的注解。

司馬懿進一步總結出了：權力會徹底地改變一個人；要想獲得或維護權力，殘忍是必不可少的手段；權力往往只屬於那些殘忍的人。

當這些念頭漸漸地融入司馬懿的底層思維後，他始自夫人張春華的人生殘忍課，在曹操、曹丕等「頂級大師」的言傳身教下，已經可以「畢業」了。在情境和自性的雙重作用下，司馬懿已經被塑造成了一個兼具堅忍與殘忍的可怕人物。只是，為了得到可以讓自己盡情施展的舞台，司馬懿還必須付出極其漫長的等待。

曹丕鐵腕平息了叛亂後，穩住了後方。但曹操親自趕往漢中，戰況卻很不順利。

曹操的親信大將夏侯淵在定軍山被劉備的老將黃忠斬殺，一時軍心大亂。曹操只能在斜谷屯兵，進退兩難。

一晚，夏侯惇進帳請示曹操晚間軍中所用號令。曹操看了看晚餐剛剛吃過的雞湯，不由隨口說了一句：「雞肋，雞肋！」

夏侯惇於是以此為令，吩咐各營上下，夜間巡查均用「雞肋」為號。隨軍出征的楊修聽說當晚的號令為「雞肋」後，立即吩咐隨行軍士收拾行裝，準備歸程。

有人將楊修的所為報告給了夏侯惇。夏侯惇大驚，立即趕到楊修的帳中請教：「德祖公，你為什麼要收拾行裝？」

楊修微微一笑，說：「從大王今夜所定的號令來看，就能判斷他是想要撤軍了。你看，雞肋者，食之無味，棄之可惜。現在我軍進不能勝，退恐人笑，正如雞肋。既然在此無益，不如早歸。大王來日必然班師回都。所以我早做準備，以免臨行慌亂。」

楊修向來對曹操的心理瞭若指掌，在曹營諸將中享有極高的聲譽。夏侯惇聽了，頓時對楊修的判斷佩服得五體投地，連聲說道：「哎呀，只有德祖公才能知道大王的肺腑啊！」

夏侯惇回到自己的軍帳後，立即吩咐部下收拾行裝。夏侯惇是曹操的親信大將，他這樣一做，人人都以為他是秉承了曹操的心意，紛紛群起而效仿之。於是，曹營上下，到處一片收拾行囊的繁忙景象。

可笑的是，曹營將士們紛紛準備好了撤軍，但三軍主帥曹操卻還蒙在鼓裡。

曹操以「雞肋」為號，是他潛意識的外顯，但在意識層面，曹操依然糾結，並未下定決心。而心機靈動的楊修提前猜準了曹操的心思。

曹操心煩意亂，不能成眠。他輾轉反側，睡不著覺，只好起來到營寨間巡查。這一來，曹操當場就震驚了！他一向治軍極嚴，從戎幾十年來，從未發生過主帥尚未下令，將士已經待歸的情形。

曹操大怒，急忙將夏侯惇叫來，喝問緣由。夏侯惇說：「德祖公察知大王欲歸之意，因此我等收拾行囊，早做準備！」

曹操素來看重、信任楊修。而楊修一向以自己能夠猜中曹操的心思而自彰自得。這一次，楊修以為又可以像以往那樣炫示自己的才智，於是得意揚揚地來到了曹操的中軍大帳。

曹操面色已然鐵青，楊修卻沒有絲毫覺察，當著曹操和諸將的面，將自己揣測「雞肋」蘊意的過程又細說了一遍。

曹操勃然大怒，暴喝一聲：「豎儒！敢亂吾兵耶！」立即下令，將楊修推出斬首！

楊修到死，都沒有搞清楚，到底是哪裡觸怒了曹操，而搭上了自己的卿卿性命。楊修之死的消息傳到鄴城後，司馬懿卻為之一凜，陷入了沉思。

曹操到底為什麼要殺楊修呢？

> 心理感悟：殘忍是權力永不匱乏的衍生品。

⑰——生活才剛剛開始

這一晚的「雞肋事件」一下子擊破了曹操的控制幻覺。

曹操絕沒有想到，楊修的影響力竟會如此之大，只用幾句話，就可以讓包括夏侯惇在內的全軍將士俯首貼耳，其威力甚至超過了自己的軍令。

曹操頓時想到，楊修曾經抹黑曹丕，等到自己死後，一旦楊修發揮他的影響力來干預接班事宜，必然會造成曹氏內亂。

曹操這麼一想，楊修就不可能有活路了。曹操是絕不會給子孫留下這麼一個天大的「禍害」的。楊修就這樣掉了腦袋。

曹操對楊修的猜忌其實早就開始了。當楊修舉報吳質密會曹丕卻搜查不得時，曹操對他的猜忌進一步加深。但是，楊修卻毫無覺察。

以楊修之聰明絕頂，能夠屢屢猜中曹操的心思，為什麼卻沒能及早發現曹操對自己的不滿，依然肆無忌憚地炫示自己的聰明才智呢？

實際上，這是一種「智力負效應」。那些屢屢從自己的聰明中獲益的人，往往會變得不再在意他人的需要或感受。但這樣的做法最終會給聰明人帶來難以預料的傷害或災難。

楊修憑藉自己的聰明，在曹營中獲得了獨一無二的地位和影響力。這些正向的回饋逐漸讓他自負起來。楊修越來越將自己的聰明視為一種可以凌駕於任何規則之上的特權，但他卻也因此日漸忽略了他人的感受。這就是曹操要將他問斬的時候，沒有一個人為他求情的原因。

而更重要的是，楊修甚至連曹操的感受也不那麼在意了。你看他，在對夏侯惇分析曹操的「雞肋心理」時，將曹操「進不能勝，退恐人笑」的窘態全然揭露，絲毫沒有顧及曹操的臉面。

楊修死於「雞肋事件」，看似偶然。但是，只要楊修一天沒有從「聰明負效應」中擺脫出來，他的死於聰明就是一個必然。

楊修之死就像此前的孔融之死、崔琰之死一樣，再次給司馬懿敲響了警鐘。司馬懿明白，自己沒有楊修那麼聰明，如果因為曹操對自己的印象有所改觀就掉以輕心的話，很可能也會惹來大麻煩。

當然，司馬懿也不會因為這幾個人的因言獲罪，而不再對曹操進言。因為賈詡的成功經驗早已讓司馬懿明白，進言是進身的必由之路，問題的關鍵不在於說不說，而在於如何說。

曹操殺了楊修之後，為了彰顯楊修確實是在蠱惑軍心，繼續屯兵斜谷，不進不退。但蜀軍魏延挑戰，曹操忍不住出戰，竟然被魏延一箭射中了人中，幸得諸將拚命才保得平安。

諸葛亮隨即指揮大軍，多頭進攻。曹操受傷之後，再無鬥志，只好黯然退出漢中。

人們往往要等到支付代價的時候，才會發現自己的錯誤。曹操丟了漢中後，這才想起司馬懿的好來。他十分懊悔自己當初沒有採納司馬懿的建議，及時攻下蜀中，以至於現在連漢中也成了劉備的了。

曹操一退兵，劉備趁勢攻打上庸諸郡，又占領了一大塊地盤。隨後，劉備進位漢中王。他最得力的輔佐大臣諸葛亮也成為事實上的丞相。

曹操回到鄴城，深覺司馬懿的謀略可用，於是下令將司馬懿從太子中庶子的職位提拔為丞相府軍司馬，在自己身邊負責軍事謀劃。

精誠所至，金石為開。司馬懿經過長達十年的等待與努力，再加上諸般機緣巧合，終於還清了年少輕狂帶來的人際認知債務，成功扭轉了曹操對他的不良印象，贏得了信任。

結果雖然是可喜的，但代價也是沉重的。如果一切可以重來，司馬懿一定會徹底放下自己的傲慢與偏見，不做預設地審視一切可能性，而不是憑著一己意氣行事。

這一年，司馬懿已經整整四十歲了。最美好的青春年華已經在壓抑與沉悶中悄然流逝，一去不回。與他幾乎同時出山的諸葛亮，早已名滿天下，做出了一系列轟轟烈烈的事蹟。而司馬懿的仕途卻才剛剛踏上正軌。這兩個幾乎同時出發的年輕俊傑，在十年後卻拉開了極其巨大的差距。諸葛亮一騎絕塵，遙遙領先，以常理推斷，司馬懿已經沒有任何可能追上他了。但是，生命正因為有著種種不可思議的可能性，才變得瑰麗多姿。誰又能斷定司馬懿就不能迎來人生的充盈豐盛呢？

事實上，從另一個視角來看，司馬懿的這十年光陰也並沒有白白荒廢。十年來，他飽嘗冷眼與嘲笑，在風雨飄搖的夾縫中苦苦生存。環境中的這些負面力量，既然沒能將他扼殺，就只能讓他變得更為強大。當他終於結束了生活的考驗而獲得了前行的通行證後，就連他自己都不知道，他的內心已經將堅忍與殘忍融為一體，化作本能。這世上已經沒有一種力量，可以將他輕易擊倒。這樣的一個司馬懿，難道就一定不能上演彎道超車的逆襲大劇嗎？

我們還是放下評判吧。因為，一切皆有可能。

司馬懿懷著剛剛開始新生活的欣喜之情，向曹操獻上了他已深思熟慮的一個建議。

司馬懿對曹操說：「當初商朝的賢人箕子獻謀，就是把吃飯問題擺在了第一位。現在天下不從事耕種的精壯勞力大約有二十萬之眾。雖然為了戰爭而不得不如此，但是坐吃山空也不是長遠之策。不如讓這些精壯士卒，一邊操練，一邊耕種。如果有戰爭需要就出徵為卒，如果停戰休養就下田為農，豈不更好？」

司馬懿的這個建議可算是說到點子上了。東漢末年，戰事頻仍，對戰士的需求量極大，凡是有點勞動能力的人，往往都被徵為兵。這樣一來，種地產糧的農民自然就缺乏了。養著一支龐大的軍隊，固然是自保以及擴張之本，但軍需糧草的供應卻成了一個大問題。

三國時期的很多戰役敗於糧草供應不足。比如，曹操與袁紹的官渡之戰，曹軍糧草告急，曹操只能將糧官當作替罪羊殺了才勉強穩定了軍心。後來，曹操聽了許攸之計，放火燒了袁紹的糧庫，這才扭轉戰局，反敗為勝。

司馬懿提出的這個策略，既能夠穩妥維護軍隊建制，又能夠讓軍隊自給自足，可謂一舉兩得。

曹操聽了之後，立即拍手稱快。這一策略很快就付諸實施。曹操的這一個認可，看似微不足道，但對司馬懿來說，卻是意義重大。因為，這是司馬懿第一次得到曹操真正的認可。

司馬懿一擊成功，自然是興奮不已，但他還是強自忍耐，沒有表露在外。等到他回到家中，再想起曹操歡欣接納的情形，兩行熱淚情不自禁地從臉上默默流淌下來。

男兒有淚不輕彈，只因未到傷心處。司馬懿淚水四溢的這一幕和曹丕當初被正式冊立為太子後，抱著辛毗所說的那句「辛公，你可知道我心中是何等歡喜」，是完全相同的心情。

人世間最好的獎勵就是認可。為了得到認可，人們願意付出任何代價。司馬懿在誤解、蔑視、冷遇中走過了漫漫的長路。他是多麼渴望得到他人的理解，多麼渴望得到施展的機會，多麼渴望能夠證明自己啊！

但是，接踵而來的卻是一連串的打擊！生活始終沒有對他露出可親的笑臉，他的天空上始終是濃重的陰霾。這樣的人生際遇，很容易讓人落入「習得性無助」的陷阱，逆來順受，失去抗爭的勇氣，變得絕望、抑鬱，從而扼殺一切可能的轉機。

司馬懿卻以自己的堅忍，拒絕向「習得性無助」惡魔妥協，以無比的心力，挺過了漫長的逆境，終於迎來了認可的晨光。

所以，我們不要嘲笑司馬懿反應過度。如果你沒有親身經歷過漫漫十年的磨難，你永遠都無法體會到這一聲姍姍來遲的認可是何等珍貴。如果你也遭受過類似的挫折困頓，那麼，就請你陪著司馬懿一起熱淚飄零吧。

司馬懿過了很久，才漸漸從激烈的情緒中平復下來。這也許是他一生中唯一一次以這樣強烈的形式來表露內心的情緒。

盡情宣洩後，司馬懿恢復了往日的深沉。他的內心充滿了自信。他知道自己終於能夠把準曹操的脈搏了。於是，他很快又給曹操提出了第二個建議。

司馬懿對曹操說：「荊州刺史胡修為人粗暴，南鄉太守傅方行事驕奢，這兩個人都不適合擔任邊防之將。」

司馬懿的這個建議並非信口雌黃，而是經過長期觀察後得出的結論。他以為曹操一定會像上次那樣欣然接受自己的意見。但是，生活卻和他開了一個不大不小的玩笑。曹操竟然對他的建議置之不理。

這其實是可以理解的。曹操對司馬懿剛剛建立了初步的信任，當然不會在人事任免這麼重大的事項上輕易聽取他的意見。況且，胡修、傅方兩人鎮邊已久，擅自更換，很容易導致軍心渙亂。

司馬懿很快意識到了自己的唐突。好在曹操雖然沒有採納他的建議，但也沒有對他冷嘲熱諷。所以，司馬懿的心情並未受到多大的影響。

心理感悟：唯有無比的耐心，才有可能療癒偏見的頑疾。

⑱——自信是最強悍的資本

曹操從漢中敗退後，先是回到長安小住，隨後又回到洛陽。不久，他得知了劉備自稱漢中王的消息，不由暴跳如雷，當即要傾國之兵，殺往兩川，殲滅劉備。

曹軍剛剛從漢中敗歸，三軍疲累，士氣不振，顯然不是出兵的好時機。但曹操盛怒之下，竟然沒有人敢於勸諫。

就在此時，司馬懿心念電轉，抓住了這個人人畏縮不前的好機會。

司馬懿說：「大王不必動怒，我有一計，無須使刀弄槍，就能讓劉備在蜀中自取其禍！等到他兵力疲憊，大王再派一員大將，率幾萬兵馬，就能一舉將其殲滅。」

司馬懿在和曹操有過幾次思維交互後，說服的技巧有了很大的提升。他一上來不是先說明本意，而是先調曹操的胃口。誰不願意採用這樣一本萬利，甚至是無本萬利的好計策呢？

曹操果然轉怒為喜，語氣歡悅地說道：「仲達，你有何高見？」

司馬懿這才將自己的想法和盤托出：「孫劉聯盟日久生變，其實已經同床異夢。這從孫權將嫁給劉備的妹妹又迎回江東即可推知。劉備強占荊州，偷取益州，孫權必然心生不滿。如果大王派一名能言善辯之士，出使江東，陳說劉備種種惡行，鼓動孫權與劉備決裂開戰。大王就可以趁機奪回漢中了。」

司馬懿的這個計策其實就是離間之計，透過拆散孫劉聯盟來坐收漁翁之利。司馬懿能夠提出這樣的一個妙計，並不是靈機一動的所得，而是對天下大勢的長期觀察思考之結晶。司馬懿的格局、境界、眼光在長達十年的潛心修煉後，已經日臻美善。他從孫權將妹妹接回江東這一細枝末節中，從系統的層次，大膽推斷出孫劉裂痕已深的結論，從而極具自信地提出了摧毀孫劉聯盟的策略。

曹操也是個謀略深遠的大政治家、大軍事家，非常識貨。司馬懿的計策立即得到了他的高度認可。曹操大喜，馬上決定派滿寵出使東吳。

孫權對劉備的不滿情緒果然被激發放大，他連夜召集謀士商量。

孫劉聯盟作為東吳的固有思維範式，為時日久，也取得了相當大的成果，要在一夜之間推翻，換成孫曹聯盟的新思維方式，確實是很有難度的。所以，東吳商議的結果是，一方面穩住曹操，另一方面則再給劉備一個機會。

這個機會實際上是給鎮守荊州的關羽的。東吳重臣諸葛瑾提出，為孫權的長子孫登向關羽的女兒提親，如果關羽願意與孫權結為兒女親家，就繼續維護孫劉聯盟，共同對付曹操。

不料，關羽此時已經驕縱成狂，根本看不起江東鼠輩，將前來提親的諸葛瑾狠狠凌辱了一番後逐出。

孫權大怒，就此決定與劉備決裂。但就在孫曹聯盟尚未有實際進展之際，榮登漢中王寶座的劉備，信心大漲，命令關羽大舉北上，攻打曹操占據的襄陽、樊城。

關羽奮威出征，三軍用命，一舉攻克襄陽。荊州刺史胡修、南鄉太守傅方望風而降。曹軍大將曹仁退守樊城，飛報曹操求援。曹操急派親信大將于禁，以猛將龐德為先鋒，率剛剛操練完畢的精銳七軍，趕往樊城助戰。

關羽巧施妙計，水淹七軍，斬龐德、擒于禁，一時間，鋒芒畢露，威震華夏，無人能敵。戰報急送到曹操面前，立時勾起了曹操的恐怖回憶！

關羽也許是曹操這一生中情感糾葛最深的男人。

早在十八路諸侯討伐董卓之時，關羽溫酒斬華雄，就讓曹操仰慕不已，傾心接納。後來，曹操與劉備反目成仇，關羽被圍。曹操不惜接受關羽「降漢不降曹」的苛刻條件，也要將關羽收歸帳下。關羽斬顏良，誅文醜，報了曹操不殺之恩後，又掛印封金，過五關斬六將，回到劉備陣營。赤壁之戰後，曹操狼狽逃竄，在華容道上被關羽攔截。關羽念及舊情，不惜違背軍令狀，放了曹操一條生路。

所以，只要一想起關羽，曹操不免愛恨交加，心情複雜。在關羽成為勢同水火的死敵後，其一系列神勇無敵的英雄壯舉，無不化作令曹操極端恐怖的象徵！

這一次關羽以雷霆之勢，擊潰曹軍，攻取襄陽，圍攻樊城，再一次疊加強化了關羽的恐怖形象。曹操竟然真的被嚇倒了！

這個縱橫天下數十年的梟雄，無數次親冒矢石，卻毫髮無損，又何嘗懼怕過誰？這個攪動天下風雲數十年的奸雄，無數次逃脫暗殺，談笑自若，又何嘗懼怕過誰？

但是，神龜雖壽，猶有竟時。再威猛無敵的英雄，也有遲暮的時刻。曹操這一年已經六十五了，即將走到生命的盡頭。他的頭風病一再發作，日漸消磨他的不屈鬥志。

於是，在關羽的神威逼迫下，曹操擔心關羽繼續揮師北上，竟然做出了遷都以避關羽鋒芒的決定。

群臣駭然，簡直不敢相信這窩囊軟話是出自曹操之口！

就在眾人相顧茫然的時刻，只聽一個人厲聲喝道：「大王不可！」

說話的正是司馬懿，但是其語氣的雄壯自信，簡直和往日那個恭敬順從的司馬懿判若兩人！憑藉這股懾人心魄的氣勢，司馬懿一下子鎮住了全場。

司馬懿從來沒有用這樣強勢的語氣對曹操說過話。司馬懿也從來沒有用這樣強悍的態度在曹操面前冒險進諫。這簡直比孔融還孔融，比崔琰還崔琰，比楊修還楊修！

司馬懿這到底是怎麼了？

司馬懿這是拿自己的覺察力與判斷力做孤注一擲式的賭博！

在得知關羽拒絕東吳提親的消息後，司馬懿對自己關於孫劉聯盟名存實亡的判斷更加堅信，從而也更加堅決地希望曹操繼續貫徹實施自己的分化瓦解孫劉聯盟的策略。這是其一。

戰爭之勝負，往往決定於氣勢。其時關羽威震華夏，士氣正旺，如果這個時候曹操遷都以避，等於是火上澆油，會進一步助長關羽的氣勢。一旦劉備、諸葛亮抓住時機，從另一路夾攻，很可能一舉收復中原，而讓曹操死無葬身之地。這是其二。

不久前，正是司馬懿向曹操提出了籠絡東吳，共同對付劉備的策略。曹操已經付諸實施。而曹操在節節敗退後，很容易將關羽的凶猛攻擊與司馬懿的策略刺激聯繫起來，從而將司馬懿當作替罪羊殺了，以洩一時之憤。這是其三。

在這三個因素的極力推動下，司馬懿不得不放下一切心理防禦，冒險採用強悍的表達方式，以說服曹操放棄遷都，勇敢迎擊關羽。

所謂「強悍的表達方式」，是指在說服時以一種不容置疑的決絕姿態，營造出一種壓迫感極強的情境，迫使他人接受自己的意見。

在意亂心迷的混沌狀態下，強悍的表達方式往往能收到奇效。一反常態的司馬懿果然鎮住了曹操，在他說出自己的理由之前，曹操已經被他的自信態勢感染了。

曹操急忙詢問究竟。

司馬懿說：「于禁雖然被水所淹，但對國家大計並無損傷。現在劉備和孫權心生嫌隙，關羽得志，孫權必然不高興。大王趕快再派一個使者去江東，說服孫權暗中起兵，抄關羽的後路。大王再答應將整個江南之地割讓給孫權，則樊城之圍立解，哪裡用得著遷都呢？」

司馬懿的辦法其實還是上次所說的老辦法，並無多少新意。如果他不是以不容置疑的姿態先聲奪人，恐怕曹操並不會繼續採納。這個時候，在關羽兵鋒所向時望風而降的胡修、傅方二人可就幫了司馬懿大忙了。

司馬懿早就建議曹操不要任用這兩人擔任邊將重任，曹操不聽，結果這兩人的投降為戰局的惡化做出了「重大貢獻」。而曹操聽從了司馬懿的「且耕且守」之策，卻是獲利匪淺。這正是「不聽司馬言，吃虧在眼前；聽了司馬言，獲益在眼前」。

曹操尚未最終決定時，丞相府主簿蔣濟站出來為司馬懿幫腔了。關鍵時刻，朋友的幫忙是必不可少的。蔣濟正是司馬懿在屈沉下僚，苦熬歲月時，利用職務之便結交的朋友。

蔣濟堅定地說：「大王，仲達之言，正是金石之論。大王只要派一名使者前往東吳，就可以解決問題了，何必要興師動眾遷都呢？」

在蔣濟的助力下，司馬懿的意見更顯正確。其他諸臣也覺得他們二人說得有理，沒有任何人反對。於是，曹操決定不再遷都。

成功往往不是靠解決問題，而是靠把握機會。司馬懿有沒有可能靠著這一次的精彩演出，而打開他通往後半生輝煌之路的大門呢？

這還要看接下來的事態到底會不會按照他的預測發展……

心理感悟：決絕的信心其實是人生中最大的賭注，但絕大多數人往往缺乏運用這個賭注的勇氣。

⑲——一次失敗的勸進

司馬懿的「賭博」之舉成功了！

孫權派呂蒙白衣渡江，趁著關羽猛攻樊城之際，偷偷攻占了關羽的大本營。荊州失守後，關羽軍心大亂，又被曹操的援軍擊敗。關羽一路敗退，最終被東吳所擒，身首異處。曹操這邊的壓力頓時渙然而解。但與其說是司馬懿的「賭博」成功了，還不如說是他的覺察力與判斷力成功了。經由此役，司馬懿一戰成名，一腳踏入了三國頂級謀略大師的行列，成為政治舞台上不可或缺的風雲主角。

在熬過了常人絕難忍耐的漫漫歲月後，屬於司馬懿的時代終於拉開了帷幕的一角。只是，司馬懿再也不會像第一次得到曹操的認可時那樣默默地熱淚長流了。那也許只是絕無僅有的一次例外。逆境的折磨嚴重銷蝕了他的情感敏感性。當然，他並不是麻木不仁，他只是已經習慣了心靜如水，不起波瀾。從這一刻起，直到他的生命盡頭，他再也沒有表露出濃烈的情緒反應，他只是用深沉來面對一切的滄桑沉浮，潮起潮落。

孫權一時衝動，殺了關羽後，又開始害怕起來，擔心劉備會起傾國之兵，瘋狂報復。他聽取了謀士張昭的建議，派人將關羽的首級送往曹操暫駐的洛陽，以示自己是奉曹操之命行事而斬殺關羽的。

吳國使者剛一到來，司馬懿就識破了孫權嫁禍於魏的詭計，曹操深以為然，於是再向司馬懿徵求破解之策。

司馬懿說：「這有何難？大王只要用香木刻成關公軀體，與首級一起，以大臣之禮安葬，並傳告天下。劉備知道後，自然會去找孫權尋仇。吳蜀相爭，我們就可以坐山觀虎鬥，再做計議了。」

曹操大喜，覺得司馬懿的話真是越來越中聽，也越來越管用了，於是吩咐吳國使者入見。

吳國使者呈上木匣，曹操打開一看，只見關羽的首級栩栩如生，不覺一驚，不敢再看，急忙傳令，按司馬懿所言，用沉香木雕刻關羽軀體，以王侯之禮葬在洛陽南郊。

司馬懿的這一應對，十分靈驗，此後劉備果然不顧群臣苦諫，對東吳進行瘋狂的報復。

而曹操受了驚嚇後，身體一下子就垮下去了。幾天之內，病情竟然危急起來。群臣急忙請來神醫華佗為曹操療治。

華佗提出要用利斧劈開曹操的頭顱，徹底為他除去病根。華佗此前不久剛剛為關羽刮骨療毒，以為曹操也能像關羽那樣英勇無懼，所以提出了這個想法。沒想到曹操生性多疑，認為華佗有不良企圖，又覺得自己的身體有所好轉，竟然將華佗殺了。

正在此時，東吳孫權又派來使者，獻上了一封勸進書：

臣孫權久知天命已歸王上，伏望早正大位，遣將剿滅劉備，掃平兩川，臣即率群下納土歸降矣。

原來，這還是孫權的權宜之計。孫權擔心劉備的大舉來攻，於是上書請求曹操趕快當皇帝，然後將劉備剿滅。

曹操看了這封勸進書，不由哈哈大笑，吩咐傳示群臣，說：「是兒欲使吾居爐火上耶！」

群臣都以為這不過是曹操的掩飾之詞。曹操一步步走向擅權，由丞相而魏公，由魏公而魏王，無一不是僭越之舉。曹操這一路走來，也不知殺了多少膽敢勸諫阻止的元老宿臣。大家都以為，曹操最終必然是要邁出取代漢室自立稱帝的這一步的，卻沒想到，勸進的第一槍竟然是東吳逆臣孫權打響的。

群臣頗為後悔被孫權搶了先手，紛紛受制於「不作為慣性」而繼續保持沉默。所謂「不作為慣性」是指當人們錯過了一個具有吸引力的機會後，將會對隨後出現的類似機會置之不理，即便後來出現的機會比之前的更具吸引力。

司馬懿見狀，心裡卻湧起了一股強烈的責任感。此時的司馬懿因為獻策屢屢被曹操採納而成為當紅之人。曹操對司馬懿的信任與倚重自然需要他盡心竭力為主分憂。

司馬懿明白，曹操要想自己當皇帝，始終需要一個強悍的理由來對抗世俗輿論的壓力。孫權雖然打響了勸進的第一槍，但也只是說了一句「天命已歸王上」，理由闡述還不夠充分有力。於是，司馬懿率先站了出來，進一步演繹分說：「漢運垂終，大王十分天下已占有其九。孫權對大王稱臣，乃天人之意也。

虞、夏、殷、周歷代都順應天命，不加謙讓，這才是畏天知命的做法。」

司馬懿在孫權所說的「天命所歸」之外，著重提出了「漢運垂終」。這兩點一疊加，曹操代漢而立的理由就更充分了。

群臣見司馬懿一進言，心理反應立即就不一樣了。孫權畢竟是外人，群臣不願拾其牙慧是可以理解的（不作為慣性）。但是，如果不跟著司馬懿一起為曹操造勢，就有可能被曹操視為態度有問題。此前，因為態度問題被殺（比如崔琰）或被迫自殺的人（比如荀彧）已經太多了，誰也不願意成為下一個犧牲品。

於是，群臣紛紛沿著司馬懿開啟的口徑，爭先恐後地發言，以表達對曹操發起最後一擊的大力支持。侍中陳群、尚書桓階伏地啟奏道：「漢室自安帝以來，國祚已衰。王上功德巍巍，生靈仰望，故孫權在外稱臣，此乃天人之應，異氣同聲。王上應早登大魏皇帝，而即正統，復何疑哉？」

曹操笑道：「吾自事漢三十餘年，雖有功德，位至於王，於身足矣，何敢更望於外乎？」

歷來勸進的套路，總是群下拚命勸，權臣使勁推，非得有多個回合之後才能顯得權臣並非存心僭越篡位，實在是迫不得已才順應天命，登基稱帝的。

所以，曹操越是推辭，群臣越是要勸進。

曹操的親信大將夏侯惇也加入了勸進團隊，說：「天下咸知漢祚已盡，異代方起。自古以來，能除萬害為百姓所歸者，即生民之主也。今王上從戎三十餘年，功業卓著，天下投歸，理應順民應天，復何疑哉？」

曹操眼看群臣大規模的勸進即將蜂擁而至，急忙擺了擺手，阻止了他們，說：「你們不要多說了。苟天命在孤，孤即為周文王矣。」

曹操的這句話的意思已經很明白了。他並沒有掩飾自己想要取代漢室的野心，但他也明確提出了代漢自立的時間表。他本人是不會邁出那終極一步的，就像當年的周文王那樣，做好了一切取代商朝的準備，卻把最後一擊留給了兒子周武王。

在驚世駭俗之事上，模仿權威人物的做法，可以有效減輕當事者的心理壓力。司馬懿看懂了曹操的這一招，但他還是沒有想明白，像曹操這樣一個屢屢突破世俗底線，心理素質極其強悍的梟雄為什麼甘於採取如此柔軟和緩的做法呢？多少人為了最後的登頂，沒有條件創造條件也要過一把皇帝癮。（比如袁術）到底是什麼原因，讓曹操如此自制，而拒絕了萬事俱備，且又近在眼前的終極誘惑呢？

司馬懿怎麼也想不明白這個問題。曹操所說的「是兒欲使吾居爐火上耶」和「苟天命在孤，孤即為周文王矣」這兩句話一直在他的腦海裡縈繞盤旋，直到二十多年，他自己身臨同樣的情境，才終於真正體悟到了曹操今日的心海波瀾。

曹操叫停了「勸進劇碼」，但孫權的上表不能不予以回應。司馬懿知道，孫權的用意很明白，就是想把曹操拉入即將發生的孫劉大戰。司馬懿當然不會讓孫權如願以償。他對曹操說：「孫權既然稱臣歸附，王上可以分封他，以盡禮節。至於劉備，還是讓他自己去抵擋吧。」

曹操現在對司馬懿幾乎是言聽計從，當下與群臣商議後，決定封孫權為驃騎將軍、南昌侯、領荊州牧。

自從司馬懿得到重用後，東吳方面在政治謀略的博弈上，一直沒有占到曹操的任何上風。孫權眼見曹操應對得當，沒有絲毫漏洞，只好打點精神，準備自行迎戰劉備。

就在司馬懿春風得意，節節上升之際，一個巨大的危機突然向他襲來。病體未癒的曹操在昏昏沉沉中做了一個夢，正是這個夢差一點又讓司馬懿墜入萬劫不復的深淵……

心理感悟：人生的最高智慧就是知止而後定。

⑳——擺脫噩夢的詛咒

曹操竟然再一次夢見了「三馬同槽」！

夜半時分，曹操從夢中醒來，心裡湧起一股強烈的不祥預感。當初，他因為做了這個夢，擔心姓馬的或姓司馬的人對曹氏不利，已經將馬騰父子三人殺了，以絕後患。同時，他也對司馬朗、司馬懿、司馬孚三兄弟產生了強烈的懷疑。司馬朗因為身染瘟疫而英年早逝後，曹操放下了對司馬氏兄弟的防範，這才讓司馬懿迎來了撥雲見日的人生轉折。

但是，舊夢重現顯然意味著對曹氏不利的危險因素並未因著馬騰父子和司馬朗的死去而消失。曹操因此惶恐不安，不由自主地又將懷疑的矛頭對準了司馬懿。

雖然司馬懿此時已經深得曹操信任，但一旦曹操起意懷疑司馬懿，那麼他此前對司馬懿的種種不良印象立即就會沉渣泛起，司馬懿鷹視狼顧的面相也會被重新當作他圖謀不軌的鐵證。

對曹操來說，只要司馬懿有一絲的可能會侵害到曹氏子孫的利益，哪怕他現在再當紅，再受重用，曹操都會毫不猶豫地將他殺掉。

而更可怕的是，曹操此前一直試圖用實指的「三」來解讀自己的夢境。但在中國的文化中，「三」不僅代表著確切的「三」，也可以泛指不確定的多數。比如，《論語》中的「三人行，必有我師」，《道德經》裡的「一生二，二生三，三生萬物」，都是泛指多數的意思。曹操在舊夢重現後，很有可能會從新的角度來解讀夢境。

那麼，司馬懿的處境就更加岌岌可危了。

因為現在司馬氏的子孫已經初現枝繁葉茂的景象了。司馬懿的長子司馬師已經十三歲了，次子司馬昭也已經十歲了。這兩個兒子都是司馬懿的正妻張春華所生。此外，司馬懿的侍妾也給他生了好幾個兒子。再加上司馬懿的弟弟司馬孚等人所生的兒子，司馬氏的男丁總人數已經相當可觀了。

一旦曹操用泛指不確定的多數來解讀「三馬」的預兆，整個司馬氏家族可就大難臨頭了。

曹操雖然隱隱懷疑司馬懿，但又想起司馬懿勸進時的積極表現，並不像心懷鬼胎，一時間心亂如麻，猶疑不決，好不容易挨到天亮，急忙召來賈詡問夢。

曹操對賈詡說：「我以前也曾經做過三馬同槽的夢，我當時懷疑馬騰父子三人，故而將他全家殺了。昨晚我又夢到了三馬同槽，不知是什麼意思？」

曹操此前從未公開說過殺馬騰全家的真實用意。這一次為了揭開舊夢之謎，也就不再對賈詡隱瞞。不過，他內心對司馬懿的疑慮卻還是祕而不宣。但是，即便曹操不說，以賈詡洞燭人性的高超智慧，難道就不知道了嗎？

賈詡不但早就知道曹操殘殺馬騰全家的真實原因，也知道曹操一直對司馬懿的刻意防範。賈詡還知道，自己的應答對於曹操的判斷將會起到十分重要的影響。

就在這一刻，司馬懿以及整個司馬氏家族的命運裁決權就落到了賈詡手中！

賈詡見曹操病勢已經十分沉重，如果不善加寬解，他也許會做出失去理智的決定（此前已經無故殺了神醫華佗），於是安慰他說：「大王，此乃祿馬吉兆也。『三馬』意味著曹氏福祿重重，您無須擔憂。」

賈詡的做法是典型的選擇性解讀。對於同一個資訊，人們因為自己頭腦中的圖式不同或需求不同而給出多種多樣的解釋，甚至是完全不同的解釋。而那些智謀出眾、應變能力強的人往往不會局限於某一種解釋，而是能夠根據不同的情境需要給出最為契合的解釋。

賈詡明白曹操的真正需求，也不願意看到他大肆殺戮，便給他奉上了一顆「定心丸」。曹操於是不再疑慮，安心睡去。而司馬懿也終於僥倖擺脫了噩夢的詛咒，涉險過關。

這一天過後，曹操的病情突然急劇惡化。曹操知道自己大限已到，急忙召集曹洪、陳群、賈詡和司馬懿四人來到病榻之前，囑託後事。

在曹操臨時選定的四位輔政大臣中，司馬懿可以說是最為幸運的最後入選者。他在兄長司馬朗去世後才得到機會，又靠著最近的幾次謀劃切中肯綮贏得了曹操的青睞。在最後關頭，又托了賈詡的福，才免於血光之災。

太子曹丕此時已經三十四歲，成熟穩重，多有歷練。本來曹操是用不著為他安排輔政大臣的。但曹操此時身在洛陽，而曹丕遠在魏國都城鄴城。此前鄴城剛剛爆發了以魏諷為首的叛亂。曹操不能不考慮距離的阻隔對於權力的順利交接可能造成的影響。他只能寄希望於這四位大臣來控制形式，穩定局面。

曹操對他們四人說：「我縱橫天下三十年，群凶皆滅，只剩下江東孫權、西蜀劉備尚未殲滅。我已病危，難逃一死，現將大事囑託給你們四人。我的夫人卞氏所生四子，丕、彰、植、熊，我最愛的是三子曹植。可是他為人虛華，嗜酒放肆，故而不立他為太子。次子曹彰，勇而無謀。四子曹熊，體弱多病。唯有長子曹丕，才智雙全，篤厚恭謹，可擔大任，你們幾位可要忠心輔佐他啊，切勿怠慢。」

司馬懿等人連忙稱是。曹操長歎一聲，揮手讓他們退下。

曹操躺了一會兒，忽又想起一件極其重要的事情來，急忙傳令宣召正在長安的二子曹彰趕來洛陽，統率臨時駐紮在洛陽的十萬大軍。

曹操安排好了這件事，漸感氣力不支，不一會兒，就氣絕身亡了。

曹操的突然離世，對司馬懿的打擊很大。司馬懿覺得心裡空落落的，悵然若失。他好不容易才贏得了曹操的信任，得到了施展的平台，如果曹操能夠多活幾年，司馬懿的仕途根基就會更加穩固。不過，司馬懿又想到曹丕一向十分看重自己，自己的前景必然看漲，也就不那麼遺憾了。

但是，當他得知曹操臨死之前宣召曹彰趕來洛陽的消息後，不由大吃一驚，心裡湧起了強烈的恐懼感。

司馬懿知道麻煩大了！曹操最後發出的這道命令，很可能引發一場血雨腥風的奪嫡之爭，而曹丕很可能會失去他夢寐以求的繼承權！

司馬懿的判斷絕不是無中生有，杞人憂天。為什麼這麼說呢？

司馬懿早就明白了，這世上最為有效的權力就是兵權。曹操雖然明確說了讓曹丕繼位，但現在，曹操已經將臨時駐紮在洛陽的從漢中撤回的十萬大軍的指揮權交給了曹彰。這是曹操手下最精銳的嫡系部隊。一旦曹彰擁兵自重，曹丕根本無法與他抗衡。這樣一來，曹操屍骨未寒，曹丕、曹彰兄弟倆很可能就會為繼位展開血腥的廝殺。

曹操雖然認為曹彰有勇無謀，但實際上這位曹公子帶兵打仗是很有一套的。建安二十三年，代郡烏丸造反，曹操命曹彰領兵五萬前去征討。曹彰身先士卒，三下五除二就平定了烏丸之亂。現在，曹彰擁有了十萬大軍，自然更是所向披靡。

那麼，曹彰有沒有可能起了奪嫡之念呢？

應該說是極有可能的。

雖然此前曹彰一直沒有參與奪嫡之爭，但是戰亂之時，誰都知道掌握兵權的極端重要性。曹彰既然蒙曹操授予了兵權，難免會認為這是父王有意傳位給自己的一種象徵性表示。甚或曹彰自己沒有想法，但他身旁的人也會攛掇他借勢於兵權而謀取大位。畢竟，這魏王之位是何等尊榮，試問哪個有可能染指此位的人會不動心呢？

司馬懿作為四位輔政大臣之一，其職責就是按照曹操生前遺願，確保曹丕順利接位。但是，在這四人中，司馬懿的資歷最淺，缺乏足夠的權威來彈壓爭端。而且，追求自保是司馬懿一向的慣性思維，他根本就不想摻和到曹彰和曹丕之爭中去，就像他當初根本就不參與曹丕和曹植之爭一樣。

曹操臨終前選擇的其他三位大臣中，曹洪是個有勇無謀的戰將，陳群性格平順和緩，都不是能夠在危急關頭挺身而出掌控局勢的帥才。賈詡的智謀、資歷都沒得說，但他這一年已經七十四歲高齡了，而且，賈詡最擅長的也是明哲保身，絕對不會直接參與血腥的奪嫡之爭的。

這樣一來，只要曹彰起了異心，就會是一個無人可擋的局面。司馬懿一想到曹丕將會失去眼看就要到手的魏王之位，不由心亂如麻，為自己的前途即將再一次陷入未知的迷茫而揪心不已。

看來，曹操臨死之前的這一道命令實在是一記昏著。

可是，曹操也是別無選擇的。

首先，他沒法宣召曹丕趕來洛陽。因為鄴城的叛亂剛剛平定，曹丕一旦離開，很可能會再出事端。

其次，他不放心將十萬大軍交給外人。如果所托非人，更會釀成大禍。

所以，曹操覺得最穩妥的還是交給自己的兒子曹彰。也許，他認為曹彰和曹丕畢竟是一母同胞的手足，應該不會同室操戈，自相殘殺的。

但是，已經洞悉權力奧祕的司馬懿卻不這樣認為。在他看來，權力會徹底地改變一個人，權力會讓一個善良的人變得殘暴，權力會讓一個友愛的人變得冷酷，權力會讓一個知足的人變得貪婪……

在巨大的權力誘惑面前，誰能擔保曹彰不會生發非分之想呢？

> 心理感悟：權力足以摧毀人性的一切設防。

㉑——受之有愧的獎賞

曹彰果然如司馬懿所料誤解了曹操的意思。他急匆匆地從長安趕到洛陽，開口的第一句話就是：「先王的璽綬在哪裡？」

璽綬是曹操作為魏王所有權力的象徵。曹操只是把兵權交給了曹彰，如果曹彰拿到了魏王的璽綬，就是事實上的魏王了。

曹彰這麼問，大有深意，顯然是以繼承人自居了。

春秋後期，周天子式微。楚莊王借討伐陸渾之戎之機，將楚國大軍開至東周首都洛陽的南郊，並舉行了盛大的閱兵儀式。即位不久的周定王十分擔心楚莊王會有僭越之舉，於是派大夫王孫滿以慰問的名義探聽虛實。楚莊王見了王孫滿，劈頭就問：「周天子的鼎有多大，有多重？」楚莊王這句話確實有點不懷好意。王孫滿義正詞嚴地說：「統治天下在於道德，不在於鼎。周室雖然衰微，但是天命未改，九鼎的輕重，不是你所能過問的。」

曹彰的問璽，和楚莊王的問鼎，其實是同一回事。可是，曹操欽定的四位輔政大臣中竟然沒有一個是王孫滿，敢於直面氣勢迫人的曹彰，駁斥他的非分之舉。

如果無人阻止，曹彰就會如願以償地成為新的魏王，從而徹底改變整個天下大勢的走向。當然，司馬懿的個人命運也必然隨之轉向。

正在這個時候，「王孫滿」終於站出來了！

這個人就是諫議大夫賈逵。

賈逵挺身而出，直視曹彰，厲聲說道：「太子在鄴，國有儲君，這先王的璽綬，不是君侯您應該問的！」

賈逵義正詞嚴，口氣堅定，一下子震住了曹彰。這正是司馬懿當初曾經用來征服曹操的強悍的表達方式。賈逵憑藉這一刻的震撼表現而成為權力真空狀態下事實上的主導者。

曹彰無話可說，只能按照賈逵的安排行事。

此前並未進入曹操法眼的賈逵何以能在這危急關頭挺身而出，成為維護大局穩定的中流砥柱呢？

這和賈逵的個人品性大有關係。事實上，賈逵在這一突發事件中的表現，並非神來之筆，而是慣常之舉。

早在二十年前，賈逵就已經是一個名滿天下的硬漢子了。

當時，官渡之戰結束後，袁紹的兒子袁尚任命郭援為河東太守，派他與并州刺史高幹，再加上南匈奴單于，三路兵馬聯合攻打曹操控制下的河東郡。袁軍來勢凶猛，兵鋒所指，城邑紛紛淪陷。賈逵此時擔任絳邑縣長，拚命死守，堅持了很久。郭援聯合南匈奴單于強攻，絳邑吏民為避免城破後慘遭屠戮，被迫向郭援開城投降，但同時提出了不得殺害賈逵的條件。郭援派兵將賈逵抓來，強迫他向自己叩頭。但賈逵卻傲然說道：「我只知道王府君（曹操任命的河東太守王邑），卻不知你是什麼來歷。哪有國家長吏向賊寇叩頭的道理！」

郭援惱羞成怒，下令將賈逵處死。絳邑吏民知道後，一起站到城牆上高喊：「你違背約定，要殺我們的賢良官長，我們寧願和他一起死！」

郭援擔心激起民變，只好暫時將賈逵收監。郭援將賈逵囚於壺關，放在一個土窖中，用車輪蓋住窖口，並派人看守，準備伺機殺掉他。賈逵在窖中對看守的人說：「這裡難道沒有一個有骨氣的敢來動手，非要讓義士自己死在這土窖裡面嗎？」

有一個姓祝的看守，被賈逵大義凜然、視死如歸的精神深深感染，於是不顧自身安危，趁著夜色，偷偷將賈逵放了出來。賈逵感其恩德，問他姓名，這位看守卻死活不肯透露。

賈逵逃脫後，花了很多工夫，才探聽到自己的這位救命恩人叫祝公道。後來，祝公道因為犯法要被斬首。賈逵用盡一切辦法想要救他，但最終無力回天。賈逵最後只好以親自為他服喪的方式來報答他當年的救命之恩。

正因為賈逵是這樣一個忠義錚錚的鋼鐵硬漢，這才會在曹彰問璽，有可能引發天下大亂的危急時刻不顧個人安危，挺身而出，將極有可能爆發的一場事關奪嫡的血雨腥風消弭於無形。

賈逵的舉動不但震住了曹彰，也震住了司馬懿。司馬懿不由為自己的怯懦和缺乏擔當而深感羞愧。從此以後，賈逵的高大形象一直深深印刻在司馬懿的心中。終其一生，司馬懿都對賈逵保留著一份敬畏之心。

賈逵凌駕於四大輔政重臣之上，主導了曹操的身後之事。曹操一生識人無數，卻沒有將賈逵列入輔政大臣之列，不能不說是一大敗筆。

賈逵一邊安排曹操的喪事，護送靈柩回鄴城，一邊派出使者，飛報曹丕，做好繼位準備。

曹丕得到凶訊，痛哭不已。

在任何形式的權力交替中，一旦出現權力真空，都是非常危險的。曹丕對此心知肚明，他最關心的問題就是儘快登上魏王寶座，以免夜長夢多。但是，他身為孝子，在父喪之際，必須充分表現出哀痛欲絕的姿態，而決不能自行提出儘快繼位。否則，就會被輿論視為不孝之極。這個時候，曹丕急需有一位臣下站出來點明關節，促成此事。

可是，留守鄴城的文武百官，聽說曹操猝然離世，一時慌了手腳，不知如何是好。正在此時，司馬懿的弟弟司馬孚成了曹丕的大救星。

司馬孚對著曹丕厲聲喝道：「現在魏王已經晏駕，天下震動。太子應當立即繼位，以安撫天下。這麼重要的事情不趕快做，為什麼只是痛哭流涕呢？」

司馬孚用這樣的姿態對曹丕說話，可謂無禮之極。但是，曹丕聽在耳裡，卻如聞綸音，心中頓時安定了下來。

司馬孚在推動曹丕繼位一事上的表現，比他的哥哥司馬懿可要強多了。司馬孚深受儒家經典薰陶，從出仕以來，一直為曹丕效力，對曹氏忠心耿耿，所以才會在這關鍵時刻，力助曹丕。

但還有幾位墨守成規的大臣，卻出來阻攔道：「太子確實應該馬上繼位，但尚未得到天子的詔書，怎麼能造次行事呢？」

按照正常的朝儀規矩，新的魏王就位確實需要大漢天子漢獻帝下詔才能進行。但是，如果再去許都取來漢獻帝的詔書，來回折騰，耗費時日，就有可能變生肘腋。

曹丕聽了，心中大怒，卻又不便表露出來。正在這時，有一位通曉他心思的人站出來駁斥這種迂腐之論。

這個人是兵部尚書陳矯。陳矯道：「大王已薨，太子在側，如果一定要等天子詔書，魏國社稷就危險了。」隨即又拔劍在手，喝道：「誰要是敢反對我的意見，有如此袍！」說完，一劍斬斷自己的袍袖！群臣駭然。

正在亂哄哄之際，忽報華歆從許都飛馬趕到。原來，華歆剛一得知曹操的死訊，立即逼著漢獻帝下了讓曹丕繼位的詔書，然後快馬加鞭親自送到了鄴城。

在這一場亂哄哄的權力交接中，諸色人等，各懷心思，盡情表演。有的是出於社稷公心，為保天下平安而盡心竭力，有的是出於一己私心，為爭榮華富貴而鞍前馬後。

但不管是出於什麼目的，這些力量都成了推動曹丕立即繼位的動力。

曹丕登位，成為魏王兼大漢丞相之後，賈逵等人才將曹操的靈柩護送到鄴城。曹丕照例又是一陣痛哭。而曹彰見大局已定，只好把軍權移交給曹丕。

曹丕安葬好曹操後，立即大封群臣。互惠原理在這一刻以最赤裸裸的方式展現出來。

賈詡一躍成為太尉。這自然是曹丕對他那句「吾思袁本初劉景升父子矣」的最大犒賞。

華歆被擢升為相國。這是他威逼漢獻帝立即下詔的這一汗馬功勞的必然酬勞。

賈逵憑藉一言之威，打消曹彰的僭越之心，也被曹丕任命為鄴城縣令。這一職位雖然不高，但因為鄴城是魏國之都，因而也十分重要。

司馬懿雖然並未有多少優異表現，但因為曹丕對他一貫的了解與倚重，也得到了很大的封賞。司馬懿被任命為丞相府長史，主管一應政務。這正是他最擅長的才幹。同時，司馬懿還被封為河津亭侯。這已經是王族之外的異姓之臣所能得到的最高封爵了。

這一遠超預料的封賞在司馬懿心裡引發了「過度合理化效應」。當一個人的所得遠遠超過了他的應得，就會引發內心的認知失調，並影響到此後的行為。

司馬懿對比了自己和賈逵的貢獻與封賞，不免覺得自己受之有愧。但是，這也讓司馬懿完全明瞭曹丕對自己的倚重程度。曹丕其實不是因為司馬懿在繼位之事上的貢獻而對他大加賞賜的。他看重的是司馬懿未來幫助自己分擔軍政要務的潛在貢獻。而司馬懿在洞悉了曹丕的心意後，他對獲得更大權力的欲望也在不知不覺中膨脹起來。

曹丕終於登上了夢寐以求的魏王寶座。正如司馬懿所體會到的，權力會徹底改變一個人。那麼，被臨終前的曹操評價為「才智雙全，篤厚恭謹」的曹丕，在巨大的權力籠罩下，到底會發生什麼樣的變化呢？

> 心理感悟：解決混亂唯有先發制人。

㉒——最毒辣的催化劑

曹丕繼位後發布的第一道命令就是讓曹操生前所封的曹氏諸侯各回封地。

這些所謂的曹氏諸侯，其實都是曹丕的親兄弟。曹操先後有二十多個兒子，長大成人的也有十幾個。曹操基本上都給他們分封了侯爵，但一直留他們在身邊。曹丕的這道命令一下，這些曹姓侯爺們不得不離開鄴城，各回各的封地去了。

但這只是曹丕的第一步。隨後，他又新設立了監國謁者和侯國防輔這兩種新官職，分派到各諸侯國去，嚴密監視諸侯們的一舉一動。與此同時，他還給諸侯們立了幾條規矩：諸侯未經許可，不得擅自到鄴城，相互間也不得聯繫往來。諸侯外出打獵，不得越過方圓三十里的禁區。

司馬懿在一旁看得很清楚，曹丕採取這些措施，主要是為了防範與他一母同胞的曹彰和曹植。曹植曾經在很長的一段時間內和曹丕爭位，並占據上風。而曹彰則因為曹操死後問了一句「先王的璽綬在哪裡」而被曹丕列為重點懷疑對象。兩相比較，曹丕對曹彰的忌恨之心更為突出，因為曹植只是個文人，而曹彰武勇有力，又有統帥三軍的軍事才能。

曹丕在安定了「家事」後，很快就將目光對準了那個天下人仰望的終極之位。

曹操生前在東吳孫權第一個勸進時，曾經說過：「如果天命真的在我們曹家，那我還是當周文王吧。」

曹操的這句話，顯然就是曹丕的行動綱領，也是眾多希望透過以魏代漢來實現自己人生尊榮之夢的人的行動綱領。

很快，各地祥瑞紛至沓來，彷彿老天爺也急不可耐地要參與人世間的興亡更替。文武百官的勸進風潮隨之生發蔓延，並在很短的時間內釀成了洶湧之勢。

但是，在這勸進大潮中，司馬懿卻表現得十分冷靜。

曹丕封他為河津亭後引發的「過度合理化效應」，使他敏銳地覺察到曹丕對自己的倚重。司馬懿知道，勸不勸進，是立場問題，自己一向緊跟曹丕，如果在曹丕認為最重要的事情上無動於衷，曹丕肯定會對自己有看法。但是，如何勸進又是另一個問題。司馬懿判定，自己無須透過在勸進上的積極表現來獲取曹丕的信任以及隨後而來的重用。

所以，司馬懿只是用平實的言辭寫了一封表章，請求曹丕早登帝位。與他的「熱情如火」的同僚們相比，司馬懿的這一次勸進簡直是微不足道的。比如，老臣桓階就勸進了五次。身居三公高位的賈詡、王朗等人，更是在言辭上將曹丕誇上了天，彷彿連堯、舜、禹、湯也不如他英明偉大，非他不能拯救天下萬民於水火。

群臣反復勸進，曹丕反復推辭。這一幕大戲連續上演了十幾個回合後，終於以漢獻帝的退位禪讓而畫上了必然到來的句號。

曹丕身登大寶，君臨天下，成為曹魏帝國的第一位皇帝。他的父親曹操，從洛陽北部尉起步，走到魏王的高位，花了四十餘年的時光。而曹丕從魏王起步，到代漢稱帝，只花了十個月的時間。

果然不出司馬懿所料，曹丕稱帝後，再一次擢升重用司馬懿。這一次，司馬懿的職務變成了侍中兼尚書右僕射，與尚書令桓階、尚書左僕射陳群共同負責曹魏帝國的重要政務。不久之後，年邁的老臣桓階去世，陳群升任尚書令，司馬懿專任尚書僕射，手中的權力更大了。

這個時候，與大致同時出山的諸葛亮相比，一度仕途黑暗、遙遙落後的司馬懿漸漸在職位上趕上來了。甚至在封爵上，司馬懿已經超越領先了。早在曹丕就位魏王之時，司馬懿就已經榮封河津亭侯。而諸葛亮的封侯還要再等兩三年，在劉備的兒子劉禪手上才能實現。說實話，司馬懿的仕途進步是很不容易的。魏國的人才濟濟，至少十倍於蜀漢，要想脫穎而出，談何容易？而像司馬懿這樣被壓制了長達十年之久，耽誤了大把時光的人，再要迎頭趕上，更是鳳毛麟角了。

凡天下事，必是有人歡喜有人憂。正當曹丕登臨絕頂，大感暢懷之際，曹丕的弟弟臨淄侯曹植卻陷入了近乎癲狂的憤懣之中。

曹植生性浪漫，不喜拘束。此前他仗著父親的寵愛，恣意放縱，率性行事而無所忌憚。但是，曹丕強行施加給他們的那種牢獄式的生活卻讓曹植深感不滿。

曹植極度不適應這種身分轉變，早就積鬱在心。當他得知曹丕登基稱帝的消息後，頓時想到，如果不是自己當初犯了錯，失去父王歡心，那麼，不但太子之位是自己的，就是曹丕現在的天子之位也該是自己的。這一念既起，「反事實思維」不免油然而生。

所謂「反事實思維」，是指人們在經歷了影響巨大的事件後，往往會陷入對已發生事實的反向模擬之中。這是人類幸運感或懊悔感的重要心理來源。

十個月來的貴族囚犯生活，與本該是自己君臨天下、揮斥方遒的意氣風發形成了強烈的對比。曹植越想越生氣，越想越懊惱，終於忍不住痛哭起來。

負責監視曹植的監國謁者灌均十個月來一無所獲，現在好容易有了一點線索，便立即捕風捉影，添油加醋將曹植的號啕大哭描述為對曹丕登基稱帝極度不滿的表現。

曹丕本就對曹植不滿，自然偏聽偏信，大為惱怒。曹丕吩咐灌均繼續嚴加監視。

沒過多久，飽受「反事實思維」折磨的曹植終於不堪忍受了。他借著酒勁，置曹丕的禁令於不顧，帶著一眾隨從，衝出了三十里的禁線。監國謁者灌均阻攔不及，差一點被曹植的坐騎踢傷。

灌均如獲至寶，立即奏報曹丕。

曹丕終於逮到了曹植的把柄，立即下令讓三公商議如何處置。當時的大魏三公是賈詡、王朗、華歆，全是鐵了心與曹丕一夥的。三公商議之後，自然認為曹植罪孽深重，必須嚴懲。

有了三公的這個論斷，曹丕在律法上就可以光明正大地置曹植於死地了。但是，曹丕還有最後一關要過。

這就是他和曹植共同的母親卞夫人。卞夫人不明就裡，看了曹丕精心準備好的曹植罪狀後，以為自己的這個兒子確實是一貫性的胡作非為，就說了一句：「此兒竟然如此無禮，不可因我而壞了國法。」

卞夫人不知道曹丕已經暗藏殺心，以為他一定會顧念手足之情，在兼顧國法的前提下，放兄弟一條生路的。沒想到，曹丕得了母親的這句話，完全沒有了顧忌，就等著曹植押解到京後開刀問斬。

後來卞夫人聽了旁人的提醒，覺得不對勁，趕緊把曹丕找來，嚴令他不得殘害兄弟。

曹丕無奈，但又不想輕易放過曹植。正在糾結之際，華歆給他出了一個餿主意。

原來，曹植自幼才思敏捷，出筆如神。曹操看了他的文章，不敢相信是他自己所作，說：「你的文章該不是請人代寫的吧？」曹植驕傲地回答說：「我言出為論，下筆成章。父親要是不相信，可以當面試我。我何必要請人代寫呢？」

華歆正是要曹丕從這一點上為難曹植。雖然有卞夫人罩著曹植，不能殺他，但為難一下他，再貶削他的爵位還是可以的。

曹丕頓時想起了當年在銅雀台上被曹植搶走風頭的那不堪回首的一幕！正是在那一場同題作文大賽之後，曹丕日漸失寵，而曹植卻開始風光。曹丕心裡湧起一股強烈的報復感，他惡狠狠地想道：「子建，你不是自誇才氣縱橫，下筆成章嗎？現在我可是主考官了，我倒要看看你到底有幾分能耐！」

曹丕立即下令，將收監等待發落的曹植宣召而來。

曹丕與曹植這一次的見面和以往可大不一樣了。此前，他們是兄弟。而此刻，他們是君臣。曹丕冷冷地對曹植說：「你依仗文才，肆意無禮。從家法來論，你我是兄弟。從國法來論，我是君，你是臣。我現在命你七步成章，如果你果然能寫成，就免你一死。如果不能，說明你徒有虛名，那麼二罪並罰，決不輕饒！」

曹丕不愧是文學大家，出的題目果然是尖刻到了極點。雖說寫文章的快手確實可以做到「倚馬可待」，但七步成詩的難度還是太大了。

詩人不幸詩歌幸。要不是曹丕的這一番苦苦相逼激發出了曹植的絕世才情，中國的詩歌史上就不會有這一首絕無僅有、感人至深、流播千年的《七步詩》。

曹植早就知道兄長對自己嫉恨已久，這一關是絕對躲不過去的。他坦然問道：「請陛下出題。」

曹丕微一轉念，說道：「就以『兄弟』為題。」

兄弟？我們現在還是兄弟嗎？曹植內心中泛起一陣酸楚，過往手足情深的畫面立時浮現在眼前，與眼前冰冷的現實形成了殘酷的對比。

曹植情緒翻滾，慢慢地踱起了步子，一步、兩步、三步……

「煮豆燃豆萁，豆在釜中泣。本是同根生，相煎何太急。」曹植還沒有走完七步，一首千古絕唱就已經從他的唇乾舌燥的口中吟出。但這首詩與其說是曹植用嘴巴吟出的，倒不如說是從他刺痛滴血的心中隨性流淌出來的……

這首心靈泣血之作一個字一個字撞入曹丕的耳中，同時也重重地撞擊著曹丕的心靈。曹丕也是一個敏感盡性、情感豐富的詩人，那些年少無猜、攜手遊樂的畫面頓時也一幕幕浮現在曹丕眼前。

就在這一瞬間，曹丕在恍惚中忘記了自己的皇帝身分，忘記了對曹植為時已久的嫉恨。在他眼前的，還是那個相親相愛的同胞兄弟。曹丕的眼睛不由自主地濕潤了。

大殿之上，鴉雀無聲。群臣都被這首詩的巨大情感張力深深感染了。但這是一個巨大的諷刺。最深厚的手足之情，竟然是這種極其殘忍的方式催逼的產物。

曹丕突然清醒過來，冷漠的表情再度浮現在他的臉龐上。

權力是最毒辣的催化劑，可以消弭人性中一切的寬容與愛。這首七步詩雖然能夠讓曹丕感動，卻不能讓他完全放下報復之念和防範之心。曹丕下令，將曹植從陳留王貶為食邑不足一千的安鄉侯。

冷眼旁觀的司馬懿早就知道，權力會徹底地改變一個人，但是曹丕的變化之大，還是超出了他的預計。一個能夠在感動之餘，立即恢復冷酷的人，該是一個多麼可怕的人啊！司馬懿隱隱地感到了不安……

心理感悟：權力必定能讓殘忍夢想成真。

㉓——揭開權力的祕密

曹丕在無情打擊了曹植後，並沒有停下殘忍的步伐。他的下一個目標竟然是自己的結髮妻子甄妃！

曹丕稱帝後，身為正妻的甄妃本是名正言順的皇后人選。但繼承了父親曹操好色基因的曹丕卻早已另有新歡了。

這位新歡是曹丕的一位姓郭的寵妾。這位郭氏寵妾名叫郭女王，自小就工於心計。甄妃雖然美色無雙，但已漸漸人老珠黃，無法和年輕貌美、風情萬種的郭女王相比。曹操死後，曹丕立即將郭氏封為夫人，與甄妃的地位完全一致。

甄妃自然心中有氣，漸漸與曹丕疏遠。曹丕稱帝後，將長安、譙縣、許昌、鄴城、洛陽設為五都，並選擇在中都洛陽垂拱而治，御宇天下。但甄妃出於對曹丕的不滿，一直獨自留在鄴城。

曹丕陸續將母親卞太后和他的寵妾全部接到洛陽後，也想將甄妃接到洛陽。偏偏這時甄妃因怨氣鬱積，病體虛弱，不能成行，於是上表曹丕，拒絕遠赴洛陽。

這對於剛剛新鮮出爐的大魏天子曹丕是一次巨大的打擊。曹丕早就感覺到甄妃對自己的疏遠了。在「基本歸因錯誤」的驅動下，曹丕判定，甄妃是故意以生病為由，抗命不遵，折損自己的天子威嚴。這個時候的曹丕，因為剛剛冒著天下之大不韙登上了皇位，內心的自信嚴重不足，對於這樣的冒犯極度敏感。為了維護自己的尊嚴，掩飾內心的自卑，曹丕悍然下令，逼甄妃自盡！

從曹丕的角度來看，他逼死正妻實是因為甄妃傷及了他的顏面，但在司馬懿和一眾大臣看來，卻是暗自心驚。正如曹丕將甄妃的拒絕赴洛之舉視為對自己權威的挑戰，認為她是一個頑固僵化、不解風情之人一樣，群臣自然也會因曹丕逼妻自殺的行為而將他看作一個冷酷無情的人。這自然都是人類根深蒂固的「基本歸因錯誤」的認知偏見。

後來，曹丕召集各諸侯王入京覲見，又借著下棋之際，用毒棗將最有可能危及他皇位的弟弟曹彰暗殺了。這進一步強化了群臣眼中曹丕冷酷無情的性格特質。

為什麼權力會讓曹丕從一個溫文爾雅、風花雪月的詩人變成殘忍無情、猜忌狹隘的殺手呢？

美國加州大學柏克萊分校所做的甜餅實驗，也許可以給我們以明晰的啟示。

實驗者讓三個陌生人在三十分鐘的時間內談論一個比較無聊的社會問題。為了便於開展討論，實驗者隨機選擇了三個人中的一位負責給其他兩位打分。這個分數事實上不會帶來任何實質性的後果。談論開始一段時間後，實驗者端著一盤小甜餅走入房間。這是西方人閒談中慣常出現的情景，因此這三個正在交談的人，並未覺得有任何干擾，非常自然地從盤子裡拿取小甜餅食用。

在一般的社會場景中，每個人自然而然都會拿走一個小甜餅。但是那個被臨時賦予打分權力的人，也更有可能多拿一個小甜餅。而且，在吃小甜餅的時候，這個人也更有可能不顧社交基本禮儀，張開大口嚼食甜餅。同時，他也更可能不拘小節，任由甜餅屑黏在自己的臉上或撒落在桌子上而不加處置。

顯然，是實驗者賦予他為同組的其他兩位成員打分的權力讓這個人起了微妙的變化。而更令人驚訝的是，當這個人肆無忌憚多拿甜餅的時候，他甚至還沒有機會來行使他剛剛被賦予的那份微薄權力！

柏克萊分校的實驗者們由此總結出了一條柏克萊甜餅法則：擁有權力後的人們很容易進入「掌權心態」而表現出對他人的粗魯、無禮，以及對一般性社會規範的不予遵從。

有了這條法則做參考，我們就比較清晰地理解曹丕的變化了。即便是並無實質影響的為陌生人打分的微薄權力都可以讓一個人發生這麼大的變化，更何況曹丕是掌握了天下至尊的第一權力呢！

對手握重權的人來說，他人任何的微小冒犯，他人任何的潛在危險，都會被放大無數倍，從而激發出掌權者的強烈反應。曹丕逼妻殺弟的終極奧祕就在於此。而在古今中外的歷史劇目中，曹丕並不是殘忍大道上的踽踽獨行者，那些擁有封建極權的統治者們幾乎都是他「情投意合」的同行者。

司馬懿對曹丕的變化雖感不安，但正值春風得意的他並沒有太過在意曹丕的變化，直到蜀將孟達的來降才讓他警醒過來。

曹丕是以禪讓的名義得到帝位的，為了維護自己的聲譽，他對漢獻帝並未趕盡殺絕，而是改封其為山陽公，一應禮儀待遇均按天子舊制。但是，漢中王劉備得知曹丕代漢而立後，卻立即借助了漢獻帝被曹丕弒殺的謠言，在成都以延續漢祀為名，登基稱帝，終於圓了他始自少年的皇帝夢。

劉備稱帝後，決意要為慘死於東吳的關羽復仇。當初關羽兵敗被圍之時，曾向駐守上庸的劉封、孟達求救，但劉封、孟達卻因對關羽的飛揚跋扈非常不滿而不予理睬。劉備秋後算帳，首先殺了劉封，孟達擔心自己也會被劉備所殺，於是率領部眾四千餘人向曹魏投降。

孟達來得正是時候。曹丕雖然反復粉飾自己的代漢而立的合法性，但畢竟是心虛的。而身為蜀將的孟達前來投降，正可以視為「棄暗投明，天下歸心」的重大標誌。

曹丕大喜，立即吩咐群臣商議如何封賞孟達。

司馬懿身為曹丕的第一行政助理，卻提出了言辭尖銳的反對意見。

在司馬懿看來，孟達就是一個反復無常、唯利是圖的小人。孟達原來是劉璋的部下，後來與劉備暗通款曲，幫助劉備攻下了益州。現在，一旦劉備可能對他不利，他就調轉槍口，背反劉備來向曹丕投降。這樣行徑無恥的人怎麼能給予重用呢？要是讓背主求榮的孟達如願以償了，又會給天下人釋放出什麼樣的負面信號呢？

在這一刻，司馬懿自小深受薰陶的儒家理念成了主導型的評判標準。不忠不義的孟達自然引發了司馬懿的極大反感。

不過，我們同時也可看到，「基本歸因錯誤」又一次發揮效力了。司馬懿認定孟達的品性大有問題，卻不會想到孟達多少也是為了「自保」而無奈出此下策。司馬懿為了自保，豈不是也做了很多違背本意的事情？

司馬懿極力反對曹丕重用、厚賞孟達。但是，一貫對司馬懿言聽計從的曹丕卻臉色一變，堅定地否決了司馬懿的意見。司馬懿敏銳地覺察到曹丕對自己產生了一絲不滿。

曹丕不聽勸諫，封孟達為散騎常侍、建武將軍、平陽亭侯。同時，曹丕還特意將房陵、上庸、西城三郡合併為新城郡，任命孟達為新城太守，委以西南重任。除此之外，曹丕還給了孟達遠逾常規的超級禮遇。每當曹丕外出巡視的時候，經常讓孟達和自己坐在同一輛車上出行。兩人一路上歡聲笑語，似乎不是等級森嚴的君臣，而是親如手足的兄弟。

成功往往不是靠解決問題，而是把握時機。孟達就是靠著這一次投降，轉眼間就成了曹丕跟前最為亮眼的大紅人。而他的封爵也一下子追上了苦苦熬了十幾年的司馬懿。

司馬懿內心充滿了對孟達的反感與嫉恨，並將這種負面情緒牢牢地存在心底。不過，司馬懿卻不再就此向曹丕進言了。他知道，已經被權力徹底改變的曹丕，很難聽進不同意見了。如果自己再執意強諫，那就等於是直接指斥曹丕做錯了。這必定會影響到曹丕對自己的看法。而自己今天的權勢與地位，得來何等不易？可要是觸怒了曹丕，失去卻是易如反掌。

司馬懿告訴自己，為了確保自身的安全，為了獲得更大的權力，只能順著曹丕的意志行事，而絕不是相反。當他下定這個決心後，此後東吳孫權上表稱臣的時候，司馬懿未置一詞，任由曹丕率性行事。

孫權的這一次稱臣投降，其實玩的還是老把戲。每當他與劉備關係吃緊的時候，孫權就會放下身段，用甜言蜜語矇哄曹魏。當初曹操活著的時候，孫權就這麼做。現在，曹丕繼位後，孫權還是這麼做。

劉備為報關羽之仇，以舉國之兵向東吳進發。孫權擔心不敵，故而向曹丕稱臣，指望曹丕能夠出兵相助。

魏國群臣中有很多人看到了這一點。但是，對曹丕來說，孫權的上表稱臣，比孟達的投順意義更為重大。孟達不過是蜀國的一個太守級別的官員，而孫權則是鼎足而三的一方霸主。兩相比較，顯然是孫權的俯首稱臣更能彰顯曹丕君臨天下的合法性。

曹丕大喜，當即決定封孫權為吳王，恩加九錫！但是，魏國大夫劉曄看懂了孫權的心理，卻沒有看透曹丕的心理，出言諫阻。最後的結果當然是被曹丕強硬否定。

當然，曹丕也沒有傻到出兵相助孫權。他此刻最需要的是孫權的歸順，哪怕僅僅是名義的歸順，也能讓他理直氣壯地認為自己稱帝確實是天命所歸，合法正當。

> 心理感悟：烏鴉即便看到了自身的黑，也還是只指責他人的黑。

24 —— 高手的隔空過招

此後，劉備激於義憤，大舉伐吳，卻被陸遜火燒連營，慘敗而逃至白帝城。劉備無顏再回成都，後在白帝城染病而死。臨死之前，劉備托孤於重臣諸葛亮。諸葛亮遂扶立幼主劉禪繼位。

曹丕聞訊後大喜，對群臣說：「劉備一死，我還有何憂？為什麼不乘其國中亂局，起兵討伐呢？」

自曹操死後，曹丕一直未能在軍事進攻上有所建樹，因此很想抓住這個機會建功立業，以證明自己的軍事才能也不遜於父親。

老成持重的太尉賈詡認為此時並非進攻蜀漢的良機，對曹丕說：「劉備雖死，諸葛亮猶在。劉備必定會托孤於諸葛亮，諸葛亮盡心竭力輔佐幼主，我們就很難獲勝。陛下不可倉促討伐。」

曹丕已經越來越聽不進反對意見了，他臉色一沉，正要說話，卻聽朝班中一人大笑道：「不乘此時進兵，更待何時？」

曹丕定睛一看，說話的人是司馬懿，不由面露喜色。司馬懿這一出頭，曹丕就用不著自己多費口舌來駁斥德高望重的賈詡了。

司馬懿曾經從賈詡的處世智慧中獲益良多。賈詡可以說是他的人生偶像之一。那麼，司馬懿為什麼要當著曹丕的面與他的偶像賈詡大唱反調呢？

司馬懿這麼做，說穿了就是要討曹丕的歡心，以鞏固自己的地位和權力。司馬懿對曹丕掌權後的變化心知肚明，他更深切地領悟到，對於曹丕的提議，直接否定是最不可取的。而沉默不語也不會讓自己得到任何好處。只有迎合，並為其出謀劃策才是最好的應對之計。所以，他採用了這樣的恭維策略。

權力場上的諸多實例強有力地證明，雖然恭維上司會讓同僚們不齒，卻是可以讓上司感覺良好的最有效的招數。畢竟，上司也是人，這世上又有哪一個人會毫無理由地拒絕他人對自己的認可呢？而上司感覺一好，這前途不就看漲了嗎？

司馬懿自甘庸俗，不惜媚上求寵，這還是那個心高氣傲、孤芳自賞的年輕人嗎？誰又能想到他為了自保，為了權力，竟會如此變臉呢？看來，權力在改變曹丕的同時，也在悄悄地改變司馬懿，只是他尚不自知罷了。

曹丕笑問道：「仲達，有何高見？」

司馬懿說：「如果只起我大魏之兵，急切間恐怕難以取勝，必須內外夾攻，讓諸葛亮首尾不能相顧。請陛下起五路大軍，必可成就大事。」

曹丕驚訝地問道：「何為五路大軍？」

司馬懿說：「陛下可修國書一封，派使者前往遼東鮮卑國，用金帛打動鮮卑國王軻比能，讓他起遼東羌胡番兵十萬，先從旱路從西平關攻打西川，這是第一路。陛下再修國書一封，直入南蠻之地，見蠻王孟獲，讓他起十萬蠻兵，攻打永昌、牂牁、越巂等郡，這是第二路。再派使者入吳，讓孫權起兵十萬，攻打兩川峽口，徑取涪城，這是第三路。然後再讓降將孟達起上庸之兵十萬，西攻漢中，這是第四路。最後命大將軍曹真為大都督，提兵十萬，從京兆出陽平關直取西川，這是第五路。大軍五十萬，分五路進兵，諸葛亮就是有通天之能，也難抵擋！」

司馬懿的這一計確實非同小可！五路大軍壓境，在聲勢上張揚威武，單單在鬥志上就很容易瓦解蜀國軍心。

曹丕大喜，立即按照司馬懿的計策一一行事。

司馬懿透過獻這一計，在曹丕心目中加足了印象分，卻激發了以賈詡、王朗、華歆為首等元老重臣的不滿。正如司馬懿看不慣孟達靠著投降就名利兼收一樣，在賈詡、王朗、華歆等人的眼中，司馬懿也不過是一個青澀的後生小輩。現在，司馬懿媚主求榮，深得曹丕器重，自然也讓元老們心生妒忌了。

這妒忌心一生，公正心自然就消失了。司馬懿靠夾著尾巴做人，慢慢挽回了最初因曹操而起的負面印象。但是，當他成為曹丕跟前炙手可熱的紅人後，那些關於「鷹視狼顧」的不經之論，漸漸又沉渣泛起，重新在士大夫階層中傳播開來。

在司馬懿提出這個「五路攻蜀」計策之前，諸葛亮早已名滿天下，司馬懿當然是知道諸葛亮的，但是諸葛亮卻並不知道司馬懿。在曹丕按照司馬懿的建議，將「五路攻蜀」付諸實施後，諸葛亮終於知道了司馬懿的存在。

這是兩大絕世高手之間的第一次隔空過招。司馬懿給諸葛亮出了一個大難題。那麼，諸葛亮會如何應對呢？

面對五路大軍咄咄逼人的攻勢，諸葛亮的辦法竟然是連續多日稱病在家，閉門不出！

這可把剛剛繼位的劉禪嚇壞了！六神無主的劉禪在多次派人催請無果後，只能親自登門延請。

諸葛亮在蜀漢最需要他的時候，為什麼沒有勇擔重任，而是退避三舍呢？

諸葛亮其實不是退縮，而是閉門苦思應對之策。在劉禪坐立不安的這幾天裡，諸葛亮竭盡平生之智，已經想好了退兵妙計。

諸葛亮知道五虎將之一的馬超，父子數代，世居西涼，在羌胡中威望極高。他派了一名使者，星夜趕去知會馬超，讓馬超緊守西平關，並用金帛收買番兵。鮮卑國主軻比能本是曹魏用金帛收買的，馬超同樣施以金帛，再加上馬氏與他們的世代交情，這一路自然不攻自破。

諸葛亮又派魏延，分成左右兩軍，施以疑兵之計，以抗南蠻孟獲。孟獲不熟悉地形，見了疑兵，不敢深入，也就退兵而歸。這又解決了一路。

諸葛亮知道孟達與李嚴曾經結下生死之交，所以讓李嚴給孟達寫了一封信。孟達顧念舊情，只是虛晃一槍，並未發力進攻。這一路也迎刃而解。

諸葛亮又派趙雲引軍鎮守陽平關，迎擊曹真。曹真見其他幾路兵馬未能遙相呼應，失了氣勢，不久自退兵而去。

諸葛亮還知道，東吳並不會真正為曹魏賣命，必然先觀望其他幾路的戰況。如果另外幾路接連獲勝，東吳就會加入戰團，分紅戰果。如果另外幾路踟躕不前，東吳必定對曹丕虛與委蛇，隔岸觀火。諸葛亮解決了前四路，自然也就解決了東吳這一路。

諸葛亮隨即派鄧芝出使東吳，與孫權再次結成聯盟，共同對付曹魏。

司馬懿的第一次出招就這樣被諸葛亮貌似輕鬆地化於無形。只有諸葛亮自己知道，這一次應對用盡了自己所有的智慧和平素的積累。那個能夠勾畫出「五路攻蜀」計謀的人，絕不是一個普通人。這個名叫司馬懿的人必將成為自己這一生中最難對付的勁敵。

當然，諸葛亮在直面迎接司馬懿的挑戰的同時，也毫不客氣地利用了司馬懿為自己「創造」的大好機會。

首先，他利用這個機會讓劉禪像他父親劉備那樣親自上門延請，從而再一次確認了自己在蜀漢的崇高地位。

其次，他利用這個機會，創造出了一個「安居退五路」的新神話，再一次鞏固了自己在蜀漢神壇上的高大形象。

最後，他利用這個機會，消弭了可能存在的內部阻力，而與曾經置先帝劉備於死地的東吳孫權緩和了關係，再一次結成聯盟。

從這個角度來說，諸葛亮也是司馬懿這一生中最難對付的勁敵。司馬懿從諸葛亮的從容應對中也深切體會到了諸葛亮那非同尋常的智慧，從此不敢對他掉以輕心。

五路大軍，無功而返，曹丕對始作俑者司馬懿沒有絲毫的不滿，卻對背反了自己、再次與蜀漢聯合的孫權充滿了憤怒。

曹丕不顧眾臣的反對，給了孫權一個天子所能給出的最高封賞，但孫權還是背棄了他。這對曹丕的自尊是一種極大的傷害。曹丕立即決定，要親自率領大軍，討伐東吳。

這時候，侍中辛毗站出來委婉勸阻說：「陛下，現在天下新定，土闊民稀，此時用兵，恐怕不能得利。今日之計，不如養兵屯田十年，等到足食足兵的時候，再用兵不遲。到了那時，吳蜀自然可以攻破！」

曹丕聽了，勃然大怒道：「你這真是迂腐之論！現在吳蜀聯合，早晚會來侵犯我大魏國境，怎麼可能等待我們屯田養兵十年?!」

辛毗被曹丕這一頓斥罵，臉上一陣紅，一陣白，訥訥而退。

辛毗和曹丕的關係本來是非常親密的。當初，曹丕歷盡磨難，終於被曹操立為太子後，曾經在密室中摟著辛毗的脖子吐露自己內心的歡欣之情：「辛公，你可知道我心中是何等歡喜！」

但是，信任無間的親密關係也抵擋不住「柏克萊甜餅法則」的侵蝕。曾經的「辛公」在忤逆了曹丕的心意後，遭到了擁有至尊權力的曹丕的毫不留情的當眾斥罵。

站在一旁的司馬懿暗自慶幸自己早就調轉方向，沒有繼續諫阻曹丕的任何想法。否則，遭到這尊嚴掃地的凌辱的很有可能就是自己了。

> 心理感悟：任何的挑戰背後一定暗藏機會，就看你能不能發現它。

㉕ 一場家庭絕食風波

曹丕一意孤行，一定要發兵討伐東吳。

這再次給了司馬懿「展示自我」的機會。司馬懿對曹丕說：「東吳有長江之險，沒有戰船很難進攻。

陛下要是御駕親征，可以先備好大小戰船，從蔡、潁入淮河，取壽春，至廣陵，渡江口，直取南徐，此乃上策。」

司馬懿的積極獻策讓曹丕深感滿意，司馬懿很快就得到了豐厚的回報。

曹丕下令日夜開工，打造龍舟，收拾戰船。一切準備停當後，曹丕會集諸將，起水陸大軍三十餘萬，令曹真為前部先鋒，張遼、張郃、文聘、徐晃、曹休等大將隨同出征。

曹丕親自出征，後方必得有可靠之人鎮守。此前曹操出征，只在曹丕、曹植之間選擇一人留守鄴城。被選擇留鎮後方的人，往往代表著最高統帥對他的高度信任。所以，當後來曹操改選曹植留守鄴城後，幾乎所有的人都認為曹植將會被立為太子。

曹丕他將會選擇誰來鎮守後方呢？

這一次，曹丕選擇司馬懿鎮守南都許昌！而且，曹丕擔心司馬懿的職權不夠，壓不住陣腳，還越格擢升他為撫軍大將軍，假節，加給事中、錄尚書事。同時，改封他為向鄉侯！

代表皇帝留鎮後方，這是一個人臣所能獲得的最高榮耀和最高權勢。曹丕的這一任命簡直震驚朝野！司馬懿一夜之間爆紅，其地位與權勢頓時凌駕於地位最為崇高的三公之上！

這個出乎意料的任命，不但讓元老重臣們的心中醋海翻騰，就連司馬懿本人也嚇得不敢接受。這是一個典型的過度合理化效應。司馬懿很清楚，自己並未立什麼大功，只不過是順著曹丕的心意出謀劃策而已，實在擔不起這樣的豐厚賞賜以及留守重任。

司馬懿連忙上表請辭。但是曹丕根本不想改變自己已經做出的決定，他不容置疑地對司馬懿說：「我處理各種政務，夜以繼日，沒有片刻的休息時間。我讓你擔任重任，並不是讓你以此為榮耀，只是想讓你替我分憂罷了。」（曹丕原話為：吾於庶事，以夜繼晝，無須臾寧息。此非以為榮，乃分憂耳。）

曹丕的這句話說得非常高明，一下子抽掉了司馬懿用於推辭的支撐基石，司馬懿只能恭敬不如從命了。

但是，曹丕這樣做和這樣說所表現出來的對司馬懿品行上的高度信任和能力上的高度倚重，還是讓元老重臣們對司馬懿的不滿急劇升溫。

司馬懿的能力早在曹操後期就已嶄露頭角，至此已無可置喙。那些對他不滿的人只能在品行上大做文章。在這樣的氛圍下，曹操生前的「鷹視狼顧論」自然就應運重興了。

司馬懿就這樣驟然走向了他迄今為止的權力巔峰。但與此同時，關於他的流言蜚語也隨之邁入了眾聲鼎沸的高潮。

曹丕領兵出征後，司馬懿留鎮許昌，全權處置一切軍政大事。這個時候，他才知道曹丕所說的「吾於庶事，以夜繼晝，無須臾寧息」並不是一句客套話。魏國這樣一個泱泱大國，軍政要事是何等繁多複雜！而司馬懿雖然蒙曹丕委以全權處理的職權，但他畢竟只是代理皇帝，決不能像真皇帝那樣率性而為。司馬懿只能以如履薄冰的心態，殫精竭慮，反復權衡掂量，加以穩妥處置。但同時，他還必須用最快的速度來處理如雪片般飛來的公文要件，以免堆積如山，既影響了效率，又影響了聲譽。

對司馬懿來說，這確實是一個前所未有的重大考驗。在這個過程中，他的能力得到了全面的歷練與提升，但他的體力與精神也漸漸處於嚴重透支的危險邊緣。

高處不勝寒的重重壓力終於擊倒了司馬懿。司馬懿深感身體衰弱，四肢乏力，只能暫停處理國事，在家中休養幾天。司馬懿唯恐耽誤大事，心情變得極為焦躁不安。

就在司馬懿養病的這幾天，他的家裡出了一件大事。

這時，司馬懿和正妻張春華的關係已經非常淡漠了。他後來新娶了幾個侍妾，眼下最得他寵幸的是年輕貌美的柏夫人。

司馬懿累倒之後，都是這柏夫人忙前忙後，噓寒問暖。正妻張夫人雖然與司馬懿的關係頗為冷淡，很少見面，但畢竟是多年的結髮夫妻，不可能不關心夫君的健康。

張夫人急匆匆地過來探望司馬懿的病情。心煩意亂的司馬懿見了張春華，非但毫不領情，反而惡狠狠地斥罵道：「你這個令人憎惡的老東西，誰要你到這裡來湊熱鬧？」（司馬懿的原話為：老物可憎，何煩出也？）

張春華一番好意，卻被司馬懿劈頭蓋臉一頓羞辱，不由氣得渾身發抖，轉頭就走。回到自己的房中後，張春華越想越生氣，痛哭流涕不止。

張春華實在想不通，一開始是氣得吃不下飯，後來心意一決，乾脆就開始絕食自殺。司馬懿得知後，只是冷冷一笑，不置可否。

司馬懿為什麼對自己的髮妻如此絕情，如此厭惡呢？

一般人都會認為，這是因為張春華年老色衰，司馬懿喜新厭舊，另有新歡所致。但這樣的判斷並不完全準確。

張春華這一年是三十五歲，雖然年歲漸大，但一直以來養尊處優，保養不錯，遠沒有到人老珠黃，不堪入目的地步。而且，張春華並未阻止司馬懿納妾，所以，司馬懿盡可以在享受年輕美色的同時，與張春華保持良好的關係。

那麼，到底是什麼原因讓司馬懿對自己的糟糠之妻如此殘忍呢？

司馬懿在這件事上的反應，其實暴露了他潛意識中隱藏最深的祕密。

美國總統亞伯拉罕·林肯說過一句名言：「幾乎所有的人都能承受逆境。但是，如果你想試出一個人的真實性格，那麼，賦予他權力吧。」

司馬懿在被賦予了巨大的權力之後，他潛意識中的內隱態度也在他本人不知不覺的情況下經由這一家庭風波而釋放了出來。

所謂「內隱態度」，是指就連個體本人也不能準確識別的，深藏於潛意識中的某一種情感認知或反應。內隱態度往往建基於過往某一經驗在潛意識中留下的痕跡。

耶魯大學的馬西婭·詹森（Marcia Johnson）和她的同事找來一群失憶症患者。這些患者在患病以前的記憶都很正常，但患病之後，對於剛剛發生的事情無法形成有效的記憶。

馬西婭對這些失憶症患者展示了兩個人的照片，並且分別介紹了這兩個人的相關資訊。其中一個人是個非常善良的人，不遺餘力地幫助了很多人。另一個人卻是個品行惡劣的人，犯下了累累罪行。隨後，馬西婭對他們進行了記憶測試。不出所料，這些失憶症患者完全忘記了他們剛剛聽到的對這兩個人的介紹。

但是，當這些患者被問起照片中的人是好人還是壞人時，他們的回答正確率卻高達百分之八十九！儘管他們忘記了這兩個人的詳細資訊，但是關於他們的好壞印象卻已經深深刻入了潛意識，並形成了根深蒂固的內隱態度。

司馬懿對張春華又有著什麼樣的內隱態度呢？

十幾年前，司馬懿假裝風痺而被家中的小婢女無意間撞破。張春華在這一事件中的應對給司馬懿留下了深刻的內隱態度。

當時，張春華反應極快，下手決絕，立即將小婢女扼死，避免了洩密。司馬懿自小接受儒家思想的薰陶，一直將殘忍視為負面品質。張春華的舉動，雖然事實上對司馬懿是最有利的選擇，但張春華的殘忍也被司馬懿的潛意識記錄在案，並形成了一種負面的內隱態度。

此後，司馬懿一直被動地生活在殘忍的環境中，漸漸地對殘忍脫敏。他自以為已經能夠完全接受殘忍了，但他並不知道，他的內隱態度依然深度排斥殘忍。

美國的一項關於種族歧視的內隱聯想測試發現了一個令人驚駭的結果。很多堅決反對種族歧視的黑人，其內隱態度竟然也是歧視黑人的。這足以說明，人們透過後天的學習或反省而形成的意識層面的態度，往往不能改變潛意識中與之相反的內隱態度。

司馬懿對於殘忍的內隱態度也正是如此。儘管他一度和張春華相敬如賓，兩情相悅，但他的潛意識中充滿了對張春華的殘忍行為的反感與厭惡。同樣，司馬懿在潛意識中對於曹操、曹丕父子的殘忍行為始終也是持反對態度的。

這潛伏著的反感與厭惡，在司馬懿大權在握且又心煩意亂之際，終於機緣契合，擺脫了意識的束縛「脫穎而出」，最終釀成了這一場不經意間的家庭風波。

司馬懿起初對張春華的絕食並不在意。但是很快，事情的進展超出了他的預料……

心理感悟：能夠讓一個人原形畢露的也許只有權力。

26 權力的快感與代價

張春華絕食事件很快因為兩個兒子的加入而擴大化了。

這一年，司馬懿的長子司馬師十六歲，次子司馬昭十三歲。母子情深，這兄弟倆無力勸母親回心轉意，於是就和母親一起絕食，要與母親生死與共。

司馬懿得知後，十分氣惱，但隨即冷靜了下來。他猛然想起，對自己不利的言論已經風聲四起。一旦自己逼死老婆孩子的醜聞傳了出去，還不知會掀起什麼樣的流言蜚語呢。如果那些對自己不滿的元老重臣們掄起道德大棒，在曹丕面前攻擊自己，讓千里之外的曹丕不得安寧，恐怕自己很快就會失去代理皇帝的最高權力。

司馬懿這麼一想，頗有幾分後怕，覺得自己確實過於意氣用事了。他在曹操父子手下，隱忍了十幾年，卻因為初掌大權帶來的放縱與重壓而失去了自控力，無中生有地引爆了這一場家庭風波。

解鈴還須繫鈴人。司馬懿知道癥結就在自己身上，他當機立斷，來了一個一百八十度的大轉彎，急忙親自趕到張夫人的臥房，連連謝罪。

張春華見丈夫已經知錯，在兩個兒子的勸導下，胸中的悶氣也就消散了。絕食事件隨之結束。

司馬懿回到自己的房間，對著柏夫人說了一句：「這老東西死了也沒什麼好可惜的，我只是擔心耽誤了我的兩個好兒子。」（司馬懿原話為：老物不足惜，慮困我好兒耳！）

看起來，司馬懿對張春華依然餘恨未消。但其實這句話是他為了維護自己臉面的自我辯護之辭，與當年曹操殺了呂伯奢全家後的那句「寧可我負天下人，休教天下人負我」頗有幾分相似。

自此之後，司馬懿對張春華的態度完全改變，不再對她冷若冰霜，不聞不問。夫妻倆又恢復了當初的親密關係，甚至還經常同房。以至於八年之後，四十三歲的高齡產婦張春華又為司馬懿生下了一個兒子。這個兒子就是司馬幹，他比同父同母的長兄司馬師小了整整二十四歲，比司馬昭的長子司馬炎（司馬懿的長孫）也只大了兩歲。

事實上，司馬懿內隱態度中對張春華的反感（亦即對殘忍的反感）是很難消除或改變的。司馬懿這麼做，足以顯示出他那種無人可比的堅忍功夫。為了不讓家庭風波對自己的權力之途有一丁點兒的負面影響，司馬懿寧可委屈自己的感受，也要營造出一副家庭和睦、琴瑟和諧的美好景象。

曹丕這一次征討東吳，只花了三個月就回來了，及時解脫了司馬懿的重壓。原來，曹丕七月出師，花了兩個月的時間才行進到廣陵。正好趕上長江水漲，加上狂風暴雨，曹丕在龍舟上受了驚，只好匆匆退師。曹丕眼望著長江之水，浩浩蕩蕩，又想起父親當年的赤壁之敗，不由慨然歎道：「魏雖有武騎千群，無所用之，未可圖也。」

儘管如此，這一次親自出征，卻讓曹丕嘗到了一種別樣的甜頭。他本是個喜歡吟詩頌賦、飲酒作樂的貴家公子，雖然出於對權力的渴求而一躍攀上了皇帝的寶座，但是當他真的成了君臨四方的天子後，卻發現當皇帝實在是天下第一大苦差事。

普天之下，莫非王土，率土之濱，莫非王臣。這皇權雖然至高無上，但與之相應的，責任也是無遠弗屆。天下之事，事關重大者，何止萬千？這都需要皇帝過目、權衡、決斷。一個盡責的皇帝，就是沒日沒夜操勞國事，也很難忙得過來。

曹丕生性喜好聲色犬馬，當了一段時間皇帝後，真是苦不堪言。他對司馬懿所說的「吾於庶事，以夜繼晝，無須臾寧息」確確實實是肺腑之言。

曹丕所面臨的這種困境，並非孤例，古今中外的所有領導者都有所體會。這一現象反映的是普遍性的「權力悖論」。傑出的組織行為學家詹姆斯．馬奇說：「你可以擁有權力或是自主權，但無法同時擁有這兩者。」

權力和自主權兩者不可得兼。擁有越大的權力，就意味著越不能自由行事，只能按照他人為你安排好的日程表，全年無休地連軸運轉。

哲學家愛默生說過的一句名言也正可以作為「權力悖論」的注腳：「上帝說過，你要嘛享有權力，要嘛享有樂趣。兩者不能兼而有之。」

曹丕將重任轉交給司馬懿後，自己領軍出征東吳，卻發現了這是一種極好的放鬆方式。他身在軍中，有幾十萬士卒貼身護衛，安全是沒有任何問題的。而在行軍途中，曹丕的一切個人愛好都可以得到盡情釋放。所以，曹丕立即就喜歡上了這種以「討伐為名，行巡遊之實」的歡娛方式。

於是，回到許昌後沒過多久，曹丕又打算出征東吳了。鎮守後方的重任再一次順理成章地落到了司馬懿頭上。

面對權力悖論，曹丕選擇了自主權，而權力自然就流轉到了司馬懿的手上。這一次，元老重臣們不再沉默，紛紛到曹丕面前提出意見，表露對司馬懿的擔憂與懷疑。

但是，在權力的催化下，曹丕的信念固著顯得尤為強烈，他非但容不下任何反對意見，而且，越是有人反對他的心意，他越是要堅持自己的做法。

曹丕不但堅持出征東吳，而且再一次公開給予司馬懿以最大的支援。臨行之前，曹丕對司馬懿說：「我很擔心後方不安定，所以把大事託付給你。大漢開創之時，曹參雖然立了很多戰功，但留守後方的蕭何的功勞更大。你能使我後顧無憂，這不是很好嗎？」

曹丕竟然用蕭何來喻指司馬懿，這簡直讓司馬懿受寵若驚了，也讓他的反對者們嫉妒若狂了。

司馬懿再一次站到了權力之巔。後來，曹丕還給他下詔說：「我要是東征，撫軍大將軍就統領西方的事。我要是西征，撫軍大將軍就統領東方的事。」曹丕以此來表示自己對司馬懿的信任與支持，也是對那些質疑者的強力反擊。

司馬懿已經漸漸習慣了大權在握的生活了。他開始有條不紊地處理一應公務，也特別享受這種總攬全域的權力快感。他和曹丕正好是兩個極端的人。曹丕所討厭的，正是他喜歡的。所以，這君臣二人，合力分享了權力和自主權，有效破解了權力悖論的桎梏。當然，這樣的權力運作模式之所以得以運行良好，最關鍵的因素就在於曹丕對司馬懿毫無保留的絕對信任。

在曹丕的力挺下，司馬懿的反對者們陷入了集體沉默，只能將對司馬懿的強烈不滿強行壓抑在心底。

曹丕的這一次出征，走得好不愜意。從南都許昌到東都譙縣，不過四百餘里的距離，但曹丕的大軍卻行了三十七八天。每天只前進十里左右。與其說這是大軍出征，倒不如說是集體出遊更為貼切。

曹丕到了譙縣之後，也不急著進軍。因為他早已認定，東吳據有長江天險，是很難攻破的。所以，曹丕打定主意，在故鄉譙縣盡情地享受著自己的快意人生。他每天不斷接見家鄉父老，與陪侍左右的文學近臣們詩賦酬唱，快活得似神仙。

在譙縣玩夠了之後，曹丕不緊不慢地進軍。但老天爺卻和他開了一個不大不小的玩笑。前一年，他出征東吳，洪水發得遲，正好被他趕上了，導致他在長江浪濤中受驚。這一次，他有意拖慢進軍節奏，以避過洪水，卻沒料到，寒潮又來得早了。水道很快結冰，將曹丕大軍的船隊困在了水中。

曹丕只能棄船上岸，另從廣陵尋道，來到長江之畔。曹丕再一次看到了長江的浩蕩之威，頓覺自己十分渺小，忍不住歎道：「嗟乎，固天所以限隔南北也！」曹丕鬥志全消，再一次下令撤軍。

曹丕本想撤到許昌，但臨到許昌，卻聞報說許昌南大門坍塌了。曹丕覺得這是不祥之兆，於是改變主意，率領大軍往洛陽進發。

曹丕到了洛陽後，身體突然就垮了。曹丕這一年剛剛四十歲，本該是年富力強的大好時候，身體怎麼會突然不行了呢？

這和司馬懿因操勞過度而病倒完全是兩碼事。曹丕多年來一直沉溺於酒色，身體早就被掏空了。他之所以要將軍國大事交給司馬懿處理，部分也是因為他的薄弱體力很難應付繁多的公務。

曹丕知道自己時日無多，急忙將甄妃所生的曹叡召到洛陽，立為太子，並思考起托孤大臣的人選。

以曹丕對司馬懿的絕對信任，第一人選當然是司馬懿。曹丕反復權衡後，又擬定了三個人選。其中兩位是曹氏宗族出身的中軍大將軍曹真和征東大將軍曹休。有了這兩位手握兵權的曹氏股肱壓陣，曹叡的權力根基就很牢固了。

另外一位是勤懇恭敬、老成持重的鎮軍大將軍陳群。陳群和司馬懿都是曹丕的「太子四友」之一。陳群與滿朝文武的關係較為和諧，更能居中調停。

讓這四個人搭配，組成輔政班子，確實是曹丕當下的最優選擇。

考慮到東吳有可能趁著魏國國喪大舉進攻，曹丕決定讓曹休鎮守邊境，只宣召曹真、陳群、司馬懿三人緊急入見。

曹丕同時將曹叡叫到身邊，將他託付給三位輔政大臣。交托完畢，曹丕突然想起了元老重臣們對司馬懿的攻訐，又著意吩咐了曹叡一句：「這三位大臣，都是最值得信任的。如果有人離間你和他們的關係，你一定要慎重處理，不要隨便懷疑他們。」

司馬懿立即聽懂了曹丕最後為自己撐腰的深意，不由深深感動，淚水差一點就從眼眶中奔湧而出。說實話，司馬懿是極不希望曹丕過早離世的。人這一輩子，是很難遇到像曹丕這樣傾情相托、絕對信任的上司的。曹丕這一死，司馬懿不免擔心自己的權途會受到影響。但他轉念一想，曹叡年紀尚輕，閱歷尚淺，自己已經忝列托孤重臣之列，應該大有可為，可以更長久地站在權力之巔，盡享權力帶來的超級快感，也就放下了心。

曹丕交代完後事，很快昏迷過去，就此駕鶴而去。

司馬懿深感重任在肩，暗下決心，一定要盡心竭力報答曹丕的知遇隆恩，卻不知道一場巨大的生存危機正在向他襲來……

> 心理感悟：如果人們知道追逐權力要付出自由的代價，也許很多人就不會那麼熱衷於權力的遊戲了。

棋逢對手

心靈扭曲的報復 / 老狗開耍新把戲 / 謠言一句勝千軍 / 勝利帶來的副作用 /
最強大腦的博弈 / 到底是隻什麼鳥 / 權力的邊界在哪裡 / 只有神才能與神較量 /
置之死地而後死 / 超高智商的遊戲 / 都是嫉妒惹的禍 / 出人意料的慷慨 /
不夠堅定的教訓 / 賭注裡的大祕密 / 把漏洞「發揚光大」 /
一封閃爍其詞的信 / 兵以食為天 / 用堅忍回應激將 / 笑到最後的忍者

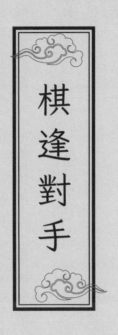

27 心靈扭曲的報復

曹叡繼位的這一年雖然只有二十三歲，但他的人生早已經歷了大起大落。

曹叡從小就表現出了聰慧過人的才華，深得祖父曹操的喜愛。曹操甚至誇讚他說：「有了你，我們曹氏就能有三世的基業了。」

十五歲的時候，曹叡就被封為武德侯。一年後曹操去世，曹丕繼位為魏王，曹叡又被加封為齊公。但是好景不長，曹丕稱帝後，與曹叡的生母甄氏琴瑟失和。甄氏被逼自殺，殃及曹叡也不受曹丕待見了。曹叡被貶為平原侯。

曹丕隨後立郭女王為皇后。郭皇后一直沒有生育，膝下無子。曹丕下令讓曹叡侍奉郭皇后。郭皇后此前為了爭寵，多次在曹丕面前進讒言，挑撥甄氏與曹丕的關係。甄氏被逼自殺和郭皇后大有干係。曹叡對母親的慘死耿耿於懷，不願意侍奉郭皇后。

曹丕見狀，深感不滿，決定立另一個兒子曹禮為太子。曹叡擔心失去太子之位，硬生生地忍下了這口氣，開始好好侍奉郭皇后。這個剛剛十七八歲的莽撞少年，在人生的重要關頭，在沒有任何外力援助的情況，竟然能夠自己轉過彎來，這一份早熟的生存智慧，實屬不易。對比一下司馬懿在二十三歲的時候，生硬地拒絕曹操的徵召，而給自己的仕途帶來巨大麻煩，就可以知道曹叡的過人之處了。

而更令人驚奇的是，曹叡竟然把母親的死對頭郭皇后哄得服服帖帖，郭皇后對他毫無芥蒂，把他當作親生兒子看待。

曹丕見曹叡態度轉變，但還是沒有下定決心立他為太子。有一次，曹叡跟著曹丕去打獵。曹丕看到草叢中跑出了一母一子兩隻鹿，於是一箭射殺了母鹿，並讓曹叡射殺小鹿。曹叡卻沒有從命，流著眼淚對曹丕說：「陛下，您已經殺掉了母鹿，我實在不忍心再殺掉牠的孩子。」

這句話就是一個標準的啟動效應。曹丕立即聯想起自己逼曹叡的母親甄氏自殺的往事，再看看眼前這個失去母親呵護的兒子，又想起自己與甄氏剛剛結婚時的親密無間，心裡頓時一片柔軟。就在這一刻，曹丕決意立曹叡為太子。

曹叡能夠用一句話打動父親，為自己爭得太子之位，足可見他的洞透人性的智慧早已超越他的年齡了。

不過，曹丕不可能預料到自己會在剛剛四十歲的時候就走到人生的盡頭，所以一直以為來日方長，沒有好好歷練、栽培曹叡。曹丕本人在繼位之前，早就得到了曹操的悉心培養，至少歷練了十幾年。而曹叡則是在曹丕病危的那一刻，才被曹丕托孤於曹真、陳群、司馬懿等四位重臣的。包括司馬懿在內的群臣，都認為曹叡距離勝任一個合格的大國之君還有很長的一段路要走。

持相同觀點的不只是大魏群臣，也包括吳蜀兩國的君臣上下。

孫權一直對曹操、曹丕父子恭敬有禮，虛與委蛇。但是，曹叡一登基，孫權就立即親率五萬大軍進攻江夏。顯然，孫權是認為曹叡孺子可欺，要趁著他立足未穩，給他來一記下馬威。

孫權大軍圍住了江夏，魏國的江夏太守文聘堅守不出。軍情飛報到洛陽，朝臣們紛紛建議曹叡急發援兵。但剛剛當了兩個月皇帝的曹叡卻毫不在意地力排眾議，說：「東吳最擅長的是水戰，孫權之所以敢於下船而發動地面進攻，顯然是想趁我方不備大舉偷襲。現在文聘既然已經和他形成了相持之勢，我看吳兵必定不能長久堅持，很快就會主動退兵。我們用不著增派援軍了。」

曹叡說得自信十足，頭頭是道，但群臣哪裡會相信這個乳臭未乾的毛頭小夥子的判斷呢？於是紛紛表示反對。但曹叡鎮定自若，堅持己見。這一副做派倒是和他的父親曹丕十分相像。僅僅二十多天後，孫權圍攻不下，悻悻退去，曹叡的預判至此被證明是完全正確的了。

到了這個時候，群臣們才驚覺曹叡這個年輕君主可能並不是那麼好糊弄的。

但是，曹叡最可怕的還不是他的超常智慧，而是他那被跌宕起伏的不幸遭遇所扭曲的心靈。

曹叡母親甄氏的死在這個少年的心中留下了血淚斑斑的印象。當時，甄氏被曹丕下令自盡後，按照曹丕的旨意，甄氏未能按照皇帝正妻的禮儀入殮。甄氏被剝奪了一切飾物，披頭散髮，本該填入玉珠的口中也被塞滿了米糠。

此後，甄氏之死的後續效應也讓曹叡的地位一落千丈，甚至差一點失去了太子之位。要不是曹叡強忍著內心的屈辱與憤懣，對著郭皇后甜言蜜語，他根本就沒有機會身登大寶。但是，這種忍辱負重卻又不能對人言說的痛苦經歷，無可避免地造成了曹叡內心的嚴重壓抑。

人類的大腦有一種特殊的功能，可以將各種負面的感受排除在意識之外。這就是心理防禦機制。而壓抑是一種基本的心理防禦機制。即當一個人受到挫折後，會不知不覺地將自己所承受的那些不能被意識接受的欲望與行動壓抑到潛意識中去。

壓抑有助於當事者度過當下那一刻的痛苦不堪。但是，一旦機緣成熟，所有的壓抑都會轉化為報復性攻擊，或者向外攻擊他人，或者向內攻擊自我。

如果曹叡一輩子命途蹉跎，那麼，他所有的壓抑最終都將成為自我攻擊的彈藥，將自己弄得遍體鱗傷後黯然度過一生。但命運偏偏給了他獲得最高權力的機會。這樣，他就可以憑藉自己掌控的權力而對外實施瘋狂的報復。

最能證明曹叡大肆報復的例子莫過於他對郭皇后死後的處置。

郭皇后曾經暗害過曹叡之母，但後來卻對曹叡視如己出。兩人之間本應該是一笑泯恩仇的。但是，郭皇后死後，曹叡卻下令不得按照皇太后的禮儀入殮，而且剝奪了她的一切飾物，讓她披頭散髮，口中也被塞滿了米糠。郭皇后死後的「待遇」完全與曹叡的生母一致！

曹叡就是用這種以牙還牙的方式來實施報復的。

曹叡最大的壓抑之源來自他的父親曹丕。可是，身為人子的曹叡總不能開棺鞭屍，對父親實施報復吧。那麼，攻擊的目標自然就轉向了曹丕留下來的東西。

曹丕留給曹叡最精心的禮物就是托孤四大重臣！這自然成了曹叡最想實施報復的攻擊目標。

當然，曹叡並不是要將曹真、曹休、陳群、司馬懿這幾個人一殺了之。他是要拆散托孤四臣的架構，剝奪他們的輔政大權，把權力集中到自己手中，以破壞父親的精心安排。這就是曹叡對曹丕所能實施的最大報復。

但是，這絕不是一件輕而易舉的事情。對任何一個初登大寶的帝王來說，在立足未穩的情況下，就對輔政大臣下手，很可能引發政局動盪，給內外部的反對勢力以可乘之機。所以，曹叡並沒有貿然行事，而是精心謀劃，等待最好的時機。

這也說明，曹叡年紀雖輕，但在政治博弈上的考量已非常老練。顯然，曹叡在成長過程中耳聞目睹的權力場上的那些爾虞我詐、翻雲覆雨，早就將天分極高的他薰陶成了一個政壇老手了。

司馬懿這一年是四十八歲，比曹叡大了整整二十五歲，而且，司馬懿的宦海沉浮也已經近二十個年頭了。客觀地說，司馬懿這一隻職場老鳥對於剛剛出道的小菜鳥曹叡多少是有點低估的。但是，當司馬懿以為自己將以輔政大臣的身分繼續享受權力帶來的快感的時候，卻不知道，那個他不太放在眼裡的小菜鳥已經將槍口瞄準了自己。

幾個月後，不甘認輸的孫權命令諸葛瑾、張霸率部進攻襄陽。曹叡立即抓住了這次機會，讓司馬懿領兵出征迎敵。

司馬懿此時的職務是撫軍大將軍兼錄尚書台事，但他其實只是個文職將軍。他本人最突出的就是行政才幹，也從來沒有做主將領兵出征的經歷。顯然，司馬懿並不是最合適的人選。至少，一直主掌軍權的曹真、曹休就比司馬懿更適合擔當主帥。

但這正是曹叡機心暗藏的地方。曹叡早就盤算好了如何拆散輔政四臣的權力架構，他首先選擇司馬懿下手，正是一個最佳的切入口。

如果司馬懿因為不諳軍事而敗於襄陽，那麼就可趁其威信受損而剝奪他的權力。如果司馬懿一戰而勝，曹叡也可借機施行他已精心勾畫好的一整套奪權方案。

曹叡的報復並不是針對司馬懿的，但司馬懿卻因為他所處的特殊位置而成了曹叡實施報復行為的第一個靶子。

不明就裡的司馬懿遠沒想到這個看似毫無閱歷的年輕皇帝的心機竟會如此之深。他早已打定主意要盡心竭力來報答曹丕的恩遇，當然是打點精神，毫無二話地領兵前往襄陽而去。

心理感悟：所有的壓抑，都會轉化為報復的力量。

28——老狗開耍新把戲

司馬懿乍一聽到曹叡的安排，雖然表面上波瀾不驚，但心裡還是有點小興奮。多少年前，曹操在《讓縣自明本志令》中所說的「誠恐己離兵為人所禍也」這句話早已讓司馬懿明白，兵權是一切權力之本。而曹叡竟然把這種重要的權力授予了從未獨立領兵作戰的文臣司馬懿，這怎麼能不讓司馬懿想當然地認為這是新任君主對於自己的特別信任呢？

司馬懿出仕已經十七年了，除了在曹操末年被提升為丞相軍司馬，短暫參與過軍事參謀活動外，絕大部分的時間是在處理行政事務。曹叡的這道命令一下，司馬懿就被推上了職業轉型之路。

西方有句諺語說：「老狗學不了新把戲。」但好在四十八歲的司馬懿雖然沒有親自打過仗，但一直若即若離地跟在當世頂級軍事家曹操身邊，又曾長期暗地用心觀察、揣摩曹操的言行思維，所以他並不擔心自己玩不好這個新把戲。

司馬懿一路上精心謀劃，到了襄陽後，竟然一舉擊敗了諸葛瑾，並斬殺了東吳大將張霸。司馬懿在軍事首秀中旗開得勝，不但讓他自己的信心大漲，也預示著他即將在這一新的領域大展身手。

諸葛瑾被司馬懿擊敗的消息傳到西川後，諸葛亮的心裡不禁浮起了一絲擔憂。諸葛亮一直沒有忘記幾年前和自己隔空交過手的司馬懿。當時，司馬懿的身分還不過是個軍事參謀，但現在已經成了戰而能勝的軍事主將。諸葛亮憑直覺認為，這個能夠想出「五路攻西川」妙策的人也許將成為自己這一生最大的勁敵。

司馬懿得勝而歸，很快就被曹叡從撫軍大將軍提升為驃騎將軍。與司馬懿一起得到提升的還有另外幾位輔政大臣。征東大將軍曹休被提升為最高等級的軍階——大司馬，中軍大將軍曹真被提升為大將軍，鎮軍大將軍陳群被提升為司空。

曹魏軍階制度在沿承漢制的基礎上又做了調整，從高到低依次為大司馬、大將軍、太尉、驃騎將軍、車騎將軍、衛將軍、中軍大將軍、上軍大將軍、鎮軍大將軍、撫軍大將軍、征東大將軍、征南大將軍、征西大將軍、征北大將軍。

由此可見，托孤四大重臣都得到了大幅度的越級提升。包括四大重臣在內的大魏群臣都以為這是新皇帝的恩示隆遇，邀買人心之舉。但就在這幾個既得利益者興高采烈之際，曹叡又出招了。

曹叡隨即下令，將曹休、曹真、司馬懿三人逐出京都，分別外派，屯駐與蜀漢、東吳交界的前線，主持軍事，只留下陳群一人坐鎮中樞，但實際的權力也被大大削弱了。

這等於是以迅雷不及掩耳之勢，全盤拆散了曹丕為曹叡事先設計好的權力架構。四大托孤重臣的輔政大權幾乎被曹叡盡數剝奪。曹叡以二十出頭的年紀，竟能如此深謀遠慮，手段老辣得連司馬懿這一干老將都甘拜下風，可見他的心智謀略是多麼厲害！

這明升暗降的奪權招數一出，天下就都知道曹叡了。

東吳孫權此前已經借著與蜀漢聯合的機會，自建年號黃武。孫權原本很看不起曹叡，認為曹丕的能力連曹操的萬分之一都趕不上，而曹叡的能力連曹丕的萬分之一都趕不上。孫權本想趁著曹叡初立，也像劉備一樣登基稱帝。但是，當孫權得知曹叡雷厲風行卻又不傷筋動骨地獨攬大權，頓感自愧不如，連忙打消了稱帝的念頭。一直到兩年後，諸葛亮大舉發動北伐，孫權見魏蜀兩國征戰不休，這才借機登基。

等到司馬懿明白過來這是曹叡的瞞天過海之計後，內心不禁充滿了苦澀。司馬懿這一路走來，實在是太坎坷了。好不容易改變了曹操對他的不良印象，曹操很快就撒手西歸了。好不容易贏得了曹丕的絕對信任，曹丕也很快撒手西歸了。而曹叡一上位，又立即將他明升暗降，從輔政大臣的中樞位置上外放，淪為偏守一方的軍事將領。

但是，司馬懿的不快與不滿只持續了很短的時間。因為他早已接受了權力的終極法則——誰不想把權力掌握在自己手中呢？曹叡既然當了皇帝，又怎麼甘心做一個傀儡，而任由輔政重臣們分享他的權力呢？司馬懿已經見慣了為了爭權奪利而不擇手段的殘忍場景，像曹叡這樣「溫文爾雅」的奪權行為已經可以算是仁至義盡了。

司馬懿這樣一想，心裡立即就舒坦了。

絕大多數的人，在遭受生活的重創卻又無力還擊時，往往會採取壓抑這種基本的心理防禦機制。但是，壓抑雖然能讓人在意識層面變得麻木，卻在潛意識層面造成更大的傷害。比如曹叡，外表看似風光，內心裡卻早已是千瘡百孔。壓抑不但會促使他對外實施報復，終有一天，他也會反過來傷害自己。

司馬懿能夠在重重打擊中一路走到今天，並且總是能夠懷著平靜的心情去迎接新的挫折，這絕不是偶然的。而司馬懿在應對人生風雨時，卻有著截然不同的一種心理防禦機制。

這就是合理化策略，即個體為自己所遭受的種種挫折和打擊找到合情合理的藉口，從而讓自己免於心靈受傷。

司馬懿將自己所遭受的一切不公平待遇以及所目睹的一切殘忍事件都歸結為爭奪或維護權力的必然。自從司馬懿找到了「權力」這件百毒不侵的心靈盔甲，他就能淡然接受一切而不受傷害了。

但是，在很多時候，合理化策略所依賴的那個藉口，本身往往是背離一般的世俗道德準則。若非如此，又怎麼能威力無邊地罩住那些足以困擾大多數人的打擊與悖逆行為呢？所以，合理化策略雖然能讓人們的內心不受傷害，但也會導致人們深度沉溺而日益背離道德的底線。

司馬懿靠著合理化策略，渡過了一個又一個的人生難關，但這也日益為他走向人生異化之路埋下了伏筆。

司馬懿隨即又想到，四個輔政大臣同時被剝奪了中樞大權，這說明曹叡並不是要存心打擊他一個人，從而也說明了曹叡對自己並無惡感。那麼，自己雖然失去了權力，但生存卻不會有太大的問題。這樣一想，司馬懿的心情就更加放鬆了。

事實上，曹叡為了達到獨攬大權的目的，不得不將獨鎮一方的兵權授予司馬懿等三人。司馬懿也借由這個機會，在人生的關鍵節點上完成了具備里程碑意義的轉型。

不過，司馬懿卻沒有想到，當他失去了曹丕的庇護，遠離了政治中樞後，他的那些反對者們紛紛將此解讀為新君曹叡對司馬懿不滿。於是，一度被曹丕彈壓下去的「鷹視狼顧論」再度熱傳起來。

司馬懿出鎮前線，立即刺激了蜀國大丞相諸葛亮的敏感神經。

這主要是司馬懿當初「五路攻西川」的後遺症所致。諸葛亮早有北伐中原，興復漢室的宏圖遠志。為了避免魏國再度收買南蠻在蜀漢背後搗亂，諸葛亮決定先行平復南蠻。他聽取了參軍馬謖的建議，採取攻心之策，七擒七縱南蠻之主孟獲，終於讓孟獲心服口服，承諾永不背反。

於是，諸葛亮厲兵秣馬，準備北伐。但他還是有些擔心這個足智多謀，並且剛剛擊敗過自己兄長諸葛瑾的司馬懿。

馬謖所獻的攻心之策，讓諸葛亮英名遠揚於南蠻之邦，讓諸葛亮對他好感大增。劉備臨死之前，曾經特意提醒諸葛亮不要重用馬謖，但諸葛亮卻渾然忘了劉備的諄諄告誡，而將馬謖引為心腹之人。

諸葛亮對馬謖吐露了自己的擔心。馬謖靈機一動，說：「丞相，我有一計，可以置司馬懿於死地！」

諸葛亮大喜，急忙追問。

馬謖自得一笑，說：「我聽說司馬懿鷹視狼顧，早年曹操還在世時就曾經說他心懷不軌。如今曹叡剛一繼位，就將司馬懿逐出京都，顯然是對他不甚信任。丞相只需暗中派人，前往洛陽、鄴城等處，散布流言，說司馬懿密謀造反，再模仿司馬懿的口吻，寫一篇告示天下的榜文，遍貼各處。只要曹叡一起疑心，司馬懿就死定了！」

諸葛亮聽了，連聲稱好，當即祕密派人前往魏國，按照馬謖的建議行事。

遠在千里之外的司馬懿，哪裡會想到諸葛亮隔空給自己來一記「摧心拳」呢？他正滿懷熱切地開始操練兵馬，要在新把戲上耍出個名堂來，卻不知道一場橫禍已經迎面而來……

29 謠言一句勝千軍

關於司馬懿造反的謠言很快就在魏國沸反盈天。

城牆上隨即出現了一張署名為司馬懿的告示榜文。榜文是這樣寫的：當初太祖武皇帝（指曹操）創立基業，本想立陳思王子建（指曹植）為社稷之主。今皇孫曹叡，素無德行，妄居尊位，有負太祖之遺意。現在我司馬懿應天順人，克日起兵，以慰萬民之望。

馬謖設計的這份榜文，從邏輯上來看絲絲入扣。曹叡將司馬懿逐出京都，引發司馬懿心懷不滿，司馬懿於是借著手中掌握的兵權起而討伐。

司馬懿的反對者們看到這張榜文，頓時如獲至寶，立即揭了下來，向曹叡報告。

御宇未幾就已充分顯露自己的英明睿智的曹叡，會不會相信司馬懿真的造反了呢？

哲學家史賓諾沙曾經指出，當我們碰到一個新資訊的時候，我們會自動認為這是真的。只有在經過某個獨立的判斷過程後，才會認為這是假消息。心理學家丹尼爾・吉爾伯特和他的同事們透過實驗驗證了史賓諾沙的這一論斷。

權力會對一個人信任他人的能力造成侵蝕。美國史丹佛大學、西北大學以及倫敦商學院所做的一系列研究表明，權力會讓人變得多疑。這就是權力逆信任。

曹叡剛剛把權力收到自己手中，尤其擔心他人覬覦，權力帶來的逆信任影響又十分強烈。在這兩種因素的影響下，曹叡不容細察，就已先相信了幾分。

曹叡急忙召集群臣商議。

太尉華歆一直對司馬懿在仕途上的快速晉升心懷不滿，早就想找機會出手了。如今有了這麼好的一個機會，怎麼會放過呢？

華歆急忙說：「當初太祖武皇帝曾經對我說，司馬懿鷹視狼顧，不能把兵權交給他，否則必為國家大患。現在他果然如此，陛下應速速將他誅殺！」

與華歆同為三公的司徒王朗見華歆這麼說，立時心領神會，來了個火上澆油，說：「司馬懿深明謀略，善曉兵機，早就有一匡天下的想法，如果不早點除掉，一定會釀成王莽那樣的禍患。」

華歆與王朗兩人一唱一和，推波助瀾，立即加重了曹叡心中翻騰不休的疑心。曹叡畢竟還是年輕，處置大事的水準還不是那麼穩定。在這事關寶座能否坐得安穩的重大問題上，他的反應頗為毛糙，急匆匆地就要親點大兵，前去征討。

這時，幸好尚未奔赴前線的大將軍曹真還在朝中。曹真閱歷豐富，老成持重，急忙站出來勸諫說：「陛下不可擅自行動。先帝生前對司馬懿非常信任，否則絕不會托孤於他。如果陛下未查明真相，就舉兵相向，正好就逼反了他。現在吳蜀未除，恐怕這是奸細離間之計。如果我們自亂陣腳，吳蜀正好乘虛而入。望陛下深察。」

曹真這幾句話說得很有見地，但是曹叡已經先入為主，他十分擔心地問道：「萬一司馬懿是真的反了，我們坐視不顧，豈不後悔莫及？」

曹真說：「陛下如果心中不安，可以效仿漢高祖當年的巡遊雲夢之計，御駕前往，司馬懿必然前來迎接。陛下可觀其動靜，就在車駕之前將他擒拿。」

漢高祖劉邦在打贏楚漢之爭後，對第一功臣、軍事奇才韓信起了猜忌之心，將其貶封為楚王。但劉邦還是對韓信不放心，整天擔心他會起兵造反（這也是權力逆信任的典型表現）。陳平給劉邦出主意，讓劉邦假稱巡遊楚地所在的雲夢澤，趁著韓信前來接駕的時候，將他拿下。

劉邦依計而行，韓信本無反心，毫無準備，自然束手就擒。韓信隨後又被劉邦貶封為淮陰侯。（劉邦、韓信事蹟，詳見心理說史系列之「心理楚漢三部曲」。）

曹叡熟讀典籍，曹真這麼一說，他立即覺得有理。於是他讓曹真留鎮後方，自己率領十萬御林軍，以巡遊之名，前往司馬懿駐屯所在的安邑。

再說司馬懿到任後，運用他多年觀察體悟的軍事心得，精心操練兵馬，以備不時之需。曹叡親臨的消息傳來，他覺得這正好給了自己一個在皇帝面前展示軍容兵威的好機會。於是，司馬懿傳令三軍，抖擻精神，披堅執銳，向前迎接天子到來，以備檢閱。

曹叡大軍的前鋒探馬，發現司馬懿的軍隊正迎向天子而來，急忙向曹叡匯報，說：「司馬懿率領鐵甲士卒，前來迎戰，看來他確實是造反了！」

司馬懿明明是前來迎駕，絕非叛亂，為什麼這位探馬毫不分辨就將他的行為定為迎戰之舉呢？

發生在這位探馬身上的認知偏差正是此刻曹叡大軍中絕大多數人的共識。這是一種典型的驗證性偏見。

人們往往受到先入為主的資訊的影響。當最初的資訊被人們接納而形成了信念之後，人們更傾向於尋找證據來證明自己的信念，而不是證偽。或者說，人們往往根據內心已有的信念或情緒來對外部事物進行評判，以得出與內心一致的結論。從而，很多原本客觀的資訊，也被無意識地解讀為先前信息的鐵證。

《列子》中有個疑鄰盜斧的故事，說是有個人丟了一把斧頭，懷疑是鄰居家的孩子偷的。於是，他看那孩子走路的動作、說話的樣子、臉上的表情，都是鬼鬼祟祟的，活像是偷了斧頭。後來，這個人在別處找到了他丟失的那把斧頭。等他再見到鄰家的孩子時，這個孩子的動作、言行、神態，就沒有一點像是偷了斧頭的了。

這個故事說的正是「驗證性偏見」。不幸的是，司馬懿在毫不知情的情況下，也落入了始自馬謖造謠的「驗證性偏見」的陷阱。

在沸反盈天的謠言中，在三公重臣的推波助瀾下，司馬懿造反這一資訊已經被大多數人接受。包括這位探馬在內的大多數人都會不由自主地將司馬懿的一切言行解讀為坐實叛亂的鐵證。

曹叡當然也是如此。大驚之下，曹叡急忙命隨同前來的曹休向前迎戰。曹休領兵縱馬向前，卻見司馬懿早已跪在路旁迎駕。

曹休心中納悶，司馬懿的這一行為實在有點反常。這世上哪有反賊會主動跪在路邊，束手就擒的呢？難道他已經知道自己錯了，要以這樣的方式來認罪服法？

曹休壓抑住了下令擒拿的衝動，而是問了一句：「仲達，你深受先帝重托，為什麼要造反呢？」

曹休這麼問，顯然說明他心裡認定司馬懿確實是造反了。

司馬懿一聽到曹休所說的「造反」兩個字，頓覺如雷轟頂，那隻懸了十幾年的「靴子」竟然真的掉下來了！

司馬懿自從一出仕，就被曹操的「鷹視狼顧論」嚴重困擾，為了確保生存，他的一言一行都極為謹慎，瓜前李下，總是遠避嫌疑。直到後來曹丕對他尤其信任，才讓他慢慢放下了戒心。沒想到初掌軍權沒多久，就被宗室重臣曹休問到了他這個最忌諱、敏感的問題。

司馬懿不知道在自己遠離政治中樞的日子裡到底發生了什麼，但他知道，一定是發生了對自己大大不利的事情，否則，遠道而來的曹休絕不可能一開口就問這樣的話。

司馬懿立即被嚇出了一身冷汗，但這身汗來得實在不是時候，包括曹休在內的那些被驗證性偏見影響的人，都會認為這是司馬懿做賊心虛的表現，而更加確信他的造反事實。

但這個時候，最正確的辦法不是忙著為自己開脫，而是搞清原委。司馬懿急忙驚問道：「文烈何出此言？」

曹休於是將事情的經過一說，司馬懿大驚道：「這必是吳蜀兩國的陰謀，想讓我大魏君臣自相殘殺，他們好乘虛而入。文烈，你趕快帶我去見天子，我自分辨清明。」

一般來說，一個做賊心虛的人，是不太敢主動對人陳說自身清白的。司馬懿的這句話打動了曹休。曹休減輕了對他的懷疑，帶著他去見曹叡。

司馬懿急步走到曹叡的車駕前，俯跪於地，啟奏道：「臣受先帝之重托，唯恐不盡心竭力，報效陛下，怎麼會有異心呢？這一定是吳蜀兩國的奸謀，請陛下明察。」

曹叡見司馬懿言辭真切，不像作偽，不由信了幾分。

華歆察言觀色，知道司馬懿造反絕非事實。他見曹叡猶疑不決，擔心曹叡會被司馬懿打動而寬赦他，急忙趕在曹叡做決定之前，補上一刀。

華歆說：「陛下，雖然司馬懿反形未露，但也不能再將兵權交給他了，不如將他削職，罷黜回鄉吧。」

權力帶來的多疑，無時不驅動著曹叡的防範心理。雖然司馬懿並未造反，但誰又能保證這個「鷹視狼顧」的傢伙永遠不造反呢？為了防患於未然，剝奪他的兵權，讓他回家閒居顯然是個不錯的辦法。

於是，曹叡根據華歆的提議，削去司馬懿的官職，讓曹真兼掌他的權力。

司馬懿由此遭到了職業生涯中的最大打擊。辛辛苦苦十數年的努力，一夜之間化為烏有。

司馬懿黯然去離故鄉溫縣不遠的宛城閒住。他受了這麼大的挫折，故鄉是無顏回去的，只好在附近默默度日。

在無邊的落寞中，司馬懿又反思起自己的過往。他終於明白了，自己還是沒有真正參透權力的奧祕。當他攀上輔政大臣的高位後，多少有點麻痺大意了，忽略了那些嫉妒之眼和反對之聲，以至於毫不設防。這才會有今天的飛來橫禍。自己的這一次落難，表面看起來是敵國的奸謀所致，但從更深層次來說，還是因為內部出了問題。如果沒有那些落井下石的人，敵國的奸謀未必就能起作用。

司馬懿轉念又想，自己其實還是幸運的，如果曹叡再心狠手辣一點，自己早就身首異處了。司馬懿突然覺得這其實是曹叡的一個巨大的錯誤！如果自己和曹叡對換位置，自己一定寧可錯殺無辜，也絕不會放過任何可能的疑患。

司馬懿不由被自己的可怕念頭驚住了！對殘忍的合理化一次次化解了他的心靈創痛，讓他得以堅忍笑對一切挫折磨難。但是，對殘忍的合理化也終於讓司馬懿對殘忍徹底脫敏，而變成了一個決絕無情的人！

司馬懿很快又平靜下來，用他一貫的合理化策略化解了這一次新的打擊……

> 心理感悟：人們的天性中往往存在著相信謠言的衝動。

30 勝利帶來的副作用

曹叡中計的消息傳到蜀漢後，諸葛亮大喜。雖然司馬懿沒有如預期的那樣被曹叡斬首，但司馬懿被削職為民，也已經讓魏國自斷一臂，諸葛亮覺得出兵的時機成熟了。於是，他立即寫下一道出師表，上書後主劉禪，要北伐中原。

比諸葛亮還要高興的人是馬謖。諸葛亮在蜀漢早已經是神壇上的明星，但馬謖此前卻看到諸葛亮頗為擔心司馬懿。現在，馬謖略施小計，就將連諸葛亮都懼怕三分的司馬懿除掉了。馬謖本來自視頗高，這下子更是自我膨脹，飄飄欲仙，連諸葛亮也不怎麼放在眼裡了。

諸葛亮這一次出兵北伐，蓄勢已久，咄咄逼人，一時間響震天下，魏國朝野皆驚！

曹叡召集群臣商議。夏侯淵之子夏侯楙主動請戰，要為慘死在蜀將黃忠刀下的父親報仇。曹叡嘉許他的勇氣，決定讓他領兵出戰。

蜀軍先鋒是老將趙雲。夏侯楙初出茅廬，如何是趙雲的對手？當下被趙雲打得大敗，連夜逃走。

蜀軍隨即進逼，包圍了南安郡。諸葛亮連用妙計，很快就攻克了南安、天水、安定三郡，並收服了魏將姜維。姜維此人，足智多謀，從此深得諸葛亮器重。

諸葛亮揮師再進，又攻克了冀城、上邽等地。

曹叡這下坐不住了，連忙再派曹真為大都督，郭淮為副將，迎擊諸葛亮。司徒王朗主動請命隨軍出征。

曹真引大軍來到長安，渡過渭河，在河西安營紮寨。王朗自詡口才了得，想在陣前用言辭說退諸葛亮，沒想到被諸葛亮一頓譏諷嘲罵，竟然當場氣絕。

魏軍士氣大挫，又被諸葛亮打得大敗。曹真的敗訊傳回，上表請求增發援兵。曹叡著急了，立即讓群臣商議對策。

華歆說：「眼下情勢危急，只有陛下親自領兵出征，方能退敵。否則，長安一失，關中危急！」

曹魏君主，從曹操開始就有親征的習慣。到了曹丕，雖然已經有所變調，但曹丕畢竟還是親征過幾次。而曹叡自登基後，尚未有親征之舉，故而華歆會有此提議。

太傅鍾繇是司馬懿初入宦海時交下的朋友，他立即覺察到這是一個幫助司馬懿洗刷不白之冤的好機會。

鍾繇急忙說：「陛下以九五至尊，不宜輕舉妄動。臣願以全家良賤性命，保舉一人，定能一舉擊退諸葛亮之師！」

這個時候，就看出真朋友的價值了。如果不是情深義重的好朋友，誰願意在這麼敏感的問題上冒著風險來拯救你呢？要知道，將司馬懿削職為民是曹叡自己的決定。在這節骨眼上推薦司馬懿，就等於是直指曹叡當初之非。

當然，鍾繇和司馬懿關係密切是人所周知的。為了洗脫私相勾連的嫌疑，鍾繇只能押上全家人的性命，以此證明自己並非出於個人情誼。

曹叡一聽鍾繇這麼說，心裡早明白了幾分。其實，曹叡剛一得知諸葛亮出兵北伐的時候，就已知道自己中了諸葛亮的離間之計，錯怪了司馬懿。

曹叡天資極高，智慧過人，且又博覽群書。他頓時明白自己犯了和戰國時的趙孝成王類似的錯誤。

當時，秦國大舉進攻趙國。趙國老將廉頗堅守不戰，秦軍多次挑戰，但廉頗始終不予置理。秦軍無法從戰場上打開缺口，就轉而到趙國內部實施離間計。秦國派出間諜到趙國都城，放出謠言說：「秦國真正害怕的不是廉頗，而是馬服君趙奢的兒子趙括。如果趙國讓趙括當主將，秦軍只能不戰而退了。」

消息傳到了趙孝成王耳中後，趙孝成王果然中計，免去了廉頗的主將職位，讓趙括取而代之。趙括上任後，盲目與秦軍開戰，結果導致趙軍潰敗。最後，四十萬投降的趙國精銳盡數被秦國坑殺活埋。這就是戰國時期最為慘烈的「長平之戰」。

司馬懿剛一被削職，諸葛亮就大舉進攻。曹叡將這兩件事一聯繫起來，自然就推斷出司馬懿造反的謠言是蜀漢所為，他們的目的就是要剷除他們眼中的攔路石——司馬懿。

但是，認識到自己的錯誤是一回事，改正自己的錯誤又是另一回事。曹叡上台後，剛剛憑著漂亮的政治手腕贏得了不錯的聲譽。為了維護自己的臉面和聲譽，他絕不願意承認自己犯了低級錯誤，被諸葛亮耍了。他明知道只要重新起用司馬懿，就能抗衡諸葛亮，但還是揣著明白裝糊塗，絲毫不提司馬懿這檔子事，只是先後任命夏侯楙和曹真為主將，出兵抗擊諸葛亮。只是夏侯楙和曹真都不夠爭氣，沒能用自己的勝利來幫曹叡遮掩當初的錯誤。

事態日益惡化，太尉鍾繇終於忍不住要揭開這個蓋子了，曹叡無可逃避，只好開口問道：「愛卿是元老重臣，有何賢人推薦？」

鍾繇說：「諸葛亮早就想進犯中原，但是因為懼怕這個人，故意大造流言，妄圖讓陛下自去柱石之臣。陛下果然中計，諸葛亮這才長驅直入。如果今天陛下重新任命他為主將，諸葛亮自然不戰而退了。」

鍾繇的話還沒說完，曹叡的臉已經漲得通紅。言者無心，聽者有意，鍾繇所說的一字一句，都彷彿在指責曹叡知錯不改。

曹叡只好硬著頭皮說道：「太傅所說的這個人可是司馬懿？」

鍾繇點頭道：「正是驃騎將軍司馬懿。」

曹叡連忙道：「對這件事，我早已後悔莫及了。」當錯誤已經無可推託時，還不如乾乾脆脆認個錯，直截了當地卸下包袱。曹叡總算是轉過這個彎了。

曹叡渾身輕鬆地問道：「現在司馬懿在何處？」

鍾繇回答說：「我聽說仲達現在在宛城閒住。」

曹叡立即下詔，派使者前往宛城，宣布司馬懿官復原職，並加封為平西都督，讓他直接從宛城奔赴長安。曹叡自己也御駕親征，前往長安與司馬懿會合。

在經過近二十年的風雨沉浮後，司馬懿終於迎來了與早已名揚天下的諸葛亮正面交手的機會。這兩個年歲相仿、謀略相當的對手，在天下大勢的舞台上，到底會掀起什麼樣的雷電風雲呢？

司馬懿在宛城很快就聽說了諸葛亮大舉北伐的消息。他立即明白，自己的這一次被貶，是遭了諸葛亮的黑手。正所謂是「一報還一報」，當初司馬懿用「五路攻西川」讓諸葛亮難堪，卻也暴露了自己。

司馬懿一想明白了這其中的關節，閒淡的心情立即煙消雲散。他立即想到，以曹叡的絕頂智慧，也一定能夠想通這其中的邏輯關係。這樣一來，諸葛亮的進攻就等於是在為司馬懿洗刷冤屈，諸葛亮的勝利就等於是在幫助司馬懿復出。

司馬懿心中大喜，知道自己在宛城的日子必定不會長久了。只要諸葛亮進攻一得手，曹叡很快就會派人來宣召自己。

經過了這一次重大挫折，司馬懿的心機變得愈發深沉了。他胸有成竹，安心等待曹叡的使者到來，但這其中的奧祕，就連兩個兒子司馬師、司馬昭也沒有透露。

不料，司馬懿接連等來了夏侯楙和曹真的敗訊，但曹叡還是遲遲沒有重新起用自己。司馬懿頓時想起，曹叡這一年才不過二十四歲，正是年輕氣盛、不肯認錯的年紀。當初自己二十出頭的時候，不也是如此嗎？寧可付出慘重代價，也要維護顏面，絕不低頭認輸。

司馬懿這麼一想，不免有些許氣餒。看來只有寄望諸葛亮進攻再凶猛一些，自己才有望早日出山了，但這意味著自己還得等待更長的時間。

司馬懿不由輕輕歎了一聲。侍立在旁的兩個兒子急忙問道：「父親為何歎息？」

司馬懿看了兩個兒子一眼，說：「你們哪裡知道天下的大事呢！」

司馬師這一年已經二十歲了，智慧與見識也已初露山水。他說：「父親是不是因為陛下不用你而長歎呢？」

司馬懿正要回答，卻聽十七歲的司馬昭搶著說：「陛下早晚會來宣召父親的！」

司馬昭說這句話，多半是在安慰司馬懿。但司馬懿以己推人，以為兒子已經像自己一樣，完全洞悉了曹叡的心理，不由又驚又喜，連聲為司馬昭的睿智早慧而讚歎：「沒想到我們司馬家又出了一個麒麟兒了！」從這一刻起，司馬懿對司馬昭的偏愛勝過了司馬師。不過，司馬懿絲毫沒有將自己內心的傾向性表露出來。

司馬懿的這句表揚讓司馬昭有些摸不著頭腦，但自己的這句話讓父親高興了，他也就十分開心了。

如果不是鍾繇勇於在曹叡面前揭短，司馬懿在宛城還得多閒居不少日子。鍾繇打開天窗說亮話，聰明絕頂的曹叡立即認錯，做出了成本最低的正確選擇。司馬懿重入仕途的日子由此指日可待，而他也即將迎來真正屬於他的時代。

沉浸在節節勝利帶來的重大喜悅中的蜀軍主帥諸葛亮當然不會想到，自己的所向披靡已經產生了巨大的副作用——最大的勁敵司馬懿即將在自己的「幫助」下東山再起……

心理感悟：人們總是割裂地看待利與弊，卻不知道利弊本是一體。

31——最強大腦的博弈

諸葛亮自出師以來，屢戰屢勝，心情十分愉悅。這一天，他正在聚眾研討下一步的進攻計畫，突然又傳來了一個好消息。

原來，投奔曹魏的蜀漢叛將孟達又動了背魏歸蜀的心思！

八年前，孟達因為擔心劉備會對自己不利而率領四千人馬向魏國投降。適逢曹丕代漢繼位，急需證明合法性。孟達的來降剛好能為曹丕的政治需要張目。於是，曹丕不顧群臣的強烈反對，堅決破格優待孟達，任命他為散騎常侍、建武將軍，並封平陽亭侯，還把房陵、上庸、西城三郡合為新城郡，讓孟達擔任新城太守。曹丕出入的時候，還經常讓孟達和自己坐在同一輛車上。

這樣的待遇自然讓孟達深感滿足。但與此同時，這也讓孟達成為大魏群臣集體性嫉妒的重大目標。在遭人嫉妒這件事上，司馬懿和孟達倒可以說是一對難兄難弟，但在劇烈程度上，顯然還是孟達「更勝一籌」。

曹丕死後，孟達的待遇頓時一落千丈。巨大的反差讓孟達很不適應，倍感失落。這時候，針對孟達的負面言論也開始死灰復燃。壓抑已久的曹叡在潛意識中對父親曹丕深懷怨恨，凡是曹丕看重和喜歡的東西，他都有一種無可抑制的報復衝動。這樣一來，曹叡的冷淡也讓孟達失去了安全感。

與此同時，蜀漢這邊劉備已經過世，諸葛亮執掌大權，蜀吳兩國也已經盡棄前嫌，重歸於好。孟達覺得，諸葛亮應該不會追究自己未能及時救援關羽的罪責。因為他知道，關羽居功自傲，和諸葛亮鬥了一輩子氣，諸葛亮不會孜孜於為關羽復仇。

在這幾個因素的推動下，孟達起意要背魏歸蜀。於是，他給自己的好友李嚴寫了一封信，透露了自己的想法。

孟達和李嚴是過命之交。當初司馬懿策劃「五路攻西川」後，諸葛亮就曾經利用過這層關係，透過李嚴，讓孟達消極觀望，從而予以化解。孟達這樣做，等於是給了李嚴一個巨大的恩惠，現在，他要李嚴幫忙疏通諸葛亮的關係，就等於是在索取回報了。

李嚴當然願意幫孟達這個忙了。諸葛亮北伐，節節勝利，如果再有孟達內助，收復中原就指日可待了。到時候算起功勞，李嚴也就功不可沒了。

李嚴急忙派兒子李豐趕到諸葛亮的軍營中，向他報告了這一好消息。

諸葛亮大喜，說了一聲：「天助我也！」隨後就開始思考如何最大化地運用孟達來降的資源價值。

說實話，諸葛亮對於孟達的反復無常是很不齒的。這兩個人完全是兩個世界的人。諸葛亮深受儒家價值觀影響，忠君敬上，而孟達則完全以個人得失為行事標準。但是，儘管諸葛亮對孟達十分反感，但為了北伐大局，他還是非常歡迎孟達背魏來歸的。

不過，孟達反復無常的小人品行也讓諸葛亮對他不敢深信。因為只要曹叡策略性地對他稍加恩典，孟達說不定立即就掉頭轉向，重歸魏國懷抱。

為了徹底堵死孟達首鼠兩端的可能性，坐實孟達的叛魏投蜀，諸葛亮做了一個驚人的決定！

諸葛亮找來一個名叫郭模的下屬。這個人的特點是機靈可靠，隨機應變能力很強。諸葛亮分派給他一個祕密的任務——立即到魏國都城，廣為散布孟達投蜀的消息。

郭模一驚，但出於對諸葛亮的神一般的景仰，還是不說二話就出發了。

諸葛亮是不是昏頭了？

孟達來降是頭等的軍事機密，應該祕而不宣。一旦洩露出去，魏國早做準備，予以扼殺，豈不是會讓蜀漢的利益大大受損？

諸葛亮這麼聰明，為什麼會做出這麼糊塗的決策呢？

實際上，這是最強悍的大腦才能做出的決策，這是頂級的智慧才能理解的決策，絕不是一般智力水準的人一眼就能看懂看透的。

諸葛亮的如意算盤是這樣打的：

洩露孟達背魏投蜀的消息，就會把孟達逼上必須要反的道路，徹底斷絕了他的回頭路。但要達到這個目的，還有一個根本的前提是，孟達不會因為這個消息的洩露而被魏國斬殺，從而喪失資源價值。

對此，諸葛亮胸有成竹，他料定曹叡不太會相信孟達背叛的消息，從而不會立即採取行動，置孟達於死地。

因為，諸葛亮此前已經用過一次反間計了。這第一次反間計帶來的重大成果就是司馬懿下台以及隨後蜀軍的節節勝利。諸葛亮知道，曹叡現在一定是連腸子都悔青了。而人的心理往往是「一朝被蛇咬，十年怕井繩」，在吃過一次虧後，再遇到類似的陷阱後，往往敬謝不敏，避之唯恐不及。

這其實是一種負向的不作為慣性，也可以稱為「矯枉過正誤區」。正向的不作為慣性是指當人們錯過了一個具有吸引力的機會後，將會對隨後出現的類似機會置之不理，即便後來出現的機會比之前的更具吸引力。而負向的不作為慣性則是指，當人們做出了一個帶來了不良後果的錯誤決策後，往往會在後續的決策中出現矯枉過正的誤區，對於新出現的機會畏首畏尾，不敢作為。

諸葛亮判斷，在矯枉過正心理的驅動下，曹叡中了一次反間計，對第二次反間計的第一反應必然是置之不理。而等到他醒悟過來，最好的時機就錯過了，諸葛亮已經有足夠的時間，謀劃好與孟達的聯手，並採取行動了。

所以，諸葛亮放心大膽地派出心腹郭模，前往魏地，大肆宣揚孟達將要叛亂的消息。

但是，諸葛亮絕沒有料到，曹叡竟然會不顧顏面，勇於認錯，快速止損，重新起用司馬懿。

這一天細作來報，說：「魏主曹叡一面親臨長安，一面宣召司馬懿官復原職，並加封為平西都督，起本處之兵，趕赴長安與曹叡會合！」

諸葛亮一聽，頓時就矇了，竟然手足無措！

要是他早知道曹叡會這麼做，孟達背魏投蜀的祕密是絕不能洩露的。就從這一刻起，諸葛亮對於曹叡的高超智慧有了一個全新的深刻認識。與此同時，他內心的憂慮也大大加深了。魏國有這麼英明的君主，又有謀略深遠的司馬懿，自己的北伐大計要想獲得成功，難度實在是太大了！也就是在這一刻，平生從來揮灑自如、笑傲天下的諸葛亮第一次感到不自信和深深的不安。

絕頂高手之間過招，往往可以窺一斑而知全豹。比如，司馬懿初施謀略的處女作——五路攻西川一出手，諸葛亮就把他當作了平生的勁敵。而這是貌似也很聰明的馬謖之流很難體會的。所以，當諸葛亮對司馬懿的存在深表憂慮時，馬謖則毫不在意。

但諸葛亮對曹叡的認識卻有點特別，經歷了幾次反復。

最初曹叡出手不凡，用明升暗降之策，拆散輔政大臣，獨攬大權，諸葛亮頓然一驚，認為曹叡頗不簡單。但隨後，曹叡輕易中了馬謖的離間計，將司馬懿削職為民，又讓諸葛亮看輕了他。再後，曹叡先後任用無能之輩夏侯楙、曹真，接連被諸葛亮擊敗，又進一步拉低了他在諸葛亮心目中的形象。

諸葛亮認為，曹叡也像那些年紀輕輕就登上皇帝寶座的君主一樣，顧惜面子，擔心自己的權威受損而絕不肯認錯。而這樣的曹叡，是蜀漢之福，不足為懼的。

也正是立基於此，諸葛亮才會放心地做出故意洩露孟達來降的消息，以堅孟達之心，並對魏國造成最大的打擊。

曹叡果斷重新起用司馬懿，等於是曹叡最徹底的自我否定。這是極為可貴的一種品格，絕大多數老謀深算的君主沒法做到這一點。曹操的赤壁驚魂、劉備的夷陵慘敗、孫權的取辱遼東，很大程度上都是因為他們做不到自我否定，而在投入陷阱中越陷越深所致。

諸葛亮由此才真正領略到曹叡的智慧與心胸，並因此而深感憂慮與不安。

馬謖此時已經深得諸葛亮信任，正好隨侍一旁。此前馬謖對諸葛亮敬若神明，但現在他有機會近距離看到神壇之下的諸葛亮的軟弱與彷徨後，對諸葛亮的尊敬不免大大削弱了。

這一刻，馬謖對諸葛亮的一驚一乍頗為不屑，輕飄飄地說道：「量一個小小曹叡有何可怕？他要是敢來長安，就教他有來無回！丞相何故要驚懼呢？」

諸葛亮心中懊喪不已，看了馬謖一眼，為自己辯護道：「我哪裡是懼怕曹叡？我平生最擔心的不過是司馬懿一人而已。現在孟達要舉大事，司馬懿這一復出，孟達就危險了，一定會為司馬懿所擒。孟達一死，中原就沒那麼容易恢復了。」

孟達的危險處境其實是諸葛亮一手造成的，但他卻沒有承認，只是將緣由歸結到司馬懿的復出上。可見，要做到自我否定，確實不是一件容易的事情。

> 心理感悟：對於失敗的恐懼，會扼殺一切成功的可能。

32 到底是隻什麼鳥

諸葛亮心情劇烈震盪，一時靜不下心來思考對策，馬謖意存悠閒，幫他出了一個主意，說：「丞相，為什麼不趕快寫一封信，提醒孟達，小心提防呢？」

諸葛亮覺得這可能是唯一的辦法了，當即按照馬謖所說，提筆寫了一封信，派心腹之人趕赴新城，給孟達送去。

馬謖見諸葛亮完全按照自己的主意行事，頓時有了一種深感滿足的控制感，對諸葛亮的輕視之心又重了幾分。

孟達收到諸葛亮的密信，打開一看，上面是這樣寫的：

……近聞曹叡復詔司馬懿起宛、洛之兵，若聞公舉事，必先至矣。須萬全提備，勿視為等閒也。

孟達看了信，不由哈哈大笑，也不避諱諸葛亮派來的使者就在旁邊，大聲說：「都說諸葛亮多心，果然如此。」

孟達的心腹部屬說：「主公，不可輕慢，您還是寫一封回信吧，也好讓諸葛丞相安心。」孟達依言，寫了回信，交給諸葛亮的使者帶回。

孟達的回信是這樣寫的：

適承鈞教，安敢少怠。竊謂司馬懿之事，不必懼也。宛城離洛陽約八百里，至新城一千二百里，若司馬懿聞達舉事，須表奏魏主，往復則一月間事也。達城池已固，諸將與三軍皆在深險之地，司馬懿即來，達何懼哉？丞相寬懷，惟聽捷報。

孟達也是個聰敏英俊、才能出眾的人。他剛一從諸葛亮的信中得知司馬懿復出的消息，立即就做出了「不足為慮」的判斷。他之所以取笑諸葛亮的多心，是因為他有著十足的把握可以無視司馬懿。

理由就是他寫在回信上的分析。

司馬懿身在宛城，與曹叡所在的洛陽，以及孟達所在的新城，遠隔千里左右。按照慣例，司馬懿行動之前必須向身在洛陽的曹叡匯報，徵得同意後才敢出動。從宛城到洛陽，來回至少需要一個月的時間。有了這一個月的時間，孟達早就做好了舉事的準備，司馬懿就是有天大的能耐，也擋不住孟達與諸葛亮的聯手進攻。既然如此，那還有什麼好擔心的呢？

孟達之所以如此氣定神閒，就在於他對司馬懿的心理的判斷。

一般而言，那些遭貶而又有幸復出的人，往往會變得比以前更加小心謹慎，不再擅作主張，而是凡事請示，以免重蹈覆轍。這是一種「遭貶後遺症」，也是一種「矯枉過正」誤區。而司馬懿在曹丕還活著的時候就總是順應君上的心意，從不違逆。這樣一個謹小慎微的人，在剛剛吃了大苦頭後，怎麼還敢恣意行事呢？

孟達以己度人，料定剛剛復出的司馬懿就是一隻驚弓之鳥，必然對曹叡深懷恐懼，絕不敢當出頭之鳥，對平叛這樣的大事擅自做主。

但是諸葛亮卻不是這麼想的。因為他已經對曹叡和司馬懿這一對完美君臣搭檔有了更深刻的了解。

諸葛亮看完孟達的回信，不禁徹身冰涼，孟達在信中讓諸葛亮「寬懷，惟聽捷報」，諸葛亮卻哪裡「寬懷」得起來呢？諸葛亮氣得將信往地上一扔，跺腳長歎道：「孟達必定會死於司馬懿之手了！」

馬謖驚問道：「丞相何出此言？」

諸葛亮長歎一聲，說：「兵法有云：攻其不備，出其不意。司馬懿怎麼能容孟達一月之久而不行動呢？曹叡既然已經委任司馬懿，自然是逢寇必除，怎麼還用奏報之後再出兵呢？只要司馬懿一得知孟達反叛，用不了十天，司馬懿就會兵臨城下。孟達措手不及，怎麼能不被司馬懿擒獲呢？」

對於諸葛亮的判斷，馬謖與諸將均是將信將疑。諸葛亮隨即吩咐孟達的使者，讓他立即返回新城，趕快轉告孟達早做準備，如果不能馬上舉事，就暫時按兵不動，以免命喪司馬懿之手。

那麼，到底是諸葛亮對司馬懿的判斷正確，還是孟達對司馬懿的判斷正確呢？

司馬懿終於接到了曹叡起復自己的詔書！

那一刻，司馬懿的心情十分激動，不僅僅是因為自己重新有了用武之地，更是因為自己即將和那個名聞天下的諸葛亮面對面地過招！

在接到詔書之前，司馬懿就已經知道郭模散布的孟達造反的消息。司馬懿立即明白了諸葛亮的全部用意，但他手無寸鐵，只能坐視不顧。司馬懿正在焦慮之際，曹叡的詔書到了。隨後，上庸守將申儀的密報隨之而來。這就確認了孟達的造反事實。

司馬懿的第一反應就是絕不容情，以雷霆萬鈞之勢立即將孟達殲滅！這一激烈反應首先源自司馬懿潛意識中對孟達的極度不滿！

司馬懿和孟達是有過往恩怨的。孟達投奔曹丕後，備受恩寵，導致很多人看不過眼，這其中就有司馬懿。司馬懿也是曹丕跟前的當紅之人，他直言不諱地勸諫曹丕不要重用孟達這樣反復無常的小人，但曹丕置若罔聞。司馬懿很不滿意，在心裡狠狠地記上了孟達的一筆賬。

後來，司馬懿策劃的「五路攻西川」中除了三路外援外，曹真和孟達這兩路都是魏國本部力量。外援不盡力，還情有可原。但孟達卻顧念舊情，沒有發力攻擊，最終導致司馬懿空忙一場，五路大軍被諸葛亮輕鬆化解。這件事又讓司馬懿給孟達記上了一筆賬。

更進一步，即便孟達和司馬懿沒有個人恩怨，也必須以迅雷不及掩耳之勢將其剿殺。

道理很簡單。曹叡重新起用司馬懿，就是為了讓他阻擋諸葛亮咄咄逼人的攻勢。一旦孟達舉兵，與諸葛亮裡應外合，司馬懿就很難力挽狂瀾，扭轉敗局。所以，要想擊敗諸葛亮，司馬懿就必須立即斬斷孟達對諸葛亮的助力。

但是，司馬懿要想這樣做，並不是沒有顧慮的。孟達思慮所及的東西，司馬懿自然也想到了。按照常規，司馬懿以剛剛脫罪之身，必須謹小慎微，是決不能擅作主張，在沒有請示曹叡的情況下，千里奔襲，將孟達立斬於馬下的。

司馬懿的長子司馬師也想到了這一點，立即對司馬懿說：「父親，您趕快寫表急奏天子吧。」

司馬懿看了他一眼，心想：「這個孩子還是嫩了一點。」司馬懿說：「如果要等聖旨，來回奔波至少要一個月。到那時，孟達就成事了。一旦他守住險要關口，我們就是有百萬大軍，急切間也難攻破了。」

是啊，時機稍縱即逝，如果一定要等到曹叡的許可後再行動，早就錯失良機了。電光火石間，司馬懿毫不猶豫地做出了決斷！

司馬懿下令，緊急調集宛城現有兵馬，整裝待發。同時，他又寫了一封信，找來參軍梁畿，祕密叮囑幾句，讓他立即趕往新城，面見孟達。

司馬懿寫這封信的目的就是盡可能穩住孟達，延緩舉事，為自己接下來的急行軍爭取時間。

司馬懿的這封信的內容是：諸葛亮慣會弄虛使詐，當初就是造謠我謀反導致我被削職為民。現在，他又故技重施，派了一個叫郭模的人大肆造孟將軍您的謠言。我吃過他的苦頭，因此知道您是冤枉的。我相信您對魏國忠心耿耿，是絕不會背叛的。現在天子已經知道我的冤屈，讓我官復原職。我一定會在天子面前述說您的忠貞不貳。請您放心。

司馬懿寫這封信，有兩個用意。

揭穿諸葛亮的背後小動作，讓孟達對與諸葛亮聯手心懷疑慮。而這一個資訊，孟達原本是不知道的。以曾經的受害者身分來和孟達套近乎，以便讓孟達相信司馬懿並不相信他會造反，一切都只是諸葛亮的謠言而已。

當然，這兩個用意其實可以合為一個，那就是延緩孟達的舉事時間。

梁畿領命出發後，司馬懿急急整頓好隊伍，很快發出了急行軍的命令，千里奔襲孟達所在的新城！

司馬懿為什麼敢這樣做呢？

要知道，孟達儘管與諸葛亮書信往來，但事實上並沒有確鑿無疑的造反鐵證。曹叡會不會因為司馬懿無視君上、濫用職權而再一次將他打入冷宮呢？

司馬懿斷定曹叡不會這麼做！

在人際關係互動中，存在著一種「類蜜月效應」。我們知道，所謂的「蜜月效應」，是指當兩個人的情感處於熱烈升溫階段，相互間的任何要求都有可能得到對方的許可。而「類蜜月效應」則是指當兩個人剛剛結束對立關係之時，每個人對於對方的越格行為會表現出較大的寬容度，以免重蹈關係破裂的覆轍。

曹叡與司馬懿的關係正好是從對立走向了信任。司馬懿憑著對人性更深的洞察，相信曹叡一定會寬宥自己。諸葛亮也正是看到了這一點，才會頓足長歎，並立即寫信讓孟達提高警惕的。

唯有自負才智的孟達，依然沉浸在自信自得之中，絲毫不知道大禍已經臨頭……

心理感悟：切記在別人寬容的時候請求寬容。

㉝——權力的邊界在哪裡

司馬懿一路急行軍，僅用八天的時間就趕到了一千二百里外的新城，平均每天推進一百五十里，這是一個極其驚人的行軍紀錄。兵貴神速帶給司馬懿的第一個好處就是及時擒獲了剛剛從諸葛亮處帶了回信的孟達使者！

司馬懿搜出諸葛亮的回信一看，不由驚歎道：「世間能者，所見皆同！我的心機竟然全部被諸葛亮識破了。要是我晚到一步，這封信送到了孟達手中，我可就空忙一場了！」司馬懿對諸葛亮頓生惺惺相惜之意，終其一生，這一份敬重之情始終沒有稍減。

再說孟達，看了梁畿送來的司馬懿的信後，心情非常複雜。他不但對諸葛亮是否真的出賣了自己將信將疑，也對司馬懿是否真的誤判了自己的真實想法將信將疑。以他的智慧程度，很難跟得上司馬懿和諸葛亮兩大絕頂高手的你來我往的雙重節奏，自然就陷入了迷糊之中。

人類的大腦最喜歡確定性。當情境一片模糊，情勢很難判斷時，人們往往很難決斷，只好在猶疑不決中左顧右盼。孟達這一猶豫，就把自己最後的保命時間給錯過了。

司馬懿的大軍，本來就是緊隨著梁畿之後出發的。梁畿與孟達見面後沒多久，司馬懿的大軍就趕到了新城。而梁畿此行，還承擔著司馬懿交給他的另一個任務——偵察新城的地形地勢以及孟達的防備情況。

梁畿完成偵察任務後，立即往回趕，很快就與司馬懿會合，並將相關情報告訴了司馬懿。

梁畿走後，孟達直覺中的不祥預感越來越強烈。他正要下令加強布防，小心戒備，卻哪知司馬懿的大軍已經兵臨城下，將他團團圍住。

司馬懿不容部下士卒稍稍喘息，立即下令死命攻打。孟達倉促間應戰，只能死守不出。圍城十六天之後，孟達的外甥鄧賢、部將李輔見勢不妙，內心動搖，起了獻城投降的念頭。

正是「有其帥必有其將，有其將必有其兵」，孟達一貫反復無常，總是以個人私利為衡量標準，因此先後背反劉璋、劉備、曹叡，而跟隨他多年的部屬，有樣學樣，在危急關頭，為了保住自己的命，不惜將孟達出賣。

鄧賢、李輔大開城門，獻了城池。司馬懿大舉進城，同時下達了對孟達的必殺令，絕不留活口。

宣布這道命令的時候，司馬懿心靜如水，波瀾不驚。他的冷酷無情在這一道命令中顯露無遺。在他的心中，早已經將殘忍合理化了。當他手握生殺大權的時候，任何一個膽敢擋路的人都甭想得到他的憐憫與寬恕！

孟達被亂軍斬殺的時候，心中極為不甘。他無論如何也不敢相信，一向不違逆君上、謹小慎微的司馬懿竟敢如此膽大包天，判若兩人。只是，他已經沒有時間來反省一下，為什麼自己的親外甥和跟了自己很多年的老部下，在大難臨頭的時候會「義無反顧」地出賣自己。

司馬懿痛快淋漓地殺了孟達，然後再向曹叡稟告。

曹叡見司馬懿剛一復出，就兔起鶻落地剿滅了孟達的叛亂，不禁深深懊悔自己當初聽信讒言，將他削職為民的魯莽之舉。

司馬懿賭的就是曹叡的懊悔。懊悔相當於一種反向的恩惠。曹叡因為自己對司馬懿的無端傷害而懊悔，就等同於司馬懿給了曹叡巨大的恩惠。於是，類蜜月效應生效了。司馬懿賭中了！曹叡絲毫沒有責怪司馬懿的擅權行動。

事實上，最讓曹叡開心的還不是叛亂被平息，而是孟達被斬首！他立即下令，讓司馬懿快馬加鞭先將孟達的首級送到洛陽，在洛陽市區剁碎了示眾！

孟達已死，曹叡為什麼還要這樣怨毒地凌辱他的首級呢？這不等於是讓孟達重新再死一次嗎？曹叡和孟達難道有著什麼切齒仇恨嗎？

這個根子其實還在曹丕身上。

當年，孟達在曹丕手中紅極一時的時候，正是曹叡這一生中最難熬的艱苦歲月。

曹叡的母親忤逆了父親而被逼自殺，曹叡也因此橫遭冷遇。那個時候，在那些看著孟達與皇帝同車出行的紅色眼睛中，就有曹叡的一雙。對比自己的悲慘遭遇，曹叡覺得父親對孟達比自己要好多了。一個十幾歲的少年，當然是不可能完全理解這只是曹丕出於政治需要的一種表演。曹叡強行壓制了對父親曹丕的怨恨，卻把憤怒投射到了孟達的身上。

如今，曹叡終於等來了報復的機會。只是孟達已死，曹叡只能拿他的首級出氣了。但是，剁碎首級這件事多少有點喪心病狂，這也隱隱暴露了曹叡內心的陰暗面。如果曹叡自己不加控制，任由這陰暗面肆意滋長，那麼，這個天才般的年輕君主在摧毀了所有他能摧毀的外部事物之後，終有一天也會走向自我摧毀的不歸路。

司馬懿安排好新城的防務後，馬上率領部屬，向長安進發，去與曹叡會合。

司馬懿見了曹叡，第一件事就是獻上被搜獲的諸葛亮寫給孟達的信，詳細說明自己為什麼未經授權，就千里奔襲，平定孟達之亂。

在吃了這麼多苦頭後，司馬懿在政治上是越來越成熟了。他早已吸取了當年未能及時解開曹操心結的教訓了。

司馬懿知道，雖然曹叡在勝利乍臨的這一刻沒有責怪自己，但是，當激情消退後，自己的擅自行動還是會成為他的一個心結。畢竟，任何一個處於至尊位置的人，都不願接受被臣屬無視的待遇。這正是幾千年來人類社會權力運作的終極奧祕。

司馬懿對曹叡說：「我得知孟達造反的消息後，本想先表奏陛下，但又擔心往復遲滯，讓孟達得逞。因此不待聖旨，星夜行軍，只用八天時間就從宛城趕到新城。孟達措手不及，被我斬殺。如果請得陛下旨意再起兵，恐怕就中諸葛亮的計了。」

這一番解釋絕不是多餘的。司馬懿的做法，讓曹叡體會到了一種強烈的被尊重感。一個能力強悍的人，非但沒有居功自傲，反當謙卑有禮，曹叡怎麼能不感動呢？

曹叡心花怒放，誇讚說：「仲達，你的智謀決斷，已經超過了孫武和吳起了！」孫武是千古第一兵聖，吳起是百戰百勝，從無敗績。這兩個人是春秋戰國時期最傑出的軍事家。曹叡用這兩個人來映襯司馬懿這一次奇襲孟達的功績，實在是最高等級的獎賞了。

尊重是這世界上一本萬利的投資，你永遠無法想像它能帶給你多大的回報。曹叡隨即下令，賞賜司馬懿金斧鉞一對，以後再遇機密重事，不必奏聞，隨時可以便宜行事！

這是曹叡作為一個皇帝所拿得出來的最大限度的授權。曹叡用這樣的象徵性方式對司馬懿釋放出了自己對他高度信任的信號。司馬懿透過自己的努力，再一次成功贏得了「信任爭奪戰」的絕地反擊！從前，他從被曹操懷疑，到被曹操重視，花了十幾年的時間。這一次，他從被曹叡懷疑，到被曹叡信任，卻只花了短短的幾個月時間。

當然，這也足以說明曹叡的心胸之寬廣。可惜他在少年時經歷了太多難以排遣的磨難，在心中積留了太多的陰影，這也許將是阻礙他成為一代英主的最大制約。

司馬懿心領神會，儘管他的心機日益深沉，情感之海很難再起波瀾，但他還是被曹叡的寬宏與慷慨感動了。當初無辜被貶的不滿，就在這瞬間，全都煙消雲散。曹魏帝國的君主和第一重臣之間的情感連結隨之達到了一種和諧狀態。

司馬懿經由這一次事件，又領悟到關於權力運作的另一條超級法則。這就是「權力二八定律」。一個人被賦予的權力中只有百分之二十是顯權力，另外的百分之八十則是取決於個體的膽魄與決斷的隱權力。你能不能運用，敢不敢運用這百分之八十的隱權力，完全取決於你自己。

不僭越，不突破界限，是不可能知道權力的邊界到底在哪裡的。司馬懿透過奇襲孟達事件明白了自己的權力邊界，從此對權力的掌控與運作更加爐火純青。

曹叡與司馬懿的君臣相得，對志在掃滅曹魏、興復漢室的諸葛亮來說，絕不是什麼好消息。

過度自信的孟達被司馬懿擒殺，是諸葛亮預料之中的事情。諸葛亮雖然對自己的弄巧成拙深感遺憾，但因為他很不讚賞孟達的為人，所以並不過分糾結。只是，讓他沒有想到的是，司馬懿竟然經由這一次的擅自行動而與曹叡達成了君臣相知的局面。

諸葛亮不由隱隱羨慕起司馬懿的好福氣來。劉備可以算得上是數一數二的明主了。但是，諸葛亮自己知道，劉備後期對自己的猜忌還是頗多的，一直沒有對自己充分授權。與曹叡對待司馬懿的胸懷相比，劉備還差得遠呢。再拿年歲相仿的劉禪和曹叡相比，那就差得更遠了（劉禪比曹叡大了三歲）。

一想到這，諸葛亮內心的憂慮就加深了。魏國有曹叡和司馬懿這樣的君臣，自己的北伐中原到底有幾多勝算呢？可是，自己年輕時誇下的「自比管樂」的海口，現在依然沒能實現。自己在劉備病榻前許下的「興復漢室」的承諾，也還遙遙無期。

諸葛亮只能強迫自己從負面思緒中抽離出來，面對冰冷堅硬的現實。因為他知道，司馬懿在斬殺孟達後，絕不會就此停手。

諸葛亮的判斷是正確的。曹叡很快下令讓司馬懿出關破蜀。司馬懿請求曹叡派張郃為先鋒大將。

司馬懿和張郃合併一處，將下一個目標對準了蜀軍主帥諸葛亮。司馬懿與諸葛亮這兩個最強大腦之間新一輪驚心動魄的大戰一觸即發！

心理感悟：尊重他人所能獲得的回報遠遠超過你的想像。

34 只有神才能與神較量

大軍進發之前，司馬懿明白自己必須先做好一件事。

這就是收服先鋒大將張郃。

張郃是老資格的軍界元老，其職業生涯可以追溯到鎮壓黃巾起義。當年他在曹操帳下就已經名揚天下，號稱曹營「五虎上將」之一（其餘四虎為張遼、樂進、于禁、徐晃）。

司馬懿雖然已經有過擊敗諸葛瑾和奇襲孟獲這兩場勝績，但與身經百戰的張郃相比，依然是一隻小菜鳥。如果司馬懿不能讓張郃對自己心服口服，在接下來的軍事行動中就不能勠力同心，共抗蜀軍。

於是，司馬懿在出征之前，將張郃請到自己的中軍大帳商議大計。

司馬懿對張郃說：「儁乂，我一向知道你忠勇無敵，所以在天子面前保舉你為先鋒大將，以退蜀兵。」這幾句話讓張郃十分受用。

司馬懿接著說：「諸葛亮是當世之英雄，用兵如神，天下人無不畏之如虎。現在，諸葛亮屯兵在祁山，聲勢浩大。但他謹慎仔細，不肯造次行事。這是他最大的優點，也是最大的弱點。有一條崎嶇小道可以從子午谷直通長安。如果是我用兵，一定從這條小道行軍，那麼長安早就攻克了。諸葛亮擔心有失，不肯冒險，所以，我料定諸葛亮只能從斜谷行進，來取郿城，另派一路進攻箕谷。這兩處我已知會曹真、孫禮、辛毗等人嚴密把守。」

司馬懿對諸葛亮謹小慎微的性格摸得很透。蜀國大將魏延早就向諸葛亮提出過和司馬懿同樣的想法，與諸葛亮兵分兩路，他自引一路奇兵，從子午谷直取長安。但諸葛亮確實以擔心會中埋伏為由駁回了魏延的建議。

張郃聽了司馬懿的分析，覺得頗有道理，但還是不明白司馬懿的意圖，於是以軍人特有的爽直問道：「都督準備如何用兵？」

司馬懿說：「我知道秦嶺之西有一處叫做街亭，旁邊有一座列柳城。這兩個地方都是漢中的咽喉要地。諸葛亮一定會從此處進兵，我和你直接殺奔街亭，切斷街亭要害，絕其糧道，諸葛亮就不能安守隴西全境了，必會連夜奔回漢中。他一撤軍，我們就在小路伏擊，可獲全勝。如果諸葛亮不退兵，我們就將各處小路壘斷，讓蜀軍陷入斷糧絕境，有一個月就都餓死了。諸葛亮就會被我們擒獲。」

這一番話聽下來，張郃不由對初出用兵的司馬懿刮目相看。讓張郃深感驚詫的不僅是司馬懿的謀略，還有他對隴西漢中各處地形的瞭若指掌。張郃卻哪裡知道，司馬懿當年跟著曹操攻取漢中的時候，暗地裡下了多少苦功！

張郃不由拜服於地，說：「都督真神算也！」

司馬懿聽到張郃這麼說，心中湧起一股滿意感。司馬懿就算不把自己的想法和盤托出，張郃也得聽他的指揮。因為司馬懿是一軍主帥，手上還有皇帝剛剛賞賜的斧鉞，隨時可以行使生殺大權。而言辭放縱、行事高調也不是司馬懿一貫的風格。那麼，司馬懿為什麼臨行前要與張郃交心密談，捅破諸葛亮的軟肋，自矜自誇呢？

這絕不是多此一舉。

司馬懿面臨的對手諸葛亮堪稱一個百戰百勝的「戰神」，幾乎無敗績，新近又接連打敗了夏侯楙和曹真，連取三郡，聲威一時達到頂峰。魏營諸將無不對諸葛亮畏之如虎。張郃雖然身經百戰，但在百戰百勝的「戰神」面前，仍然自信不足。如果司馬懿不透過貶低諸葛亮而把自己也塑造成一個「神」，怎麼能與戰神抗衡呢？又怎麼能贏得張郃的信任與尊重呢？

司馬懿一看自壯聲威的目的達到，立即恢復了冷靜與低調，小心叮囑張郃說：「話雖這樣說，但諸葛亮畢竟不是孟達。你作為先鋒大將，不可貿然輕進，必須先遠遠哨探，確定沒有伏兵，才能前進。如果心生怠慢，必中諸葛亮之計！」

張郃依言領命而去。

正當司馬懿努力將自己打造成「神」，以與諸葛亮抗衡時，蜀軍陣營卻又有一位新「神」誕生了。

這位新「神」就是自以為「神」的馬謖。馬謖之所以自以為「神」，有兩個原因。

第一個是他接連向諸葛亮獻了兩策，都獲得了巨大的成功（七擒孟獲和謠害司馬）。

第二個是諸葛亮在他面前的多次失態，助長了馬謖潛意識中輕看諸葛亮以自重的心理。

在馬謖看來，自己的水準已經超過了神一般的諸葛亮，那自己不是神，還會是什麼呢？

司馬懿引兵出關的消息傳來後，諸葛亮臉色大變，說道：「司馬懿出關，必取街亭，斷我咽喉之路。諸將誰可以去把守？」

馬謖見諸葛亮竟然受驚於司馬懿的出關，內心又是一陣無法抑制的鄙視。馬謖略施小計，就差點讓司馬懿丟了性命，從而對司馬懿有著一股強烈的優越感，根本不把他放在眼裡。

馬謖憑著對自己的百般自信，傲然說：「丞相，我願意去守街亭。」

諸葛亮看了馬謖一眼，覺得他雖然足智多謀，但畢竟從未有過自領一軍，獨當一面的經歷，於是說：「街亭雖小，干係重大。如果丟了街亭，我們大軍就危險了。你雖然深通謀略，但街亭此地沒有城郭，也無險阻，防守極難。」

諸葛亮的本意是關愛馬謖，對他說了大實話，意思是你用不著去幹這件吃力的髒活。但諸葛亮一貫愛用激將法。馬謖聽了，為了自己的面子，反而更加強烈地要求前去鎮守街亭。

諸葛亮對馬謖關愛至極，為了讓他知難而退，又說：「司馬懿不是等閒之輩，先鋒大將張郃也是魏國名將，智勇雙全，我真是擔心你不敵啊！」

這句話更是深深地傷害了馬謖的自尊心。這下，馬謖更是非去不可了，說：「別說是司馬懿、張郃，就是曹叡親來，我有何懼？我願意立下軍令狀，如有差失，可斬我全家！」

諸葛亮被逼到牆角了，只能依馬謖之請，派他帶領二萬五千名精兵前去鎮守街亭。諸葛亮擔心馬謖獨力難支，又特地派大將王平作為馬謖的助手，共同前往。諸葛亮精心交代王平說：「我知道你平生謹慎，所以讓你同往。你去了之後，一定要好好鎮守。安好營寨後，馬上畫好圖本給我送來。千萬不要輕敵，戒之戒之。」

諸葛亮的這番話是對王平說的，但一旁的馬謖聽了，卻是分外刺耳。諸葛亮一派王平助陣，馬謖就深深地感受到諸葛亮對自己的不信任。而這番話一說，王平就彷彿成了諸葛亮的替身，要對馬謖實施現場監督。馬謖不敢對諸葛亮發火，他的怒氣怨言隨後就都發洩到了王平身上。

馬謖氣衝衝領兵走了之後，諸葛亮左思右想，還是放不下心。於是，又把大將高翔喚來，吩咐道：「街亭東北有一座列柳城，可以屯軍紮寨，我給你一萬兵馬，你去列柳城屯紮。如果街亭危急，立即引兵救之。」

高翔領命而去後，諸葛亮還是覺得心中不安，擔心高翔不是張郃的對手。一番糾結之後，諸葛亮終於決定派出自己的王牌大將魏延前去迎戰張郃。

諸葛亮喚來魏延，對他說：「你可引本部兵馬，去街亭之後屯紮，如果魏兵前來攻打，你可引兵接應。」

魏延一聽，立刻就不願意了。馬謖雖然自視極高，但在魏延眼中，卻是未經戰陣的小菜鳥。他現在是蜀營中數一數二的大將，打頭陣的事諸葛亮不派給他，他怎麼會甘心給小菜鳥馬謖打下手呢？

魏延快言快語，表示了自己的不滿。魏延一直不為諸葛亮所喜，但諸葛亮為了街亭安穩，還是耐心說服了魏延前去支援馬謖。

魏延領兵前去後，諸葛亮總算是放下了心。他這一番忙亂，其實全是自找的。如果他果斷拒絕了馬謖，根本就用不著如此大費周章。而他為了確保馬謖能夠守住街亭，竟然讓王平、高翔、魏延為他保駕護航。這對於軍事人才本就捉襟見肘的蜀軍來說，其實是一種巨大的資源浪費。而本想一展身手的馬謖，得知諸葛亮給自己派了這麼多「貼身保鏢」後，心裡老大不願意，因著此前成功而生發的自信心也變本加厲地轉化成了逆反心理。

諸葛亮忙前忙後，卻落了一個兩頭不討好的尷尬局面。這也許是生性謹慎的諸葛亮一生中所做的最不謹慎的一件事。諸葛亮到底會為自己的這個決策付出什麼樣的代價呢？

大戰之前，發生在魏營和蜀營中軍大帳裡的派兵遣將的不同情形，其實已經清晰預示了此後的戰局走向……

> 心理感悟：擊敗人的其實不是神，而是對神的盲目崇信。

35——置之死地而後死

馬謖帶著一肚子氣來到街亭，一看地形，忍不住就大笑了起來，說：「丞相何故如此多慮？這個偏僻的地方，魏兵怎麼敢來呢？」

馬謖對諸葛亮進行言辭攻擊，是為了發洩他小看自己的不滿。但一旁的王平聽了這話，卻嚇壞了，急忙說：「參軍，雖然魏兵不敢來，但還是在這五路交合之處安營紮寨，再令軍士上山伐木，立為柵欄，這樣才萬無一失。」

諸葛亮臨行前對王平的諄諄囑託，其實是對王平暗示了馬謖的不勝任，同時也把防守街亭的很大一部分責任壓給了他。王平唯恐馬謖麻痺大意，任性胡來，急忙出言提醒。

但是，心中有氣的馬謖卻把王平的好心提醒視為指指點點。馬謖的火氣一下子就上來了，諸葛亮小看我也就罷了，你小小的一個王平也敢對我指手畫腳？

如果王平沒有急於表達自己的看法，馬謖也許自己就會做出屯兵於五路交合之處，安營紮寨的決定。畢竟馬謖熟讀兵書，又一直跟著諸葛亮，基本的軍事常識多少還是具備一點的。但是，王平這麼一說，馬謖的自尊心頓時受到了極大的刺激，逆反心理隨之強烈爆發。軍國大事隨之變成了兒戲般的面子之爭。

馬謖呵斥道：「當道豈是安營之地？這裡邊上有一座山，四面都不相連，而且樹木茂盛，實乃天賜之險。我們應該在山上屯紮，取居高臨下之勢！」

王平一聽，急忙說：「參軍差矣。如果屯兵當道，魏兵就算有十萬之眾，也不能輕易通過。如果屯兵山上，倘若魏兵將我軍團團圍住，該當如何？」

馬謖是存心和王平唱反調的，王平越是反對，馬謖就越是堅持。而對熟讀兵書的馬謖來說，要找到一條足夠權威的反駁理由，那是再容易不過了。

馬謖一陣大笑，譏諷道：「你這真是婦人之見！兵法有云：憑高視下，勢如劈竹。如果魏兵敢來，我讓他片甲不留！」

王平實戰經驗十分豐富，引經據典掉書袋卻非強項，眼見說不過馬謖，只好搬出諸葛亮來：「我經常跟著諸葛丞相臨陣，每到一處，丞相都對我精心指點。我看這個地方，是一塊絕地。如果魏兵圍住小山，截斷我們的汲水之道，我軍就不戰自亂了。」

王平的意思是，我可是諸葛亮的弟子，得過他親口傳授的。我的判斷，就等同於諸葛亮的判斷，難道還會有錯？

但是王平不知道，馬謖之所以有這麼大的氣，就是因為他獻了幾個良策後，已經把自己當成諸葛亮的老師了。王平搬出諸葛亮，非但沒有壓制住馬謖，反而更加激怒了馬謖。

馬謖怒道：「你胡說什麼？孫子說，置之死地而後生。如果魏兵敢截斷我們的汲水之道，那是自取死路。我軍豈不死戰，以一當百，魏軍誰人能擋？」言下之意是：我熟讀兵書，深通謀略，就是諸葛丞相本人，每件事都要徵求我的意見，你算是老幾，敢阻攔我的決定？

王平知道沒法說服馬謖了，再強諫下去，馬謖馬上就會拿出主將的威嚴來逼自己就範了。但是，王平卻也不敢輕易放棄立場，因為諸葛亮事先專門囑咐，如果任由馬謖胡為，導致街亭失守，自己也難逃干係。

王平想了想，說：「如果參軍一定要在山上屯駐，請分兵五千給我，我自己在山下西邊建一小寨，為掎角之勢。魏兵來了，也好有個接應。」

馬謖雖然還是老大不樂意，但轉念一想，不如讓王平和諸葛亮看看自己的能耐，於是說：「你既然不聽我的號令，那我就給你五千兵馬，等我破了魏兵，你可不要到丞相面前搶我的功勞。」

王平無奈，領了五千人馬，自去紮寨，隨即畫好了馬謖的屯紮陣圖，星夜派人去送給諸葛亮。

卻說司馬懿引軍急進，往街亭而來。司馬懿命次子司馬昭前去探路。司馬昭帶著探子趕到街亭一看，蜀軍早已安好營寨了。司馬昭回報司馬懿，司馬懿一聽，不由長歎一聲，道：「諸葛亮真是神人啊，我自愧不如。」

司馬昭哈哈一笑，說：「父親何故自墜志氣呢？照我看來，攻取街亭簡直不費吹灰之力！」

司馬懿不由一驚。近來次子司馬昭給他的印象越來越好，完全蓋過了長子司馬師。但司馬懿仍然不願意見到兒子高調而張揚，問道：「你怎麼敢這樣說話？」

司馬昭忙肅容道：「我剛才看到，道口並無寨柵，蜀兵都屯紮在旁邊的山上。如此布陣，形同虛設。因此我說可以輕鬆攻取街亭。」

司馬懿大喜，說：「如果蜀兵真的屯紮在山上，那就是天意要我成功了。」儘管如此，司馬懿還是不敢相信諸葛亮真的會這樣用兵。他心中升起的第一個念頭就是其中有詐，也許諸葛亮早已設好了埋伏，就等著自己上鉤呢。

司馬懿不敢輕舉妄動，吩咐張郃按兵不動。等到夜色四合，司馬懿換上了普通士卒的衣服，親自帶著十幾個人，向前探看。

這一夜，天青月朗，司馬懿在月色下看得分外清楚。蜀兵大軍果然屯紮在小山之上，大路朝天，空無一人。司馬懿仔細巡看一遍，依然不敢輕易做決定。

司馬懿回到自己的大寨，又派人去打聽到底是蜀軍哪一位將領引兵鎮守街亭。過了不久，一位探馬來報，說：「蜀軍的主將是馬良的弟弟馬謖。」

司馬懿懸著的心立即就放下了，呵呵一笑，說：「這不過是個庸才。諸葛亮這麼聰明，怎麼會用這麼一個無能之人呢？像這樣的人都能當主將，怎麼能不誤事呢？」

儘管如此，司馬懿還是沒有掉以輕心。他又讓張郃去附近查看是否有其他蜀軍屯紮。張郃回報說：「離山十里，還有蜀將王平安營。」

都說諸葛亮做事謹慎，司馬懿其實比他還要謹慎。在多方查探，確認無疑後，司馬懿這才下令，讓張郃引兵擋住王平，自己則親自率兵圍住小山，截斷了馬謖的汲水之道。

馬謖被圍之後，急令蜀兵下山出擊。但他預料之中的「置之死地而後生」、「以一當百」的威猛景象卻根本沒有發生。相反，那些在諸葛亮指揮下，信心百倍、英勇無敵的士卒，在他手下個個變成了縮頭烏龜，根本不敢下山與魏兵搏殺。

馬謖只知生搬硬套兵書所云，卻不知道，要想讓士卒們絕地反擊，主將必須對部屬具備絕對的控制力和威懾力。馬謖從未獨立領軍，到了街亭，他和王平的一番爭執，早就讓士卒們對他失去了信心。到了危急關頭，誰會聽這個草包將軍的指揮呢？

馬謖見號令不行，氣得拔劍砍了兩個裨將。眾軍驚懼，這才手忙腳亂衝下山去，卻被魏兵擋住去路，只得再退回山上。

馬謖只能困守於山上。到了這個時候，他心慌意亂，讀過的兵書卷帙浩繁，卻一句也想不起來了。

王平得知魏軍前來，起兵救援，卻被張郃死死擋住。而山上的馬謖，彈壓不住亂兵，不斷有人下山投降。馬謖只能冒死往下衝，司馬懿故意放開一條路，讓過馬謖，占領了街亭。

駐紮在街亭之後的魏延聞訊來救，卻被司馬懿團團圍住，幸好王平再次殺來，救出了魏延。蜀軍大敗，一起退往高翔鎮守的列柳城。

魏延、高翔、王平三人覺得丟了街亭，無顏回見諸葛亮，一番商議後，決定當晚再去劫魏營，奪回街亭。蜀軍兵分三路，前去爭奪街亭，卻又中了司馬懿的埋伏。三人死命殺出重圍，卻被曹真、郭淮攔截廝殺，當下死傷無數。

原來，曹真、郭淮屢敗於諸葛亮，唯恐司馬懿擊敗諸葛亮，立了全功，不甘在原地把守，也分兵來奪街亭。郭淮將魏延等人殺得大敗，趁勢要去奪列柳城搶功，不料司馬懿早已下手攻占了列柳城。

司馬懿審時度勢，再一次下令，讓張郃走斜谷西道，直取西城。這西城雖小，卻是蜀軍屯糧之所。如果再奪下西城，就有望收復被諸葛亮攻占的南安、天水、安定三郡。

張郃領兵出發，司馬懿緊隨其後，帶著大軍，向西城進發。

再說諸葛亮自從馬謖出發之後，一直心神不定。不久後，王平送來了馬謖屯營的圖本。諸葛亮打開一看，頓時渾身冰涼，跺足拍案道：「馬謖這個匹夫，坑害我大軍！必有長平之禍也！」

戰國時期，趙國大將趙括只知紙上談兵，盲目出戰秦兵，結果輸掉了長平之戰，導致趙國四十萬精壯士卒被秦軍坑殺。諸葛亮看了馬謖的屯紮之圖，頓時明白馬謖也是個不折不扣的趙括，只知咬文嚼字、尋章摘句，最多只能做個參謀，絕不能擔任主將之職。所以，諸葛亮才會有此一說。

諸葛亮正要派人去替換馬謖，但隨即街亭、列柳城失守的噩耗傳回。諸葛亮懊喪、後悔、憤怒等諸般心緒一起湧上心頭，卻無暇顧及。因為他知道，街亭一失，大勢已去，這一次北伐只能就此結束，如能減少損失，安全退回蜀中，已是上上之選。

諸葛亮只能立即安排善後事宜，他分派諸將，或做疑兵，或備歸路，或為斷後。然後諸葛亮自引五千軍兵，退去西城。

司馬懿和諸葛亮這兩大絕頂高手都將目光鎖定了小小的西城。這座邊界小城將會上演一幕什麼樣的鬥智博弈的劇碼呢？

> 心理感悟：人們總是在最需要理性的時候喪失理性。

36 超高智商的遊戲

街亭失守後，諸葛亮一直心神不定。在這第一次北伐中，諸葛亮已經接連犯了兩個重大錯誤。他先是派郭模主動洩露孟達來降的消息，結果弄巧成拙，誤了孟達的卿卿性命。隨後，他又誤信馬謖，導致咽喉要地以一種近乎鬧劇般的荒唐方式失守，整個北伐由此功虧一簣，不得不全線收縮，安排退路。

在此之前，諸葛亮的軍事生涯一直「用兵如神」，但這兩個重大失誤卻像鍥子一樣深深釘入了諸葛亮的自信心堡壘。雖然責任都可以推到孟達和馬謖身上，但諸葛亮卻不能原諒自己。在種種負面情緒的困擾下，諸葛亮精密運轉，嚴絲合縫的大腦竟也百密一疏，他在退到西城後，竟然沒有想到司馬懿隨後就進逼而來。他把手中僅有的五千士卒分派出一半去搬運糧草，以備後撤。

正在此時，探馬飛速來報，司馬懿領著十五萬大軍殺氣騰騰，直奔西城而來！此時，諸葛亮手中只剩下了二千五百人馬，而且除了一幫文職參謀，身邊沒有一個得力大將！眾人嚇得臉上變色。在這危急關頭，諸葛亮立即強迫自己冷靜下來，拋開一切的複雜情緒，全神貫注地思考對策。

諸葛亮隨即下令，將城內所有的旌旗藏匿起來，並讓軍士們分守街巷上各處商鋪，嚴令一切人等出入行走，也不得高聲言語。然後，諸葛亮再令大開四座城門，每一城門派二十名膽大軍士，扮作百姓，灑掃街道，即便魏兵來到，也必須灑掃自如，不得驚慌失措。

諸葛亮安排好了這一切，自己隨即披上鶴氅，頭戴華陽巾，帶著兩個小童，於城上敵樓前，憑欄而坐，焚香操琴。

諸葛亮這是打的什麼算盤？

這是一個駭人聽聞的應對策略！這是一場超高智商的遊戲！這也是諸葛亮確保全身而退的唯一選擇！絕境就像一個高超的魔術師，激發出了諸葛亮所有的智力潛能。諸葛亮已經很多年沒有冒險了。但情勢逼得他再一次使出渾身解數來設了一個不容有失的賭局。這是專為司馬懿而設的賭局。諸葛亮賭的是司馬懿能夠分毫不爽地明白自己的用意，否則諸葛亮就只能是全盤皆輸，束手就擒。

再說司馬懿前軍哨探趕到西城城下，見了這般大異尋常的情形，頓時嚇了一大跳，急忙飛馬回報司馬懿。

司馬懿聽了，不由自主地笑出了聲，他根本不相信探馬所言。在他看來，像諸葛亮這樣的絕頂高手，是絕不可能連續犯錯的。自己在街亭爭奪戰中遇到了馬謖這樣的草包，已經占了一次天大的便宜。諸葛亮痛定思痛，必會用出殺手絕招，怎麼可能再送給自己一個新的超級大禮包？

就在這一刻，司馬懿的潛意識已經先於意識做出了決不能按照常規判斷行事的決定。司馬懿立即喝止三軍，親自飛馬上前，一探究竟。

司馬懿遠遠望去，只見諸葛亮端坐於城樓之上，神色平靜，笑容可掬，旁邊香煙繚繞，琴聲悠悠。再往下一看，整座西城寂靜無聲，四門大開，幾個百姓在城門口灑掃自如，彷彿一切都沒有發生。

司馬懿越看越覺得這個平靜的場景中，透露出一種無比詭異的氛圍。諸葛亮到底是要做什麼呢？

考驗司馬懿智商的時候到了。

司馬懿在出兵之前，就已了解諸葛亮行事謹慎的性格特點。這個連子午道都不敢冒險以進的人，怎麼可能毫不設防，任由自己的大軍進逼呢？

電光火石間，司馬懿斷定諸葛亮的反常行為中必然有詐。司馬懿凝神一聽，聽出了諸葛亮所彈的是一首吳越古曲。

春秋末年，吳越爭霸，兩國的重臣伍子胥、文種功高震主，最終慘死於吳王夫差和越王勾踐的劍下。正所謂是「狡兔死，走狗烹」。（吳越爭霸事蹟，詳見「心理吳越三部曲」之《鞭楚》、《辱越》、《吞吳》。）

司馬懿不愧是與諸葛亮、曹叡鼎足而三的當世最強大腦，他一聽懂琴音，立即明白了諸葛亮的用意，當即下令後軍做前軍，前軍做後軍，撤後而退。

司馬昭大惑不解，笑著對司馬懿說：「父親，我看是諸葛亮手中無兵，在故弄玄虛。我們為什麼要退兵呢？」

司馬懿大驚，呵斥道：「你懂什麼?!諸葛亮平生謹慎，不曾弄險。現在卻大開城門，必有埋伏。我軍若進，就中他的計了。不要多言了，趕快撤退！」

司馬懿大軍一退，諸葛亮懸著的心終於放了下來，不由拊掌而笑，為司馬懿沒有「辜負」自己的期望而深感高興。

諸葛亮到底在暗示什麼？司馬懿又到底領悟了什麼？

原來，諸葛亮知道自己已無退路。手中的這點兵馬，根本不堪一戰。若想棄城而退，走不了多遠，也會為魏軍所擒。諸葛亮出山初期，頻頻弄險，卻每一次都涉險過關，大放光芒。這也成就了諸葛亮「算無遺策，戰無不勝」的美名。但是他功成名就後，卻日漸為盛名所累，患得患失，只求謹慎，很少再冒險行事了。但這一次情勢所逼，萬般無奈之下，諸葛亮只好再一次冒險行事了。

表面上看，諸葛亮是設了一個空城計，以疑兵退敵。實際上，他是「邀請」司馬懿與他合演了一幕「空城戲」。

諸葛亮用琴聲告訴司馬懿，如果你今天擒了我，蜀國必敗，但你也將走上「功高震主，兔死狗烹」的絕路。還不如放我一馬，各留退路吧。

司馬懿確實聽懂了諸葛亮的心聲。他立即就想到了一直困擾自己、從未消停的「鷹視狼顧論」！當初自己忠心為國卻被汙為造反，魏國內部政治勢力多元，元老重臣、曹魏宗族中反對自己的人不在少數。就以這一次街亭之戰而言，自己還沒怎麼立功，就已經有曹真、郭淮趕來搶功了。如果自己擒了諸葛亮，滅了蜀國，那嫉妒之波還不知道會如何翻騰肆虐呢！再看曹叡，機心深刻，雖然此刻對自己無比信任，但至尊的權力足以吞噬一切美好的情感。等到蜀國一滅，吳國必亡，恐怕自己也就成了無用的獵犬了，只能接受被烹的厄運。

司馬懿隨即想到，諸葛亮敗局已定，自己放他一馬，讓他跑路後，自己假裝誤中「空城計」，讓反對者們多一個笑柄，就可以不留痕跡地實現自汙以自保了。

在這短短的一瞬間，司馬懿的心念一貫而通，於是立即下令撤退。

再說蜀軍眾官，見諸葛亮胡亂彈了彈琴，就退了十幾萬魏軍，不禁駭然而驚，急忙追問緣由。

諸葛亮淡淡一笑，說：「司馬懿知道我平生謹慎，不願冒險。所以見了這副情形，心中必然驚疑不定，唯恐我埋伏了重兵。他擔心中我妙計，自然就退兵了。」

眾人聽了，不由驚伏在地，齊聲讚歎道：「丞相妙算，神鬼莫測！」

諸葛亮聽了這非常熟悉的頌揚之辭，表面上坦然受之，內心卻充滿了苦澀。他非常清楚，在接連犯錯後，他那戰無不勝的神話已經被司馬懿徹底擊破了。如果不是靠著這「空城計」挽回了顏面，挽救了自己的聲望危機，就只能黯然走下神壇了。

諸葛亮為司馬懿領會了自己的深意而高興，同時也為司馬懿竟然真的能洞悉自己的心機而難過。儘管司馬懿唯妙唯肖的「中計」讓諸葛亮顏面尚存，聲威猶在，但諸葛亮也已經深切地感覺到，當初那種順風順水、揮斥方遒的日子因為司馬懿的出現而一去不復返了。

這讓諸葛亮平添了許多的惆悵，但他還顧不上憂傷。他必須利用司馬懿撤退的這一點寶貴時間，趕快率領一應軍民撤退。否則，等到司馬懿捲土重來，那就真的無計可施了。

諸葛亮撤退後，司馬懿引軍再到西城，發現已經人去城空。司馬懿仰天長歎道：「我還是不如諸葛亮啊！」

司馬懿用這句話為自己的「自汙策略」成功地畫上了一個句號。在擊退了戰神諸葛亮後，司馬懿自然也成了新的戰神。但這個新戰神，卻是一個有汙點的戰神。那些心存嫉妒的人，多少會因為這個汙點的存在而緩釋自己的攻擊衝動。

而事實上，一個在打了勝仗，卻又敢於公開承認自己不如對手的人，才是一個真正自信強悍的人。這樣的一個司馬懿，才是真正成熟而可怕的。

就在司馬懿「哀歎」自己不如諸葛亮的時候，曹真、郭淮卻趁著諸葛亮後退之際，占領了南安、安定、天水三郡，並將此作為自己的大功上報。

司馬懿得知後，只是淡淡一笑，並無一句怨言。

> 心理感悟：在將所有的敵人趕盡殺絕後，自己也就成了自己最大的敵人。

37——都是嫉妒惹的禍

司馬懿力挽狂瀾，擊退戰神諸葛亮，一戰揚名，成為魏國的國家英雄，但這卻給他帶來了很大的麻煩。

一股嫉妒之潮洶湧而來。這其中最嫉妒司馬懿的就是曹氏宗族中的兩位帶頭大哥——曹休和曹真。

曹休這個人，心胸尤其狹窄。當初魏文帝曹丕托孤時，在宗族中選了他和曹真二人。但曹真的職位是中軍大將軍，而曹休是征東大將軍，位在曹真之下。曹休非常妒忌曹真，認為曹真理應位在自己之下才對。曹休之所以這麼想，與當初曹操在世時對他的稱頌大有關係。曹操對他視若己出，誇讚他是「此吾家千里駒也」，甚至讓老將曹洪聽他的指揮。這就造成了曹休的目空一切。

曹休一直很妒忌曹真，直到曹叡為了拆散輔政大臣的權力結構，將曹休的職位提到曹真之上，他才算滿意。如今，大出風頭的司馬懿自然就成了他的新的眼中釘了。

曹真曾經在關鍵時候支持過司馬懿。當初，如果不是曹真出於國家利益衡量，力勸曹叡不要輕信謠言，司馬懿早就人頭落地了。但是現在，隨著司馬懿的聲名鵲起，原本對司馬懿沒有意見的曹真也開始改變態度了。

曹休、曹真是曹氏宗族的代表人物。他們兩個人對司馬懿的不滿立即給司馬懿帶來了極大的壓力。司馬懿暗自慶幸自己「中」了諸葛亮的空城計，留下了汙點，留下了笑柄，否則真不知該如何自處了。

再說東吳的孫權趁著諸葛亮大舉北伐，也加快了自立稱帝的步伐。他暗中與下屬鄱陽太守周魴密謀，讓周魴佯稱得罪了自己而向魏國大司馬曹休詐降，以誘敵深入，一舉而殲之。

自從司馬懿揚名之後，心懷嫉妒的曹休一直在尋覓立功的機會。在這一傾向性的欲望驅動下，曹休中了周魴的誘敵之計，結果被陸遜在石亭打得慘敗，幸得賈逵相救才保住性命。

曹休又氣又急，竟然一病不起，沒過多久就撒手人寰。曹休的這一次失敗，恰從反面烘托了司馬懿的一枝獨秀，人才難得。

東吳大勝，孫權趁機自立稱帝。

諸葛亮第一次北伐失敗後，黯然撤回漢中，揮淚斬了馬謖，又自貶三級，但心中兀自憤憤不平。一個贏慣了的人，是不會輕易認輸的。失敗只會激發出他更大的欲念，為自己正名。

諸葛亮在漢中聚積糧草，操練兵馬，謀劃著二次北伐。陸遜石亭大捷，曹魏為之氣餒的消息傳來，諸葛亮再次上了出師表，討伐中原。

但是，神話被打破一次後，就很容易被打破第二次。

諸葛亮這一次出兵，心浮氣躁，竟然在陳倉被無名小卒郝昭所困。諸葛亮用盡了一切招數，急怒攻心，卻始終攻不下郝昭把守的陳倉小城。

再說曹真前一次被司馬懿搶了風頭後，心中始終不爽。他見諸葛亮被困陳倉，急忙調兵遣將，要與諸葛亮決戰。

蜀將姜維見陳倉久攻不下，也給諸葛亮獻策，避開陳倉，轉而攻擊駐屯在祁山的曹真。曹真與諸葛亮對壘而戰，姜維連出妙計，曹真不敵，損兵折將，情勢危急。

曹叡得知前線戰況，急忙問計於司馬懿。

司馬懿在與諸葛亮正面交過手後，漸漸從戰略層面上領悟到了制勝之道。從魏蜀兩國的實力對比來看，魏國遠遠強於蜀國。而處於弱勢的蜀國偏偏主動發起消耗極大的進攻。魏國只要嚴防死守，等到蜀軍的糧草、士氣消耗差不多了，不得不退的時候，再行出擊，即可獲勝。

這確實是司馬懿的真知灼見。如果和奇謀百出、用兵如神的諸葛亮拉開架勢打對攻戰，勝算是很小的。這正是諸葛亮最希望看到的速戰場面。只有避其鋒芒，牢其軍心，在穩守中等待反擊的良機，才是正途。後來，司馬懿正是將這一策略運用到了極致，才在與諸葛亮的多番艱辛對壘中笑到了最後。

面對曹叡的詢問，司馬懿毫不隱瞞，將自己的想法和盤托出，說：「切不可與諸葛亮對戰，只宜堅守，蜀兵糧盡，自然退去。等蜀兵退卻，方可出擊。」

曹叡深覺有理，立即下詔，派太常卿韓暨趕往前線，將司馬懿的意見作為命令傳達給曹真。

韓暨領命而行。司馬懿忽覺不妥，急忙趕上韓暨，一路送他出城，叮囑他說：「我把這個功勞讓給曹真。你見了他，千萬不要說這是我的意見，只說是天子的旨意，讓他小心堅守為上。等到蜀兵撤軍，派去追趕的人一定要選好，千萬不要派心急氣躁者去追，以免誤中諸葛亮的埋伏。」

司馬懿為什麼要說把功勞讓給曹真呢？

在司馬懿看來，只要曹真按照自己的戰略心得去做，就可以輕鬆擊退諸葛亮而立大功。而曹真對他的妒忌與不滿，無非也是因為戰功。曹真立功之後，也許就不會再盯著自己了。

當然，深諳人性的司馬懿也清楚，如果讓曹真知道了制勝之策直接來自司馬懿，就會覺得更加低了司馬懿一頭，從而激發出更大的不滿。因此，司馬懿特意叮囑韓暨不要說破真相。

韓暨應允而去，司馬懿這才放下心來。

曹真接了天子詔書後，與心腹部將郭淮、孫禮商議曹叡為什麼要讓自己這麼做。

郭淮聰明過人，竟然被他猜出這是司馬懿的意思。曹真一聽，臉色頓時變了。如果這確實是司馬懿的意思，那就至少意味著兩點：

第一，曹叡對司馬懿的信任遠在自己之上。

第二，曹叡認為司馬懿的能力遠在自己之上。

這兩點都是曹真不能容忍的。曹真的逆反心理立即被激發了出來，他絕不想按照司馬懿為自己設定的框架行事。於是，曹真繼續問道：「這個意見到底怎麼樣？」

郭淮的智商是挺高的，但情商顯然很一般，他沒有注意到曹真的臉色變化，據實而言：「這是對諸葛亮有著深刻了解才能提出來的真知灼見！我看日後能夠大破蜀兵的，一定是司馬仲達了！」

曹真的臉頓時拉長了，心中十分不豫。要不是郭淮是他的嫡系親信，早就一腳把他踢出帳外了。

曹真心有不甘，但天子下詔又不敢違抗，於是語氣不善地問道：「如果我們堅守，蜀兵卻又不退，那又該當何論呢？」

郭淮依然沉浸在對司馬懿的戰略構想的欣賞之中，沒有覺察到曹真的情緒波動，回應說：「都督可以派王雙領兵在小路上巡哨，蜀軍自然不敢運糧了。一個月後，蜀兵糧盡，只能撤退了。我們再發起追擊，怎麼會不取勝呢？」

曹真見郭淮簡直成了司馬懿的代言人，神情更加不豫。

孫禮察言觀色的水準比郭淮強多了，他明白了曹真的心思，立即獻策道：「都督，我可以引兵去祁山，假裝是運糧之兵，誘引蜀軍前來劫糧。我卻在車上裝滿乾柴茅草，硫黃焰硝。蜀軍無糧，必然來搶。

等到他們一來，我就放火燒車，將軍在外面再伏好兵馬，如何不勝？」

曹真聽了大喜。孫禮的建議跳出了司馬懿的框架，且又同樣能夠取勝，曹真何樂而不為呢？而且，打仗最終是看結果的。只要取勝了，用一句「將在外而君令有所不受」就可以抵消抗旨不遵之罪。

曹真立即下令，置司馬懿的意見於不顧，完全按照孫禮的想法執行。

但是，曹真哪裡知道，諸葛亮就是個用火的大行家。「新官上任三把火」這句俗語就是從他身上來的。他出山之後，接連放了三把火，燒敗了曹軍，燒出了名氣。孫禮的小小伎倆立即被諸葛亮識破了。諸葛亮將計就計，順勢做好了反制性的部署，將孫禮擊得大敗，魏軍死傷無數，狼狽逃回曹真的大寨。

曹真又氣又急，一連數日，閉門不出，心情十分鬱悶。忽有探馬來報，原來是大將張郃奉曹叡旨意前來支援。

曹真與張郃相見，悻悻然地問道：「你來之前，司馬仲達可曾有什麼話說？」曹真是擔心司馬懿會因為自己不聽他的意見招致慘敗而取笑於他，這真是無知之見。曹真根本沒有領悟司馬懿此前言行所釋放出來的信號。司馬懿此時為了自保而煞費苦心，就算心裡想取笑也不敢宣之於外。

張郃說：「仲達曾經對我說，如果魏軍取勝，蜀兵必不肯退。如果魏兵敗績，蜀兵必去。我在路上已經聽說了孫禮將軍兵敗，都督可曾派人去探察蜀軍動靜？」

曹真赧然道：「新敗以來，未曾敢再出兵。」雖然如此，曹真對於司馬懿的判斷還是持懷疑態度。他下令派人去探看，結果發現蜀營已成了一個空營，只插著數十面旌旗，蜀兵早已撤走好幾天了。

司馬懿的判斷又一次神奇命中！這是為什麼呢？

原來司馬懿料定諸葛亮受阻於陳倉後，士氣大受影響，再加上軍糧不繼，已經很難大舉進攻了。但是，諸葛亮第一次北伐以失敗告終，勉強靠著空城計挽回了一點顏面。如果第二次北伐再以失敗告終，諸葛亮在神壇上的地位就搖搖欲墜了。所以，諸葛亮必然不甘心無果而退。如果曹真按照自己的意見堅守不出，諸葛亮就會陷入進退兩難的絕境。而這就是曹真立大功的好機會，甚至可以取得比司馬懿前一次還要輝煌的戰果。司馬懿也想到了曹真立功心切，不願堅守的可能性。那麼，只要曹真一主動出擊，必然落入諸葛亮的算計之中。而諸葛亮只要有一場勝利來維持聲威，保住顏面，也就可以無憂而退了。

這就是「如果魏軍取勝，蜀兵必不肯退。如果魏兵敗績，蜀兵必去」背後的奧祕。

曹真卻哪裡能夠窺破呢？他只是覺得司馬懿料事如神，與諸葛亮相比已經不遑多讓。這樣的結果只能讓曹真更加懊喪。

曹真心情鬱結，無可解脫，竟然生起病來，只好把防守重任交給郭淮、孫禮、張郃等人，自回洛陽養病去了。

> 心理感悟：更準確地說，紅眼病其實是盲眼病。

38 —— 出人意料的慷慨

諸葛亮接連兩次北伐受挫，很不甘心，於是又謀劃第三次北伐。這一次，諸葛亮決定不再孤軍奮戰，而是要借助東吳的力量來牽制曹魏。

諸葛亮與孫權商定，合力攻魏，功成之後，雙方平分天下。孫權大喜，決定派名將陸遜出師。陸遜對孫權說：「諸葛亮懼怕司馬懿，所以才會這樣做。不過我們與蜀漢既然是同盟，出兵也是應該的。」

陸遜話是這麼說，算盤卻不是這麼打的。他下令操練兵馬，把聲勢搞得很大，卻按兵不動，只等諸葛亮把魏國打急眼的時候，再乘虛而入，直取中原。

諸葛亮的本意是讓東吳吸引司馬懿的防守力量，讓司馬懿無暇他顧，自己才好再出祁山。但蜀吳兩家，各有各的利益，各有各的算計，很難形成真正的合力。

諸葛亮隨後接到細作的報告，說陳倉守將郝昭病危。諸葛亮大喜，立即出兵，郝昭受驚嚇後猝然而死。諸葛亮隨即攻下了陳倉這個曾讓他顏面盡失的傷心之地。

陸遜得知諸葛亮初戰告捷，也開始在邊界大肆鼓噪，擺出一副即將大舉進攻的架勢。

曹叡得知兩路危急，而大都督曹真病情未癒，只好找司馬懿商議如何迎敵。

司馬懿冷靜地給出了自己的判斷：「陛下，我認為東吳不會真的出兵，這一路無須多慮。而諸葛亮急於報劉備之恩，實現自己自比管仲、樂毅的抱負，再加上接連兩次受挫，這一次必然來勢更加凶猛，必須小心應對。」

這時的曹叡與剛剛繼位時已經很不一樣了。他日漸沉溺於酒色之中，那股睿智之氣自然漸漸淡了下去。曹叡懶得自己動腦筋，直接問司馬懿為什麼斷定東吳不會真的出兵。

司馬懿說：「孫權剛剛稱帝，民心不安，怎麼敢輕舉妄動呢？」

曹叡深覺有理，也放下了心。既然只有諸葛亮一路為害，那就派他最忌諱的司馬懿去對付就可以了。

曹叡此前一直派曹真防禦蜀漢的進攻。但此刻曹真病體未癒，曹叡決定讓司馬懿取代曹真，擔任大都督，總攝隴西諸路軍馬。

曹叡下令讓近侍去曹真府上將曹真的都督大印取來。司馬懿卻說：「陛下，請讓我自己去取吧。」

司馬懿的這個舉動是極為反常的。

誰都知道，每個人都不願意自己曾經擁有的東西被他人剝奪，這就是稟賦效應。而那個剝奪者或受益者也會因此成為被剝奪者的痛恨對象。

曹叡下令「剝奪」曹真的都督之位，受益者正是司馬懿。要是換成其他人，偷樂著受益就可以了，絕不肯自己當面去向曹真宣布此事，充當剝奪者的角色。

司馬懿為什麼要這麼做呢？他一直因曹真對他的嫉妒而謹慎行事，難道不怕這會激起曹真更強烈的反應而對他恨之入骨嗎？

恰恰相反，司馬懿正是為了避免曹真對自己的嫉妒急劇惡化才決定親自上門取印的。司馬懿早就看到，如果是他人去取印，曹真問明情況後一定會對司馬懿咬牙切齒，徹骨仇恨的。與其這樣，倒不如自己親自出馬，相機行事，盡可能化解曹真的不滿。

曹叡一愣，隨即明白了自己的疏忽，也明白了司馬懿的心意，不由對司馬懿洞悉人性的做法暗生敬意。

司馬懿來到曹真府上，先是噓寒問暖，詳細問了曹真的病情。司馬懿確認他近期內無法痊癒後，心中有了底，說：「現在東吳、西蜀聯合，兩路入寇，諸葛亮已經攻克陳倉，再出祁山，明公您可曾知道？」

司馬懿的用意就是用恐懼策略來威嚇病人曹真。曹真身為大都督，肩負著保家衛國的重任。如果曹真因為病情嚴重而無力承擔，自會產生愧疚心理。在這樣的情形下，再提出取印的要求就不再是乘人之危，而是幫人擔責了。

曹真大驚道：「我府上的人知道我的病情嚴重，什麼也沒告訴我啊！在這國家危難時刻，陛下為什麼不拜仲達您為都督，前去擊退蜀兵呢？」

司馬懿沒有料到，曹真這麼不經嚇，自己後面一大堆鋪墊的話還沒說出口，他就已經主動提出讓自己來擔任都督之職了。

司馬懿反應很快，連忙跟上一句，說：「我才薄智淺，實在擔當不起都督重責！」這句話其實是十足的糊弄人的鬼話，明明曹叡讓司馬懿擔任都督的詔書都已經下了，司馬懿卻還在這裡假痴不癲。但有時候謊言的效果往往比真話要好得多。如果司馬懿此時此刻講真話，必然會激怒曹真。

司馬懿這麼一謙讓，曹真心裡十分舒坦，馬上說：「取我的都督大印來，交給仲達。」

司馬懿心中大喜，卻連忙說：「都督不可！我願助您一臂之力，卻不敢領受此印！」說完，再三推辭，堅決不肯接受。

曹真見狀，竟從病榻上起身，說：「如果仲達不領此印，國家就危險了！我要抱病去見陛下，勸他趕快下詔，任用仲達為大都督！」

這一幕劇情的逆轉實在太出人意料了。明明司馬懿就是來取都督大印的，卻演變成曹真強要授印，而司馬懿堅持不受的局面。

司馬懿見曹真說要去面見皇帝，知道這幕戲該儘快收場了，否則就穿幫了。司馬懿這才說了實話：「天子已經下旨了，只是我實在不敢領受。」

曹真喜上眉梢，說：「這就對了嘛。仲達，你趕快領受此印吧！」

司馬懿不再推辭，就此領了都督大印，告辭而去。回去的路上，司馬懿對曹真這突如其來的慷慨大方深感訝異，絞盡腦汁也還是百思不得其解，最後只好歸結為幸運所致。

司馬懿解不開的這道人性難題，只能讓我們來幫著解開了。

實際上，曹真的反常行為是一種祈福性慷慨。這種心理源自「公平世界假設」。人們傾向於認為我們生活的世界是公平的，每個人都會得到他應得的東西。一個人獲得了成功，肯定是因為他做對了什麼。而當不幸降臨到一個人頭上時，肯定也是受害者的咎由自取。

在「公平世界假設」的驅動下，人們相信「善有善報，惡有惡報」，並且希望透過自己的善行，以善求善。也就是說，個體希望以自己的各種形式的慷慨付出來換得平安、健康、幸福等回報。

心理學家曾經在一家大型醫院的心臟外科病房裡做了一個實驗。一名護士向病人詢問是否願意把手錶借給一個他們素不相識的病友。

護士一共詢問了三類病人。第一類病人的病情尚未確診，有可能需要手術。但病人尚未與醫生見面，並不能確定自己是否要手術。第二類病人則是知道自己即將上手術台的。第三類病人已經動過手術，並且知道自己即將康復出院。

結果發現，第一類病人表現得最為慷慨，而第三類病人則最為小氣。這是因為，當第一類病人處於對未知命運的極大恐慌這一情景中時，特別希望透過自己的慷慨善行來換得好報。

曹真就像上述實驗中的第一類病人一樣。他病體沉重，卻又貪生怕死，希望能夠得到上天的眷顧而儘快恢復。他擔心自己是此前做了什麼不義之事而導致上天對他實施懲罰。他迫切希望上天能夠給他行善積德的機會，以贖罪獲救，再得重生。

司馬懿上門取印，正好給了曹真一個「難得」的機會。曹真牢牢抓住這個機會不放，這才會有上述出人意料的慷慨行為。

司馬懿莫名其妙被天下掉下來的餡餅砸中，順利取走了都督大印。司馬懿隨即立即啟程，從洛陽趕往更靠近前線的長安。

這是司馬懿第一次以大都督的身分，總攝隴西軍事。曹真的舊部郭淮、孫禮等人均歸他節制。

司馬懿率領張郃、戴陵等將，引十萬大軍來到祁山安營紮寨。郭淮、孫禮入寨參見。司馬懿詢問軍情：「你二人與蜀兵有沒有交鋒？」

郭孫二人回答說：「沒有。」

司馬懿微一沉吟，說：「蜀兵千里而來，利在速戰。現在卻不主動挑戰，其中必有陰謀。」

郭淮一向佩服司馬懿，聽了他這個判斷，更是心服口服。

司馬懿又問道：「隴西諸路可有訊息？」

郭淮道：「細作來報，各郡均用心提防，唯有武都、陰平二城沒有消息報來。」

司馬懿說：「諸葛亮一定是在打這兩地的主意。明天我就出陣與諸葛亮交鋒。你二人各領本部軍馬，急從小路去救武都、陰平，抄蜀軍的後路。」

二人領命而去。路上兩人就議論起司馬懿和諸葛亮來。

郭淮問：「你覺得仲達和孔明誰更厲害？」

孫禮說：「孔明當然比仲達厲害多了。」孫禮上一次吃過諸葛亮的大苦頭，至今記憶猶新。他說諸葛亮厲害，潛意識裡其實也是在為自己的失敗辯護。

郭淮卻著意維護司馬懿，說：「仲達雖然不比孔明厲害，但我看他讓我們抄蜀兵後路這一計，也是有過人之處的。」

兩人正行之間，忽有探馬來報，說武都、陰平已經被蜀將姜維、王平攻破了。郭淮、孫禮不由面面相覷，剛才那個關於「諸葛亮和司馬懿誰厲害」的爭論已經不辯自明。

正在此時，諸葛亮的伏兵大起，將郭淮、孫禮打得大敗。郭淮、孫禮拼死逃出，來見司馬懿，部下兵馬死傷不計其數。

司馬懿說：「諸葛亮智在我先，這也怪不得你們。你們先去把守雍、郿二城，我自有主張。」

自從空城計後，司馬懿一直將「諸葛亮真神人也」和「諸葛亮智在我先」這兩句話掛在嘴邊，以期藉由自貶來消除內部的嫉妒，保得自身平安。但凡事有利必有弊。謙虛也不一定全是好事。曾經擔任過以色列總理的果爾達·梅厄說得好：「別這麼謙虛，你還沒有優秀到可以謙虛的地步。」

司馬懿承認自己不如諸葛亮，在很大程度上打擊了部屬對他的信心。郭淮和孫禮再次敗於諸葛亮後，又聽司馬懿這麼說，也就真的以為司馬懿不如諸葛亮了。這對初掌隴西軍事大權，威信尚未完全樹立起來的司馬懿來說，並不是一件好事。

心理感悟：不要天真地以為慷慨只是對他人好。事實上，幾乎所有的慷慨都是自利的。

39——不夠堅定的教訓

郭淮、孫禮領命去後，司馬懿喚來張郃、戴陵吩咐道：「諸葛亮得了武都、陰平，一定會離開軍營，到這兩個地方去安撫百姓。我們趁他不在，你們兩人可各領一萬精兵，今夜繞到蜀營背後，我親自在蜀營陣前，兩面夾擊，蜀兵必亂，我們就勢奪了他們的營寨，諸葛亮失了地利，不能安穩，怎麼還能持久呢？」

張郃、戴陵依言而行，但司馬懿的這一番算計卻被諸葛亮料中，在半路上設伏兵將張、戴二將團團圍住。張郃奮勇廝殺，好不容易才殺出重圍。

司馬懿引兵布陣，只等著蜀兵亂了陣腳後，就發起攻擊。不料張郃、戴陵卻大敗而歸。司馬懿大驚，又說了一句：「諸葛亮真神人也！」立即傳令退兵，盡回本寨，堅守不出。

司馬懿最初在曹叡問策時就想好了「固守不攻，伺機而戰」這一對付諸葛亮的基本方針。但曹真出於妒忌而不聽，結果慘敗。現在輪到他自己當大都督了，卻忘了自己定下的基本方針，急於攻擊取勝，結果重蹈了曹真的覆轍。

看來，權力的「終極任務」就是改變人，它不但會增強人的欲望，也會增強人的攻擊性。司馬懿吃了苦頭後，才決定要重回老路，堅定不移地執行「堅守不出」的策略。

諸葛亮利在速戰，大勝之後，不斷搦戰，但司馬懿一連半月均置之不理。

諸葛亮沉思良久，想出了一個引蛇出洞的妙招。當下，他下令諸將拔寨而起，向漢中撤退。

探馬報知司馬懿後，司馬懿立即覺得其中有詐，依然下令堅守不出。老將張郃仔細哨探後，判定諸葛亮是真的撤兵了，急忙去找司馬懿，說：「諸葛亮必然是糧盡兵危，不得不退。都督為何不追擊呢？」

司馬懿說：「諸葛亮上一年糧食大豐收，軍糧雖然轉運艱難，但至少可以支撐半年，現在才不過一兩個月，應該還沒有到糧盡的地步。他這次出兵，只攻取了武都、陰平兩座小城，肯定不滿足，所以他必不甘心撤軍。這應該是他見我們連日不戰後，想出來的誘引之計。我們不能上當，你每天派人遠遠觀察哨探就可以了。」

張郃覺得司馬懿的分析切中肯綮，於是領命而去。

第二天，軍士來報，說蜀軍退後了三十里安營紮寨。司馬懿喜道：「果然不出我所料，諸葛亮絕不會就此退軍的。我們還是堅守營寨，不為所動！」

隨即，戰場上出現了一種奇怪的局面。魏蜀兩軍玩起了「靜默遊戲」，你不動，我也不動；你不戰，我也不戰。

戰場上的靜悄悄一連持續了十餘天時間。魏軍探馬突然發現蜀軍又向後撤退了三十里，然後又是安營紮寨，穩居不動。

司馬懿聞報後，內心起疑，卻又不肯相信。於是，他更換了衣服，打扮成普通士卒的模樣，親自前去探看。

雖然眼見為實，但司馬懿還是相信自己最初的判斷，對張郃說：「這一定是諸葛亮的計謀。我們還是堅守不出！」

這裡的戰場依然靜悄悄。

過了十餘天，探馬來報，說蜀軍再次後退了三十里安營紮寨，然後按兵不動。

諸葛亮的「三連退」徹底擊潰了張郃的耐心底線。他覺得，這無論如何不可能是諸葛亮的誘敵之計，而是他極其巧妙的、穩紮穩打的撤軍之計。

張郃會集諸將，急匆匆地來見司馬懿，語氣堅定地說：「諸葛亮用的必是緩兵之計！都督不要再懷疑了，還是趕快出兵追擊吧！如果再不進兵，讓諸葛亮不費一兵一卒，就安然撤回漢中，我們就要被天下人恥笑了！」

司馬懿雖然也是滿腹狐疑，覺得自己可能是上了諸葛亮的當了，卻還是想堅持自己的想法。

當人們錯過了一個具有吸引力的機會後，往往會對隨後出現的類似機會置之不理。即便後來出現的機會比之前的更具吸引力，也是如此。這就是不作為慣性。況且，司馬懿此前曾經暗下決心，一定要堅持「堅守不出」的策略的。在這兩個因素的共同作用下，司馬懿還是想維持原狀，繼續觀察蜀軍動態。

但張郃和諸位將領不堪忍受被諸葛亮玩弄於股掌之上，更不想眼睜睜地坐失良機，紛紛鼓噪請戰。張郃代表諸將請願說：「我願意引兵前去，和諸葛亮決一死戰！」

司馬懿阻止道：「諸葛亮詭計多端，倘若有失，喪我軍銳氣，決不可輕進。」

張郃毅然決然道：「我要是敗了，願意軍法從事！」這句豪言壯語一出，其他血性大將也紛紛表態，要與諸葛亮拼死一戰。

群情激憤，司馬懿頓時感到了一股前所未有的壓力。

社會心理學家所羅門·阿希是研究人們如何受周圍人影響的先驅。他曾經設計了一個經典的「線段實驗」，巧妙探明了集體壓力是如何迫使一個人放棄自己的正確意見而選擇從眾，隨大流的。

在實驗中，人們要估計線段的長度。實驗人員向八人一組的被試展示了四條線。其中三條平放在同一塊紙板上，長度從零點五英寸到一點七五英寸不等，還有一條平放在另外一塊紙板上。這條線和另外那三條線中的一條長度相等。被試需要做出的判斷是到底是和哪一條等長。

實際上，這八名被試中只有一名是真正對實驗毫無所知的被試，而另外七人都是實驗人員的同謀者。儘管線段長短的比較是顯而易見的，但這七個事先串通好的同謀卻故意給出了錯誤的答案。

結果十分驚人，在百分之七十的情況下，那個真正的被試放棄了自己的正確選擇，而屈從於集體做出的明顯錯誤的選擇。

這足以說明，在集體壓力下，人們很容易放棄自己的獨立性，出現從眾行為。

司馬懿這一刻體驗到的正是強大的集體壓力。雖然他是一軍主帥，但因著他迫不得已的謙虛，他的威信並未達到堅硬如鐵的程度。所以他的下屬們敢於挑戰他的權威，提出與他不同的意見，並在這個特定的情境下，形成了強大的集體壓力。

司馬懿輕歎一聲，說：「既然眾將都要與諸葛亮決戰，那就兵分兩路吧。張郃領一支向前死戰，我在後面接應，以防伏兵。這叫做首尾呼應之計。」

張郃大喜，當下與戴陵引副將數十人、精兵三萬，向前進發。

張郃這一進擊，可就中了諸葛亮的大計了。諸葛亮一步一步誘敵深入，終於在「耐心大比拼」中笑到了最後。

諸葛亮見魏軍中計來追，立即精心安排，設好了圈套等著張郃來鑽。

張郃、戴陵領著大軍，把憋了一個多月的悶氣全都發洩出來，勢如狂風暴雨，殺向蜀軍，卻不料落入了諸葛亮的包圍圈。蜀軍將張郃團團圍住廝殺，在後接應的司馬懿見勢不妙，急忙揮軍上前救援。

蜀將姜維、廖化卻早得諸葛亮妙計，轉而去攻司馬懿的大寨。司馬懿大驚，急忙下令撤退。蜀軍隨後掩殺，魏軍死傷不計其數。

司馬懿好不容易收拾殘軍，退入大寨。蜀兵大勝後，歡欣而退。

這是司馬懿領軍作戰以來輸得最慘烈的一次。饒是司馬懿性格深沉，也忍不住勃然大怒了。他召集諸將，一陣破口大罵：「你們不懂兵法，只憑血氣之勇，強要出戰，結果導致了這麼大一場失敗！今後切切不可輕舉妄動，再有違令不遵者，定當軍法從事！」

司馬懿的這一頓斥罵，正是自利性偏見的鮮明體現。人們在對外部事物進行判斷時，往往將成功的原因歸功於自己，將失敗的責任推諉給他人。司馬懿原本是個堅忍自律的人，平時很少表現出這種自利性偏見。而這一次失敗，實在是太慘烈了，擊穿了司馬懿的心理防線而終於讓他大為失態。

事實上，這一次貿然進擊，雖然是因諸將請願而引發的，但從根本上來說，還是司馬懿自己定力不夠，未能堅定不移地執行自己定下的「固守不攻，伺機而戰」的策略所致。

當然，失敗也不全是壞事。這一次血的教訓，有效地強化了司馬懿堅守本心的意念，從而更能克服此後還將出現的強大的集體壓力。而且，好在司馬懿事先確實多次重中堅守不戰，他在自利性偏見的驅動下的這一頓雷霆之怒，將失敗責任盡數推給部下諸將，也不是全無道理的。諸將個個心懷愧疚之時，也正是他樹立自己威信的大好時機。

心理感悟：耐心是一種最普通也最難得的成功原料。

40 賭注裡的大祕密

司馬懿再次堅守不出，諸葛亮再次無計可施。

但老天爺開始幫司馬懿的忙了。諸葛亮殫精竭慮，操勞過度，竟然口吐鮮血，在軍營中病倒了。諸葛亮臥床不起，蜀軍諸將群龍無首，不知所措。諸葛亮吩咐部屬不得洩露自己的病情，然後趁著夜色，當晚拔寨而走，撤回漢中去了。

蜀軍走了五天，司馬懿才得知訊息。這自然還是上次諸葛亮「三連退」的後遺症。魏營的探馬以為這依然是諸葛亮的詭計，因此「堅決」不為所動，又因為擔心會被上司訓斥而沒敢及時上報。

司馬懿不知道諸葛亮退兵的真實原因，還以為諸葛亮在「三連退」後再施一計，虛虛實實，虛可轉實，實中有虛，神鬼莫測，忍不住長歎一聲：「孔明真有神出鬼沒之計也。我還是比不上他啊！」

世事奇妙，這邊廂諸葛亮得了重病，那邊廂曹真的病卻漸漸好了。這對司馬懿的前景自然是有影響的。

曹真病重之時，不知生死，分外慷慨。此後，他病情好轉，就以為自己的慷慨善舉已經得到上天的認可了。等到身體基本恢復了，曹真的心思就不一樣了。他又惦記上被司馬懿取走的那塊都督大印了。

曹真立即謀劃著復出，把都督大印拿回來。司馬懿的這一次慘敗正好給了他一個藉口。曹真去見曹叡，說：「蜀兵數次侵犯中原，如不剿除，必為後患。我願意和司馬仲達同領大軍，殺入漢中，剿滅亂賊。」

曹叡見曹真主動請命，當即同意。曹真這一招玩得很高。無論是官職，還是與皇帝的親疏程度，曹真都勝過司馬懿。兩人同領大軍，自然是以曹真為尊。這樣，征西大都督的大印就重新歸曹真所有了。司馬懿在都督的寶座上沒坐多久，就又成了曹真的副手。稟賦效應同樣也會對司馬懿產生影響。司馬懿心中不快，一時卻也無可奈何。

曹真和司馬懿的這一次主動進攻，卻很不順利。大軍到了陳倉後，大雨一連下了三十多天，行動不得。曹真心生退意，曹叡聞報，下詔撤軍。司馬懿擔心諸葛亮追擊，設下了兩路伏兵斷後。

諸葛亮此時已經康復，重又恢復昔日神采。他料敵機先，知道司馬懿會有所防範，於是縱放不追，卻又別出心裁，分兵兩路，徑出斜谷和箕谷，直取祁山會合。

魏軍撤軍後，司馬懿伏下的兩路兵馬，一直沒有等到追擊而來的蜀兵。

曹真認為：「現在秋雨連綿，棧道斷絕，諸葛亮必不知道我軍已退，因此不追。」

司馬懿對諸葛亮的虛虛實實、虛實轉換卻更有心得。他覺得如果蜀兵來追，倒是好事，否則必有他謀。再考慮到諸葛亮每次出兵，都是以出祁山、直取長安為戰略目標的，於是大膽預測蜀兵必定是去取祁山了。

諸葛亮和司馬懿這兩個絕頂高手之間的智力博弈，實在不是曹真這種智商平庸的人所能理解的。司馬懿說了之後，曹真自然不信。

司馬懿和諸葛亮交手良久，細心揣摩後，對諸葛亮的思維模式已經有所了解。他見曹真無知者無畏，大言不慚，自以為是，不由十分厭惡。司馬懿又想起曹真復出後，再次壓了自己一頭，頓時湧起了報復、捉弄曹真的念頭。

司馬懿說：「子丹，你不相信我的判斷？我料定諸葛亮必從斜谷和箕谷出兵，去取祁山。你要是不信，不如我們兩人打一個賭。你我二人各守一個谷口，以十日為期，如果蜀兵不來，我願意面塗紅粉，身穿女衣，到你大營中請罪！」

曹真本不是個寬宏大度的人，一看司馬懿主動邀賭，而且賭注十分作踐，擺明了他是必勝無疑，頓時氣往上湧，怒聲道：「好！我就和你賭了。蜀兵要是來了，我願意將天子賞賜給我的一條玉帶和一匹御馬輸給你！」

賭注往往代表著一個人內心最為看重的東西，也是觀察一個人價值觀的重要信號。從司馬懿和曹真所下的不同賭注來看，司馬懿更為重視名譽、面子等精神性資產，而曹真則更重視奇珍異寶等物質性資產。

同時，司馬懿的賭注還暴露了他內心的一個祕密。這個祕密就是他的另一個內隱偏見。每個人都有深藏於潛意識中的某一種情感認知或反應。這就是內隱態度。而內隱偏見則是指某一個人對某一類群體或事物所持有的一種負向、消極的內隱態度。

那麼，司馬懿的內隱偏見到底是什麼呢？

司馬懿以面塗紅粉、身穿女衣作為賭輸後對自己的懲罰，說明他深深以此為恥。也就是說，司馬懿是很看不起女人的。在他所處的年代，男尊女卑的思想非常頑固，屬於主流的價值觀。曹真也是有這種內隱偏見的。所以，司馬懿以此為賭注，才會大大刺激曹真，讓他毫不猶豫地參賭。

當下，兩人兵分兩路，曹真引兵屯於祁山之西的斜谷口，司馬懿另引一軍，屯於祁山之東的箕谷口。

司馬懿安好營寨後，先在山谷中伏下一支兵馬，再讓其他兵馬在側旁要害路口屯紮。這時，秋雨依舊綿延不息，魏營將士多有怨言。司馬懿為防諸葛亮來襲，不敢大意，親自到各個營寨巡察。

司馬懿來到一個營寨，正好聽到一員偏將仰天抱怨道：「大雨下了這許多時候，偏不回去，卻又駐紮在這裡，搞什麼賭賽，豈不是苦了軍兵？」

司馬懿聽了，先是一驚，隨即心生惱怒。他驚的是，如果部屬人人都是這樣的心態，無心作戰，等到蜀兵一至，必敗無疑。他惱的是，自己的威信依然不足以讓部屬個個凜遵，不敢有違。

司馬懿當下回營，召集諸將，將那個公開抱怨的偏將揪了出來，呵斥道：「國家養兵千日，用在一時。你怎麼敢口出怨言，怠慢軍心？再說了，我也不是為了賭賽而讓大軍屯紮在此的，只不過是想戰勝蜀兵，讓你們人人立功而歸。你胡言亂語，自取其罪，給我推出去砍了！」

自從與諸葛亮交手以來，司馬懿表現出來的一直是他的堅忍特質。但是，當他覺察到自己的權威不足時，他的殘忍特質也不由自主地湧冒出來。這個偏將就此成為他嚴肅軍紀的祭刀之鬼。

偏將人頭落地，諸將悚然驚服，再無一人敢口出怨言。司馬懿再次強調，要諸將枕戈待旦，嚴防蜀軍。

這邊廂司馬懿高度警惕，小心提防，那邊廂曹真卻根本不信蜀軍會來，軍備鬆弛，士氣低落。

再說諸葛亮派魏延、張嶷、陳式、杜瓊四將，率兩萬兵馬，往箕谷進發。此時諸葛亮接連受挫，在內部的威信已經大大下降。魏延等人正行之間，諸葛亮突然派鄧芝傳令，讓他們提防魏兵埋伏，不可輕進。大將陳式立即就不高興了，說：「丞相何故如此多疑？我們正當加速前進，殲滅魏軍才對。」一直不受諸葛亮待見的魏延早就心懷不滿了，見狀立即幫腔陳式。鄧芝氣得無語而退。

魏延、陳式兩人，相互壯膽，決定不聽諸葛亮號令，直接殺向箕谷谷口。這一去，立即中了司馬懿的埋伏。魏延、陳式大敗而歸。

諸葛亮又派王平、馬忠、張翼等將兵出斜谷，直殺得毫無防備的曹真鬼哭狼嚎，大敗虧輸。幸好司馬懿及時趕到，才殺退蜀軍，救了曹真一命。

司馬懿是怎麼來的呢？

原來，諸葛亮命人扮作魏兵去詐司馬懿說，曹真處並無一個蜀兵。但司馬懿對於諸葛亮虛虛實實的套路早有防範，正話當作反話聽，反話當作正話聽，於是判定曹真必遭諸葛亮大軍襲擊，因此急忙前去救援。

曹真聽了司馬懿的解釋，心中冰冷，彷若死灰。這一戰的失敗，終於讓他明白了天外有天，人外有人。諸葛亮和司馬懿的智謀確實遠在自己之上，自己這輩子無論怎麼奮發努力，都趕不上他們的皮毛。

司馬懿卻又擺出了一副高姿態，對曹真說：「子丹，你雖然中計，但切莫再提賭賽之事。我們還是同心報國為重。」

曹真並不是輸不起玉帶與御馬。司馬懿這句話挺陰狠的，連輸都不讓曹真輸，更顯示出自己高人一頭的優越感。

曹真聽了，又氣又急，竟然舊病復發，再一次臥床不起。

> 心理感悟：每一個賭注的背後，站著的都是價值觀。

41 把漏洞「發揚光大」

諸葛亮探知曹真病重，於是痛下殺手，寫了一封詞鋒尖刻的信給曹真，極盡諷刺挖苦之能事。心胸狹窄且又病體虛弱的曹真，看了諸葛亮的這封信，羞憤交迸，恨氣填胸，一口氣上不來，竟然被活活氣死了。

這對諸葛亮來說，當然是個好消息。但是，凡事有利必有弊。曹真能力不足，卻占據上位，對司馬懿有掣肘作用。曹休已死，曹真再一死，整個魏國的軍政大權就全部落入了司馬懿的手中。司馬懿從此獲得了自主應對諸葛亮的權力。諸葛亮在剷除了一個重要對手的同時，其實也給自己製造出了一個更加棘手的對手。

曹真死後，司馬懿立即用兵車將他的遺體運回洛陽。曹叡大怒，本來他已下詔讓魏軍班師回朝，現在卻嚴令催促司馬懿出戰，為曹真復仇。

兩軍遂在岐山之側的平原上拉開對戰架勢。雙方主帥出陣，開始了面對面的較量。

雖然此前司馬懿和諸葛亮兩人已經多次交手，互有勝負，但這卻是兩個人的第一次親密接觸。

孔子說「五十而知天命」。這一年，司馬懿五十二歲，諸葛亮五十歲，這兩個棋逢對手的絕頂高人，都已經到了知天命的年齡了。但是，他們倆對於天命的認知卻截然不同。

司馬懿率先開口，說：「我大魏之主，順應天命，法堯禪舜，坐鎮中原，寬容你蜀吳兩國，實因吾主寬慈仁厚，不忍傷害百姓。你不過是南陽一介耕夫，不識天數，理應殲滅。如你能省心改過，早日退回，各守疆界，尚能保全性命。如其不然，身死名裂，悔之晚矣。」

司馬懿這是在強調天命在魏，自己這一方是正義之師。但諸葛亮的口才絕世無雙，怎麼會讓司馬懿占了道義上的便宜？

諸葛亮微微一笑，輕輕鬆鬆就抓住了司馬懿的一個弱點，展開反擊，說：「我受先帝托孤之重，怎麼能不盡心竭力討伐漢賊呢？曹氏不久必將為漢所滅。你的父祖都是大漢之臣，世食漢祿，卻不思報效，反而助紂為虐，幫曹氏篡奪漢室江山，難道還不該斬盡殺絕嗎？」

諸葛亮這句話，一下子刺醒了司馬懿塵封已久的價值觀。在父親司馬防極其嚴格的儒家思想教育下，司馬懿早就形成了忠君愛上的價值觀。他最初拒絕曹操的征辟也正是因為不滿曹操的逆篡行為。但是，在他出仕之後，卻一步步偏離了最初的價值導向。

這是「行為改變態度」的典型體現。當一個人做出了與內心態度不一致的行為後，為了克服內心的認知失調，往往會改變先前的態度而與已經無可更改的外在行為保持一致。

司馬懿在為曹魏鞍前馬後，辛苦效勞了這麼多年後，早已把自己的內心態度調整為忠於曹魏的立場了。諸葛亮卻毫不客氣地揭開了司馬氏世為漢臣的既定事實，從而將司馬懿對曹魏的效忠行為重新定義為助紂為虐的卑劣之舉。

諸葛亮的這當頭一擊，來勢凶猛，司馬懿面紅耳赤，無力抵擋，只好置之不理，轉而發起挑戰。兩軍對戰，諸葛亮又一次取得了勝利。司馬懿只能退至渭水南岸，安營紮寨，再一次當起了縮頭烏龜，任諸葛亮如何辱罵挑戰，只是堅守不出。

兩軍相持，曹叡催促出戰，司馬懿擔心失敗，十分苦惱。

這時，諸葛亮軍中發生了一件事。諸葛亮在前方打仗，把籌集供應糧草的重任交給了李嚴。李嚴派部下苟安押送糧草。苟安路上喝酒誤事，耽擱了十日。

諸葛亮治軍甚嚴，怒斥苟安，說：「我軍中專以糧草為大事，誤了五日，就該處斬。你誤了十日，還有什麼好說的？」下令推出去斬首。

長史楊儀卻為苟安求情，說：「苟安是李嚴的部下，再說糧草押送不易，如果殺了此人，恐怕今後無人再來送糧了。」

諸葛亮一時心軟，免了苟安的死罪，卻喝令武士將苟安杖打八十。

苟安被責之後，對諸葛亮懷恨在心，連夜跑到了對面魏軍的大寨中，向司馬懿投降。

苟安將情形一說，可是司馬懿吃夠了諸葛亮虛虛實實的苦頭，哪裡敢輕易相信呢？再說，諸如此類的苦肉計已經發生多次了。前有赤壁之戰時的黃蓋，後有石亭之戰時的周魴，都讓曹魏吃了大虧，司馬懿不得不防上一手。

但是，司馬懿也不想放過這樣送上門來的好機會。他沉思片刻，突然從苟安身上發現了諸葛亮的一個大漏洞！

苟安是李嚴的部屬，而李嚴則是和諸葛亮一同受命的托孤大臣，但現在卻被諸葛亮排擠出了權力中樞。諸葛亮之所以聽從了心腹楊儀的建議沒殺苟安，也和這一點有關。因為諸葛亮並不想被人視為大權獨攬、排斥異己的權臣，儘管他事實上已經這麼做了。

司馬懿這麼一聯想，頓時驚覺諸葛亮其實已經是一個不折不扣的曹操了！你看諸葛亮第一次出師北伐，親自在成都上表後主，屬於奏而後斬。而第二次北伐時，諸葛亮只顧在漢中部署兵馬，懶得再回成都，出師表都是派人送給後主的，純屬先斬後奏。到了第三次，諸葛亮甚至連出師表也不上了，變成了斬而不奏。這足以說明劉禪不過是個傀儡皇帝，而諸葛亮根本不把他放在眼裡。

但是，諸葛亮的價值觀以及情境限制卻絕不允許他成為曹操式的權臣，諸葛亮也絕不允許他人將他視為曹操式的權臣。

這一點正是司馬懿的機會所在。

司馬懿想通了這一點，強自壓抑住了內心噴湧而出的狂喜，冷冷地對苟安說：「諸葛亮詭計多端，我很難相信你是真心來降的。除非你為魏國立一件大功，我才能相信你。」

苟安已經身在魏營，當然不敢推辭，連忙說：「都督但有吩咐，小人絕不敢推辭。」

司馬懿說：「這件事需要你趕回成都去辦。」

苟安嚇了一跳，叛國之人，最害怕的就是回歸故國，人身安全得不到保障。

司馬懿看出了他的猶豫，說：「這件事也沒什麼風險。你只要到成都散布流言，說諸葛亮有怨上之心，已經在謀劃著自立為帝。你辦完這件事，就立即趕回魏國，我在天子面前保舉你擔任要職。」說完，眼睛直視著苟安。

苟安不敢看司馬懿老鷹般的銳利眼神，只是點頭如搗蒜，領命而去。

司馬懿看著苟安遠去的身影，嘴角露出了一絲自得的微笑。幾年前，他被諸葛亮炮製的謠言擊中，差點連命也丟了。現在是一報還一報，當初諸葛亮怎麼對付他的，司馬懿要原樣奉還給他。

說起來，這是諸葛亮不夠殘忍帶給司馬懿的機會，司馬懿可是不會心慈手軟的。那個抱怨陰雨連綿的偏將，被他毫不猶豫地斬殺，就是一個鮮明的例證。兩強博弈，殘忍者勝。司馬懿利用諸葛亮的弱點和漏洞，對著他發出了致命的一擊。

苟安偷偷潛回成都，找到了幾個相熟的宦官，散布了司馬懿交代給他的流言。諸葛亮倚仗大功，圖謀篡位的流言很快就傳到了劉禪耳中。

劉禪大驚。

俗話說：「無風不起浪。」諸葛亮要是一向對劉禪尊敬有加、禮儀不失，劉禪是絕不會懷疑他的。但偏偏諸葛亮的行為像極了當初的曹操。劉禪再笨，也知道自己不過是個傀儡。在這樣的大背景下，關於諸葛亮圖謀篡位的言論的可信度就很高了。

劉禪無奈，又不敢找諸葛亮事先安排好的幾位大臣商議，只好找貼身的宦官想對策。這些宦官能有什麼見識，可以識破司馬懿的謀略呢？

宦官們告訴劉禪，只有趁著諸葛亮反行未露，先下詔讓他回歸成都，再削去他的兵權，才能保得無憂。

劉禪也沒有和大臣們商量，立即下達了讓諸葛亮班師回朝的詔書，派人火速送往祁山前線。

諸葛亮接了詔書，驚訝不已，卻根本不敢違背。這就是他此前「大行不顧細謹」種下的惡果。此前他對劉禪早已缺乏尊重，如果此時再敢違詔不回，就坐實了逆篡之心。諸葛亮極為顧惜自己的名聲，雖然心中萬般不情願，但也只能下令退回祁山。

這真可謂是流言猶勝十萬兵。司馬懿無論怎麼正面進攻，都不能讓諸葛亮退兵。但只用了幾句流言，就巧妙利用了對手陣營中看似最沒有價值的資源（傀儡劉禪）而收到奇效。

諸葛亮這一退兵，司馬懿可就完成了曹叡下達的任務了。於是，司馬懿也退兵回到洛陽。魏蜀之間的邊境，再一次恢復了短暫的平靜。

> 心理感悟：效勞即是效忠。

42 一封閃爍其詞的信

諸葛亮吃了司馬懿這一次暗虧，氣得差點吐血。他怒氣衝衝地回到成都，立即去質問劉禪。劉禪嚇個半死，把責任都推到了宦官頭上。諸葛亮一怒之下，將傳謠散謠的宦官全都殺了，但罪魁禍首苟安卻早已遠遁魏國了。但苟安的上司李嚴受到牽連而備受指責。

諸葛亮卯足了勁操練兵馬，又一次出師北伐，這已經是諸葛亮第五次兵出祁山了。接二連三的出擊，卻總是無功而返，諸葛亮陷入了無可自拔的投入陷阱。事實上，此時的蜀國只占有益州一地的資源，無論是人口，還是糧食，與占據了天下十三州中九個州的魏國均無法抗衡。再加上諸葛亮採取的還是消耗性更大的主動進攻戰略，蜀國的國力已經很難支撐諸葛亮一次又一次的北伐了。但是，先帝劉備的重托、諸葛亮本人的志向，以及大量投入之後產生的一致性約束，都讓諸葛亮超越了理性的範疇，不顧國內以太史譙周為主的反對而一意孤行。

曹休、曹真相繼過世後，司馬懿已經成了魏國最高等級的軍事主官了。曹叡得知諸葛亮再次來犯，自然而然讓司馬懿掛帥，以張郃為先鋒，迎擊蜀軍。

此時正是隴西平原上小麥初熟的季節。司馬懿知道，諸葛亮多次因為軍糧不繼而在形勢大好之際被迫退兵。司馬懿由此預判諸葛亮此次很可能就地取糧，以作長久之戰，於是命張郃鎮守祁山，自己與郭淮巡理天水諸郡，以防蜀兵割麥。

司馬懿完全料中了諸葛亮的心思。蜀軍之糧，仍由李嚴籌集運送。但李嚴受「苟安事件」影響後，備受打擊，開始消極怠工。因此蜀軍初出，就面臨著糧草不足的困境。諸葛亮自然將目光投向了隴上業已成熟的麥子。

但司馬懿早已料敵機先，做了準備。諸葛亮一番深思，隨即想出了一個裝神弄鬼的招數來。諸葛亮從一出山，就養成了坐著四輪小車征戰四方的習慣。久而久之，人們就將四輪小車當成了諸葛亮的象徵。諸葛亮精心準備了四輛一模一樣的小車，又按照自己的身材容貌刻了三個雕像，讓「他們」頭帶華陽巾，身披鶴氅，手搖羽扇，端坐於車上。同時，諸葛亮又命二十四名兵丁，各穿皂衣，披頭跣足，作為推車使者，再派大將扮作天蓬元帥的模樣，手執七星皂幡，在車前步行。

經過這一番裝扮，諸葛亮硬生生將刀光劍影的戰場變成了神鬼亂舞的道場。諸葛亮自己也坐上一輛小車，再加上另外三個「分身」，從不同方向，四路齊出。

諸葛亮一邊用分身術迷惑魏兵，另一方面則做好了搶麥的安排。魏軍眼見四面八方都有諸葛亮在裝神弄鬼，軍心大亂，司馬懿不知就裡，急忙引兵退入上邽城中。

諸葛亮趁此機會，將隴上之麥盡數收為己有，並在剛剛攻占的鹵城打曬小麥。司馬懿得知中計後，心有不甘，與郭淮分兵兩路攻擊鹵城，卻又被諸葛亮擊退。

郭淮提議調動雍州、涼州的兵馬前來助陣。司馬懿同意了，下令讓孫禮率二十萬兵馬前來圍攻諸葛亮。諸葛亮以逸待勞，用計將孫禮擊敗。

司馬懿接連受挫，十分憂愁，但正當蜀軍形勢大好之際，老天爺又對司馬懿伸出了援手。

諸葛亮突然接到了李嚴的告急信，上面寫道：「近聞東吳令人入洛陽，與魏聯合，魏令吳取蜀，幸吳尚未起兵。今嚴探知消息，伏望丞相，早作良圖。」

這一封信頓時激發了諸葛亮內心的恐懼。諸葛亮敢於起兵伐魏的大前提就是吳蜀聯合，讓蜀漢沒有後顧之憂。如果東吳陸遜一出兵，蜀國除了諸葛亮本人外無人可敵。諸葛亮嚇得心驚肉跳，只能考慮退兵的安排。

人們在恐懼的時候，往往會喪失理性思考的能力，就連神機妙算的諸葛亮也不例外。其實仔細分析李嚴的這封信，就會發現他是在誇大其詞。事實上，東吳並無實質性的軍事行動，但李嚴用一句「伏望丞相，早作良圖」成功地實施了「啟動效應」，讓諸葛亮處於慌不深思的「恐懼模式」，從而做出了反應過度的決策。

諸葛亮下達了分批撤軍的命令，張郃見狀，又起了起兵追擊之意，於是向司馬懿請示。司馬懿已經吃夠了追擊受挫的苦頭，不想再重蹈覆轍。但張郃堅決要求追擊，司馬懿依然表示反對。這時，另一員大將魏平來報，說蜀兵的大營已空。

看見獵物的時候，往往看不見陷阱。面對蜀軍已退的事實，司馬懿堅守不出的固有想法再一次動搖了。張郃再次請命，司馬懿拗不過張郃，於是同意他率領五千兵馬追擊，隨後再派賈翔、魏平率領兩萬兵馬隨後接應。

諸葛亮絕不會放過任何可能的機會。他在撤退之前，就安排楊儀、馬忠在劍閣木門道埋伏下了一萬名弓弩手，等著可能追擊而來的魏兵。

張郃這一追，就等於是自投羅網，結果被蜀兵一陣亂箭射殺。曹魏碩果僅存的這一員五虎上將，就此隕落在劍閣之野。

張郃之死，對司馬懿打擊極大。他痛恨自己不夠堅定，再一次落入諸葛亮的圈套。在面對錯誤的時候，人們往往會發生自利性偏見，將失敗的責任推諉給他人。但是強烈的愧疚卻讓司馬懿說出了這樣一句話：「張郃之死，是我的過錯啊！」

張郃的死訊傳到洛陽，對曹叡的刺激也很大，讓他更為深刻地明白了與諸葛亮對戰的難度與複雜性。

再說諸葛亮退回漢中後，李嚴卻啟奏劉禪說：「糧草操辦妥當，丞相卻突然回師，恐怕是和魏國有所關聯吧。」

劉禪擔心不已，就派尚書費禕去漢中見諸葛亮詢問為何退師。諸葛亮大驚道：「李嚴寫信給我，說是東吳陸遜進犯，我這才下令回師的。」

仔細對比一下諸葛亮說的這句話，和李嚴寫的那封信，其實差異極大。這說明諸葛亮完全誤讀了李嚴的信。

費禕聽諸葛亮這麼說，也大吃一驚，說：「李嚴在陛下面前奏稱軍糧已辦妥，丞相無故回師，必有順魏之意。陛下這才命我來詢問丞相的。」

諸葛亮聽了，急怒攻心，竟然氣得說不出話來。諸葛亮好容易冷靜下來，立即命人去訪察李嚴為什麼要在後主面前捏造謊言，貽誤軍機。

那麼，李嚴為什麼要在諸葛亮背後捏造這麼一個極不高明的謊言呢？

這有三個原因。

第一，李嚴對諸葛亮心懷不滿已久。李嚴和諸葛亮同屬劉備的托孤大臣，但從一開始就被諸葛亮排擠出了權力中樞。

第二，苟安事件進一步加大了李嚴對諸葛亮的不滿。

第三，蜀國國力微薄，在諸葛亮連年北伐後，籌備糧草的難度越來越大，李嚴未能如期完成軍糧的操辦任務。

李嚴擔心自己因此而受罰，在百般無奈之下，寫下了那封閃爍其詞的信。諸葛亮退師之後，李嚴又想利用這個機會，借後主劉禪之手，對諸葛亮發起報復性反擊，沒想到後主根本就不敢對諸葛亮有所動作，將一切內情全部告知了諸葛亮。

諸葛亮查明真相後，大怒道：「匹夫為免一己之過，竟然廢了國家大事！」當即就要將李嚴處斬。諸葛亮也只看到了表面現象，絲毫沒有考慮李嚴這樣做的深層原因其實與他本人的做法也有很大的關係。這也是自利性偏見的典型體現。

費禕勸道：「丞相，您還是看在當日他和您同為托孤大臣的份兒上，寬恕他吧。如果真的殺了他，恐怕天下人都會說丞相不能容人呢。」

費禕的這個說法，和此前楊儀勸諸葛亮不要殺苟安如出一轍。諸葛亮再一次被擊中軟肋，於是按照費禕的建議，將李嚴貶為庶人。

「李嚴事件」的發生，依然沒有讓諸葛亮認識到蜀國內部的矛盾。作為一個傑出的政治家、軍事家，諸葛亮沒有理由不知道內部團結的重要性。但是，他依然熟視無睹，一心一意只想著北伐中原。這足以說明，諸葛亮所落入的投入陷阱已經越來越深，讓他完全失去了理智，根本無力擺脫。

「李嚴事件」的發生，又拖了諸葛亮三年的後腿，也讓司馬懿安枕了三年。諸葛亮經過三年的籌備，又一次發動了北伐。這已經是諸葛亮的第六次出征了。他當然不會知道，這也是他這一生中最後一次出征。

諸葛亮信誓旦旦地對劉禪說：「今番若不掃清奸黨，恢復中原，誓不見陛下也。」

但是，諸葛亮沒有想到，他的這一次出征竟然遭到了劉禪的反對。

劉禪說：「如今天下已成鼎足之勢，吳國、魏國不來主動侵犯，相父為什麼不安享太平呢？」這句話劉禪自己是說不出來的，一定是背後有人提示他這樣說的。這個人，自然是對諸葛亮不滿的反對者了。

蜀國太史譙周，也以諸葛亮最擅長並經常用來說服別人的天象說事，力勸諸葛亮不可輕舉妄動。

但是，深陷投入陷阱的諸葛亮，是不可能被任何人阻止的。他根本就無視天象明顯對蜀國不利的徵兆，依然一意孤行，興兵點將，再度出征。

> 心理感悟：恐懼本身並不可怕，對恐懼的過度反應才最可怕。

43 兵以食為天

譙周看到的天象，司馬懿也看到了。

當諸葛亮兵分五路，六出祁山的消息報知曹叡後，曹叡急忙找司馬懿商議對策。司馬懿說：「臣夜觀天象，見中原之氣正旺，彗星犯於太白，不利於西川。諸葛亮自負才智，逆天而行，又來入寇，乃是自取死路。我願領兵出征，必破蜀兵！」

曹叡聽司馬懿這樣說，當然很開心。但是三年前名將張郃在追擊中被諸葛亮射殺於劍閣木道門一事依然讓曹叡心有餘痛。

曹叡謀略深遠，當然能從這幾次拉鋸戰中發現採取戰略防守才是最好的應對。司馬懿基本上也是這麼做的。但問題在於，防守戰略確實能把諸葛亮拖到不得不退，但追擊與否就成了一個兩難的選擇。如果不追，眼睜睜看著對手全身而退，實在不甘心。如果去追，往往就會中了諸葛亮的埋伏，損失慘重。

曹叡痛定思痛，還是擔心司馬懿過於樂觀了，於是在司馬懿臨行之前，特意囑咐說：「你到了渭水之濱安營紮寨，一定要堅守為上，挫蜀軍的銳氣。如果蜀軍久攻不下，詐退誘引，你一定不要追擊！等到蜀軍糧盡，那時再乘虛攻擊，則取勝不難。這才是長久之計，切勿怠慢。」

司馬懿明白曹叡的意思，領命而去。

這時諸葛亮率領十萬蜀軍，已經在南扼斜谷、北臨渭水的五丈原上安下大營。司馬懿趕到之後，決定在渭水南岸安紮自己的營寨。司馬懿這樣做，其實是有風險的。如果為了安妥起見，司馬懿可以在渭水北岸紮營，與諸葛亮隔著渭水相望。

但是，生性謹慎的司馬懿為什麼要冒這樣一個險，將自己的大軍置於背水一戰的境地呢？難道司馬懿是想違背曹叡臨行前的指示，與諸葛亮決一死戰嗎？

司馬懿當然不是這樣想的。所謂堅守不出戰略，其根本的前提就是蜀軍糧草供應困難。而渭水南岸正是魏國百姓與軍糧儲備之地。如果司馬懿為了安全而在渭水北岸屯紮，就等於是將糧食拱手相讓給諸葛亮。那麼，蜀軍就地取糧，就不再擔心持久戰了。所以，司馬懿寧願冒險，也要在渭水南岸屯紮。

司馬懿仔細察看地形，發現渭水北岸有一處高原，叫做北原。司馬懿想到，如果諸葛亮派一支偏師，渡過渭水，攻占北原，就會對自己形成夾攻之勢。為了消除這個隱患，司馬懿立即命郭淮領本部兵馬在北原上駐防。

司馬懿想到這一點時，諸葛亮也想到了，只不過比司馬懿慢了半步。諸葛亮派魏延、馬岱引兵渡過渭水，去攻占北原，同時，令王平、姜維、廖化等人分三路去攻打司馬懿的大營。郭淮捷足先得，居高臨下，將魏延、馬岱擊退。蜀軍的另三路兵馬也被早有防備的司馬懿擊敗。

蜀軍大敗，司馬懿隨後卻堅守不出。諸葛亮多方挑戰，司馬懿只是置之不理。

諸葛亮左思右想，終於想出了一個極其毒辣的招數來。他立即派費禕趕往建業去見孫權，請求東吳出兵。

孫權見時機難得，當即決定出動三路軍馬向曹魏發起進攻，他本人也親自趕到前線，御駕親征。曹叡聞報，兵分三路迎戰。曹叡與太尉滿寵也親臨前線指揮。

司馬懿這邊則繼續高溝深壘，絕不與諸葛亮正面決戰。

諸葛亮這一次頂著國內巨大的反對壓力出兵，實屬勢在必得。但他的軟肋被司馬懿死死抓住，諸葛亮只能想辦法破解僵局。

絕境往往能催發出一個人最大的潛能。絕頂聰明的諸葛亮在重重壓力下，竟然構想出了「木牛流馬」的精妙設計。

這木牛流馬製造完成後，可以上山下嶺，行走如飛，而且無須耗費任何糧食。諸葛亮北伐最大的難題就是糧草供應。蜀道艱難，運糧不便，耗日持久，一路走來，運糧的兵丁與馬匹就將糧草消耗了大半。而有了木牛流馬，不但運糧效率大增，而且途中消耗大減。諸葛亮將這個天才般的創意付諸實施後，很快就解決了困擾蜀軍多年的大難題。

司馬懿得知後，大吃一驚，說：「我之所以採取堅守戰略，就是因為蜀軍的糧草不能及時供應。有了這木牛流馬，諸葛亮就能毫不費力和我打持久戰了。」

諸葛亮又給司馬懿出了一個大難題。司馬懿左思右想，突然靈機一動，當即喚來張虎、樂綝二將，吩咐他們去候在蜀兵運糧必經之路上，伺機伏擊，搶奪三五匹木牛流馬回來。

張虎、樂綝依命行事，果然趁蜀兵不備，搶回來五六匹木牛流馬。司馬懿大喜，找來能工巧匠，讓他們將木牛流馬一一拆解，然後依樣仿照。

司馬懿用這個辦法，不到半個月就製造出了兩千匹木牛流馬，與諸葛亮的一模一樣，運轉靈便。

司馬懿隨即下令，讓鎮遠將軍岑威率領一千軍兵，驅著這兩千匹木牛流馬，去隴西搬運糧草，往來不絕。

司馬懿自以為得計，卻不料早已墜入諸葛亮的彀中。

蜀兵將魏兵搶走木牛流馬之事向諸葛亮匯報。諸葛亮哈哈一笑，說：「正合我意！我就是希望他來搶幾匹木牛流馬。我們很快就要得到大批糧草資助了。」

諸葛亮低聲叮囑王平一番，然後讓他領兵，扮作魏軍，連夜悄悄渡過渭河，繞過北原去襲擊魏將岑威的運糧隊伍，將魏軍的兩千匹木牛流馬盡數搶了過來。

王平等人趕著木牛流馬路過北原，被魏軍擋住去路。王平手下軍兵，早得諸葛亮指點，伸手到木牛流馬口中，將舌頭扳轉過來，然後一哄而散。魏軍搶回木牛流馬後，卻發現牽拽不動，扛抬不去。

魏兵正在納悶間，蜀將張嶷早已奉諸葛亮將令，扮作六丁六甲神兵殺將過去。魏兵四散而去，王平所部卻又轉回身來，扳回機關，兩千匹木牛流馬又行走如飛了，只看得魏兵目瞪口呆，不知所措！

再說鎮守北原的魏將郭淮聽說軍糧被劫，急忙率兵攔截。諸葛亮早已派了魏延、姜維，帶著一萬兵馬攔住廝殺。郭淮大敗，退回北原。

等到司馬懿聞報趕來，卻又被預先出擊的馬忠、馬岱攔住去路，司馬懿也被擊敗，只能眼睜睜地看著自己苦心仿製的兩千匹木牛流馬成了諸葛亮的囊中之物。而更讓他氣憤難平的是，這兩千匹木牛流馬上載著的一萬多石軍糧也成了蜀軍的戰利品。

司馬懿與諸葛亮的這一次較量，沒有料到諸葛亮連環設計，吃了一個大大的啞巴虧。司馬懿痛定思痛，卻又別無良策，只好堅守不出。

諸葛亮見司馬懿又當起了縮頭烏龜，立即又想出了新花樣。諸葛亮下令讓蜀兵與當地的魏國百姓相雜種田，約定收成為蜀兵一分，百姓二分。諸葛亮同時嚴令蜀兵不得侵擾百姓，如有擾害者，斬首示眾。魏國百姓因此頗為安心。

諸葛亮的這一策略，擺出了一副長期駐紮的姿態，其實更多的是攻心戰。司馬懿見了，憂心似焚，悶悶不樂。

司馬懿的長子司馬師見狀，忍無可忍，對司馬懿說：「父親，蜀兵劫去我們的軍糧，又與百姓屯田於渭水之濱，我們如果還是只守不攻，怎麼能掃平大患？父親，為什麼不與諸葛亮約日大戰呢？」

司馬懿心知肚明，自己和諸葛亮比的其實就是耐心。諸葛亮大舉出征，卻在五丈原對峙不前，他心中應該比自己更為著急才對。如果受不了諸葛亮的挑弄，主動約戰，正好是中了諸葛亮的計了。司馬懿又想起曹叡臨行前的諄諄囑託，堅守之心更為堅定，於是對司馬師說：「聖人有云，小不忍則亂大謀。我們還是繼續防守吧。」

諸葛亮見司馬懿不為所動，又想出了一條絕計。他派馬岱在附近一處叫做葫蘆谷，又叫做上方谷的山谷中，埋好了地雷等物，備足了乾柴，卻將此處偽裝成蜀軍屯糧之處。

諸葛亮命大將高翔，每日虛作運糧，屯於葫蘆谷中。諸葛亮隨即將自己的中軍大帳也移至葫蘆谷附近。諸葛亮的這一舉動，釋放出了一個明確的信號，即葫蘆谷是蜀軍的軍機重地。

魏兵探聽明白後，報知了司馬懿。

對司馬懿來說，這是一個巨大的誘惑！如果他能將蜀軍屯於葫蘆谷內的軍糧燒掉，諸葛亮只能不戰而退！

司馬懿反復掂量，終於沒能抑制住一戰而勝的衝動，親自帶著兩個兒子，前往葫蘆谷放火燒糧。

司馬懿不知道，諸葛亮早已在葫蘆谷中布置好了他最為擅長的火藥地雷陣。司馬懿這一去，就等於是踏上了一條不歸之路……

> 心理感悟：人生的敗局往往是因為在誘惑面前失去耐心。

44 用堅忍回應激將

司馬懿與兩個兒子被誘入葫蘆谷後，只聽山上喊聲大震，幾百個火把扔將下來，隨即火箭猛射，地雷引爆，乾柴枯草齊燃。司馬懿轉身要退，卻見谷口已被壘斷，不由仰天長歎：「我命休矣！」父子三人不由抱頭痛哭。

諸葛亮煞費苦心，層層鋪墊，連環設計，終於將他平生最難對付的對手司馬懿困在谷中，眼看就要一把火燒死，永絕後患。

正在此時，忽然狂風大作，電閃雷鳴。霹靂響處，一場暴雨傾盆而下，眨眼間將滿谷的大火澆滅，地雷不響，火器無功。這一場滂沱大雨一連下了好幾個時辰，直到平地水深三尺，才漸漸停歇。

司馬懿大喜，立即引兵突破谷口壁壘，殺了出去，終於撿回了一條老命。

司馬懿逃回自己的大寨，不由喜極而泣，歇息良久，才緩過神來，深深地為自己的僥倖逃脫而慶幸不已。司馬懿這一路走來，十分坎坷，從未有過如此幸運的遭遇。他越想越覺得不可思議，越想越覺得這只能歸結為上天的眷顧。

司馬懿這一年已經五十六歲了。一個人在歷經磨難後，兩鬢漸霜的時候，終於成了「天之驕子」，這真是讓人百感交集。

司馬懿的對手諸葛亮，從一出山，就是天之驕子，一直深受上天青睞，所謀所想，無有不順，無有不成。但這一次，風水輪流轉，諸葛亮不顧天象徵兆，逆天而行，終於用盡了他這一生的幸運。當他得知天降大雨，助力司馬懿父子死裡逃生的消息後，只說了一句「謀事在人，成事在天」，就陷入了久久的沉默。

諸葛亮突然明白了，自己再也不是什麼天之驕子了。一股濃重的悲愴猛地從心中湧起，讓他久久難以釋懷。諸葛亮比司馬懿小兩歲，這一年也已經五十四歲了。諸葛亮感到了深深的疲倦和莫名的傷感，但他是沒有退路的。這一次北伐，諸葛亮早就下定了畢其功於一役的決心。他內心早已隱隱地感覺到，自己的身體狀況和精神狀態都已經嚴重透支，即將走到心力交瘁的崩潰邊緣。如果這一次出征，再像以往那樣無功而返的話，也許就再也沒有機會重整旗鼓，勉力討賊了。所以，諸葛亮只能放下葫蘆谷絕計不成的巨大遺憾，繼續想方設法，誘引或威逼司馬懿出戰。

司馬懿得天之助，信心倍增，耐心倍增，對於和諸葛亮的僵持抗衡，充滿了雲淡風輕之感。他意存悠閒，下令堅守營寨，絕不應戰。

諸葛亮左思右想，突然想到了當初司馬懿與曹真打賭之事，頓時計上心來。此前諸葛亮大多採取誘引之策，用自己故意露出來的軟肋或漏洞，誘惑司馬懿上鉤出擊。這一次，諸葛亮卻想出了一個完全不同的辦法。

諸葛亮命人給司馬懿送去了一個大盒子。

司馬懿當著諸將的面，打開一看，盒子裡裝的不是什麼高檔禮物，而是一整套婦人的縞素之服。司馬懿不解其意。

盒子裡還裝著諸葛亮的一封信，司馬懿打開一看，頓時明白了，臉色不由為之一變。

諸葛亮的信是這樣寫的：

仲達既為大將，統領中原之眾，不思披堅執銳，以決雌雄，乃甘窟守土巢，謹避刀箭，與婦人又何異哉！今遣人送巾幗素衣，如不出戰，可再拜而受之。倘恥心未泯，猶有男子胸襟，早與批回，依期赴敵！

這正是諸葛亮最為擅長的激將法！諸葛亮曾經用激將法逼得孫權、周瑜與劉備聯合抗曹，也曾經讓麾下諸將鬥志昂揚，奮勇向前。如今，他把激將法用到了最難對付的司馬懿身上。

這個機會，其實是司馬懿自己提供給諸葛亮的。

當初，司馬懿和曹真打賭，說如果他輸了，願意面塗紅粉，身穿女衣，到曹真大營中請罪。正是這個賭注暴露了司馬懿強烈的內隱偏見。

在當時的時代，女性社會地位不高，幾乎每個男人都對女性存有輕視、歧視的心理。但是，司馬懿對女性的蔑視卻要比一般人強烈得多，否則他就不會將「自扮女人」當作侮辱性極強的賭注來刺激曹真。

諸葛亮想到了這一點後，馬上就想出了針對性極強的激將法。既然司馬懿將「自扮女人」視為奇恥大辱，諸葛亮就故意揭示司馬懿「龜縮不出」的戰術簡直不像是男兒所為，而是和女性中最容易被人看不起的寡婦一般無二。

要知道，傳統的男權社會往往將女性視為紅顏禍水。如果一個女人的丈夫去世了，不管是什麼原因造成的，人們（甚至也包括整個女性群體自身）往往會極不公正地將此歸因為「女人克夫」。從而，寡婦被認為是晦氣倒楣的符號。

諸葛亮預判，司馬懿連普通的「面塗紅粉，身穿女衣」都不堪忍受，必定無法忍受自己這一記「寡婦之辱」，從而怒髮衝冠，失去理智，而與自己決一死戰！

諸葛亮還料定，即便司馬懿堅忍無比，能夠嚥下這口窩囊氣，他的部屬們也不堪忍受這赤裸裸的侮辱，一定會群情激憤，逼著司馬懿出戰，以雪大恥。

諸葛亮至少判斷對了一大半！

司馬懿看完這封信，再看看盒子裡那套素衣，心中的怒火騰然而起，恨不得立即拔劍而起，將這套素衣和整個盒子剁個稀巴爛！

但就在怒火即將噴薄而發的那一瞬間，司馬懿修煉多年的堅忍終於派上了用場。他咬牙切齒般地克制住了衝動，轉怒為笑，說：「諸葛亮這是把我當作婦人了嗎？那我就收下吧。」

司馬懿笑的時候，臉部肌肉抽搐變形。這一聲笑，簡直比哭還難聽，但他畢竟還是極其艱難地笑了出來。

司馬懿這一笑，諸葛亮的激將大法就宣告失敗了。激將法是「諸葛三寶」之一，諸葛亮終身運用不爽，雖然有時候激化了與下屬之間的矛盾，但從來沒有在刺激對方情緒上失手過。司馬懿是唯一一個能夠在諸葛亮的強效激將法面前，強行控制情緒衝動的人。難怪諸葛亮從一開始就會將名聲尚不卓著的司馬懿視為平生最大的對手。

如果不是司馬懿獨特的個性特質和獨特的人生經歷交相融合，飽嘗十數年的痛苦煎熬淬煉出來的超級堅忍品質，諸葛亮就將又一次力挽狂瀾，逆轉形勢！

司馬懿笑出來之後，再要控制自己的情緒就容易得多了。司馬懿平靜下來，吩咐設宴，好好款待諸葛亮派來的送禮使者。

諸葛亮做事的風格是從來不對下屬「授之以漁」的，這個使者只知道諸葛亮讓他來給司馬懿送東西，除此之外，一概不知。於是，他欣然接受了司馬懿的邀請。

司馬懿和諸葛亮的使者一邊喝酒吃飯，一邊拉家常。這個使者見司馬懿所說所問的不是兩軍的軍機軍情，很快就放下了戒備，融入了其樂融融的氛圍之中。

司馬懿問道：「諸葛丞相的寢食情況如何啊？一天到晚忙不忙啊？」

這位使者是諸葛亮的貼身之人，他的眼前頓時浮現出諸葛亮廢寢忘食、鞠躬盡瘁的感人畫面，不由飽含深情地說道：「諸葛丞相夙興夜寐，凡是處罰二十軍杖以上的，都是親自審問處置。他一天吃的飯卻很少，不過數升而已。」

司馬懿聽了，心中一動，臉上卻不動聲色，繼續與使者閒聊，卻再也不問關於諸葛亮的事情了。

這位使者根本不知道，自己已經在無意間透露了己方最大的軍事機密！

每個人因應不同的情境，而讓自己的言行舉止與之和諧匹配的綜合性抗壓能力是不一樣的。這種綜合性抗壓能力就是情境智商。這位使者，就是一個情境智商極低的人，在這樣一個特殊的場合中，說了最不該說的話。

司馬懿盛情款待這位使者後，客客氣氣將他送走，然後對諸將吐露了他敏銳捕獲到的關於諸葛亮的驚天祕密。

司馬懿說：「諸葛亮食少事煩，難道還能長久嗎？」

平常人的飯量，一天總要五升米以上。而軍旅之中，更為艱辛，消耗更大，食量自然也更大。而諸葛亮一天數升米，連平常人平常狀態下的飯量都不如。司馬懿拿自己和諸葛亮一做對比，很容易就判斷出諸葛亮的身體已經非常衰弱了。而諸葛亮的工作量卻又巨大無比。司馬懿也是一軍主帥，知道統領一軍要處理的瑣事何其繁雜。如果連處罰二十軍杖的小事都要親自過問，就是鐵打的身子恐怕也吃不消。

綜合這兩點資訊，司馬懿斷定諸葛亮是堅持不了多久了，於是更加堅定了固守不出，只等諸葛亮不支而退的信念。

這個使者回到蜀軍大營，向諸葛亮匯報了司馬懿坦然受衣的情形。諸葛亮只覺胸口發悶，頭暈目眩，差一點吐出血來。諸葛亮閱人無數，司馬懿連這樣的奇恥大辱都能甘心忍受，簡直已經不是人了。這也給了諸葛亮沉重的一擊。

這一計不成，饒是諸葛亮神機妙算、足智多謀，也已經是黔驢技窮了。

> 心理感悟：所有的祕密都是你自己洩露的。

45 笑到最後的忍者

魏國諸將等諸葛亮的使者一走，全都憤怒了。

正如諸葛亮事前所料的那樣，即便司馬懿能夠忍受「婦人之辱」，那些血氣方剛、衝勁十足的猛將們也不堪主帥被敵人如此凌辱。作為同生共死的內群體成員，諸葛亮對司馬懿的凌辱，就是對他們本人的凌辱。

諸將群情激憤，向司馬懿鼓噪著要出戰：「我們都是大國上將，怎麼能受偏邦小國這樣的侮辱？我們一定要與諸葛亮決一死戰！」

司馬懿見諸將沒有明白自己剛才說的「諸葛亮食少事煩，難道還能長久嗎」這句話的深意，也不以為忤。但要讓這幫血勇之士冷靜下來，卻也並不容易。

如果司馬懿強行用自己的權威壓制，至少有兩個壞處。

其一，會傷害諸將的拳拳之心。一旦需要他們奮勇向前的時機出現，士氣已難再振。

其二，會影響自己的光輝形象。一旦諸將認定司馬懿是個窩囊廢，就會失去令行禁止的權威感。

司馬懿略一思索，又是一笑，說：「不是我不想出戰，我怎麼會甘心受辱？只是我臨行之際，陛下諄諄囑託，讓我堅守不出。如果我輕舉妄動，就是違背了天子之命了。」

司馬懿靈機一動，將矛盾輕輕巧巧轉移到了曹叡身上。但是，這些久經戰陣的猛將們都知道「將在外，君命有所不受」的道理。司馬懿的說法並不能讓他們平息怒火。

司馬懿為了不挫傷士氣，又提出了一個折中緩衝之策。司馬懿說：「如果你們一定要出戰，那我就立即派人去奏明天子，請求速戰。如果天子准許了，你們再奮勇而前，建功立業，也不算晚了。」

諸將見司馬懿說得有理，只能表示同意。

其實，這壓根兒就是司馬懿的一個花招。只要想想當年他千里行軍、速擒孟達的戰例就可以知道了。

當時，司馬懿根本就是僭越行事，先斬後奏的。如果他今天一定要痛擊諸葛亮，哪裡用得著去向曹叡千里請命呢？

司馬懿相信，以曹叡的智慧，一定能看懂自己的深意，於是放心大膽地寫了一封言辭激烈的請戰書：

臣才薄任重，伏蒙明旨，令臣堅守不戰，以待蜀人之自敝；奈今諸葛亮遺臣以巾幗，待臣如婦人，恥辱至甚！臣謹先達聖聰，旦夕將效死一戰，以報朝廷之恩，以雪三軍之恥。臣不勝激切之至！

曹叡看完請戰書後的反應卻有點辜負司馬懿的厚望。曹叡說：「我曾經特意囑咐司馬仲達堅守勿出，他為什麼還要上表請戰呢？」

隨著歲月的流逝，曹叡身上那種洞透人心的睿智光華似乎漸漸消退了。司馬懿的本意是想借助曹叡的力量來抑制麾下諸將的激憤之情，但曹叡卻沒有在第一時間領會他的深意。

老臣辛毗卻明白了。他對曹叡說：「司馬仲達本無出戰之心，一定是因為諸葛亮大肆凌辱，導致眾將群情激憤。他故意上表請戰，是希望陛下出面制止眾將。」

曹叡明白了過來，於是派辛毗持節，趕赴司馬懿的大營制止眾將的群情洶洶的求戰之心。

辛毗來到渭河之濱的魏軍大營，立即拿著代表皇帝親臨的節杖，站在大營門口，宣布了絕不能出戰的詔令。

司馬懿大喜，立即擺出一副憤慨難平的神情，多次向辛毗請戰，但辛毗一一予以拒絕。這兩個人此前並未溝通，卻把這一幕戲演得很逼真。眾將見了，以為天子堅守之心極為堅決，也就不再向司馬懿施壓了。

司馬懿見事態平息，暗暗對辛毗贊許道：「只有您真正知道我的心事啊！」

消息傳到蜀營，諸葛亮一下子就看穿了這幕雙簧戲。諸葛亮明白司馬懿是決意固守到底了，內心一陣蒼涼。

隨後，一個更大的打擊向諸葛亮襲來。費禕回到軍營，給諸葛亮帶來了一個壞得不能再壞的消息——東吳三路大軍被曹魏擊敗，狼狽退回東吳！

諸葛亮聽了，本已油燈耗盡的身體再也支撐不住了，長歎一聲，昏厥於地。就在這一瞬間，諸葛亮高踞神壇近三十年的光輝形象徹底坍塌。

眾人大驚，急喚軍醫搶救，諸葛亮半天才醒轉過來。

諸葛亮知道，自己在這一場比拼耐心的比賽中終於輸給了司馬懿，而且永遠不會有翻盤的可能了。因為他確鑿無誤地感知到，自己的生命已經走到了盡頭。壯志未酬的巨大遺憾、誓言成空的強烈不甘，讓諸葛亮久久不能釋懷。

但是，諸葛亮還要為十萬蜀軍的安危負責。他只能強攝心神，安排好了撤軍之計。隨後，諸葛亮強支病體，最後一次巡視軍營。這個曾經在三國舞台上揮灑自如的明星人物，終於迎來了自己的末路。諸葛亮慨然長歎：「再不能臨陣討賊矣！悠悠蒼天，曷此其極！」

蜀軍將領聽了，無不黯然淚下。

諸葛亮終於還是用生命實現了他「鞠躬盡瘁」的諾言。諸葛亮死後，蜀軍按照他生前的安排，悄然拔寨而去。

蜀軍撤退後，魏軍一開始出於慣性思維竟然毫無反應。隨後，魏軍見蜀軍大寨鴉雀無聲，極為反常，這才發現了真相。

司馬懿結合此前的種種跡象，斷定諸葛亮已死。在時機未至的時候，司馬懿靜如處子；當機會一出現，他立即動如脫兔。這是司馬懿最鮮明的特徵。司馬懿立即下令，催逼全軍出動追擊。

司馬懿一馬當先，奮起急追。一陣急行軍後，魏軍前哨終於在一處山腳下，趕上了蜀軍的斷後部隊。這時，山後突然一聲炮響，鼓角喧天，喊聲大震。

司馬懿大驚失色，此前他已經多次吃過追擊遭遇埋伏的苦頭了。眼看這一次他又要重蹈覆轍了。

只見蜀兵轉過旗號，蜀營中飄出一杆中軍大旗，上書一行大字：「大漢丞相諸葛武侯。」驚魂未定的司馬懿定睛一看，見十數員蜀軍大將，擁出一輛四輪車，車上端坐的正是羽扇綸巾、鶴氅皂絛的諸葛亮！

司馬懿這一驚真是非同小可。只聽諸葛亮跟前的大將姜維大喝一聲道：「反賊司馬懿，還不快快下馬受死！」

司馬懿頓時渾身冰涼，連聲道：「諸葛亮還活著，我輕入重地，又中了他的計！」心中的懊悔、沮喪、憤怒、哀怨一起奔湧，難以言表。危難關頭，他立即勒馬回轉，撒開蹄子逃跑。魏軍見主帥驚慌失措，頓時也魂飛魄散，丟盔棄甲，各自逃命。

司馬懿這一路直逃出了五十里，背後兩員大將趕上，扯住了他的馬嚼環，說：「都督勿要驚慌，蜀軍並未追來。」

司馬懿受驚未平，摸了摸自己的腦袋，問道：「我的頭還在不在？」兩將說：「都督請寬心，蜀軍已經去遠了。」

司馬懿這才放下了心，他喘息半晌，漸漸平靜下來。這時，他已經知道，自己又被諸葛亮耍弄了一回。蜀兵既然不追而退，顯見諸葛亮果真死了。否則，蜀兵定會一鼓作氣，奪了自己的大寨，然後徑直向長安進發的。

司馬懿立即派探馬前去偵察。探馬隨後回報，蜀兵再退時，軍中揚起白旗喪幡，哀樂大作，哭聲不斷。司馬懿這才相信，那個神謀無敵的諸葛亮真的是死了。

原來，諸葛亮吩咐長史楊儀將先前用於裝神弄鬼的雕像安在四輪小車上，用青紗蒙住，偽造出了諸葛亮還活著的假像，成功地嚇退了司馬懿，確保蜀軍安然撤回漢中。這是諸葛亮一生中最後一次用計，而司馬懿很「配合」地幫助諸葛亮完成了他這一生中的最後一次傳奇。這一段故事，就叫做「死諸葛嚇退活司馬」。

司馬懿探明真相後，不由自嘲道：「我能料其生，不能料其死也！」這就算是給自己找台階下了。

回顧司馬懿和諸葛亮這兩個勢均力敵的對手在這一場長達六年的拉鋸戰中的對決，可以清晰地看到，局部是諸葛亮勝，全域是司馬懿勝；戰術上是諸葛亮勝，戰略上是司馬懿勝。而局部終究蓋不過全域，戰術始終比不上戰略，終究還是司馬懿笑到了最後。

司馬懿職業生涯的開篇，遠遠不如諸葛亮那樣精彩。但他用二十多年的時間慢慢趕了上去，與諸葛亮並駕齊驅。

司馬懿千方百計與諸葛亮抗衡，希望戰而勝之。但是，諸葛亮真的死了之後，司馬懿卻因為失去了這樣一個值得尊敬的對手而茫然若失。

在世人的眼裡，甚至在諸葛亮的眼裡，司馬懿是與他在伯仲之間的對手。但司馬懿卻覺得自己其實遠遠不如諸葛亮。司馬懿很清楚地知道，自己只是占了魏國實力遠勝蜀國以及防守戰略遠優於進攻戰略的光，才勉強與諸葛亮對峙了六年。如果兩個人易位而居，司馬懿斷定自己毫無勝算。

但這也引發了司馬懿進一步的思考。諸葛亮如此足智多謀，為什麼最終還是失敗了呢？這個問題一直縈繞在司馬懿的腦海裡，促使他不斷地反省、思考……

心理感悟：忍耐是沒有辦法時最好的辦法。

掃平遼東

走上了父親的老路 / 終於等來新機會 / 依樣也難畫葫蘆 /
兩道奇怪的詔令 / 最高智慧的托孤

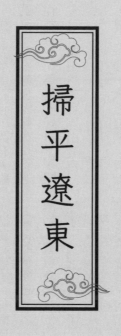

46 —— 走上了父親的老路

司馬懿用他的堅忍硬生生地熬死了「三國第一戰神」諸葛亮後，聲望一時達到了頂峰。曹叡很及時地給出了豐厚的回報。司馬懿的位階再進一步，被提升為太尉，他的封邑也大大增加了。曹叡依然十分信任司馬懿，讓他繼續執掌軍權，坐鎮長安，威懾蜀國。

蜀漢自諸葛亮一死，失了主心骨，雖有姜維繼承諸葛亮遺志，但囿於國力疲弱和自身權威的不足，始終沒能掀起多大的風浪。司馬懿也因此在長安過上了難得的清閒日子。

但是，好景往往不長。司馬懿的好日子才剛剛開始，曹叡身上發生的重大變化卻又讓他憂心不已。

蜀吳兩國無力攻魏，曹叡終於可以由著自己的性子，過逍遙日子了。他開始在許昌、洛陽大興土木，營建宮殿。一時間建起了朝陽殿、太極殿、總章觀、崇華殿、青霄閣、鳳凰樓、九龍池等。一切建築，金玉裝飾，雕梁畫棟，碧瓦金磚，重重錦繡，皆以華麗堂皇為要旨，可謂極盡奢華之能事。曹叡精選天下巧匠三萬餘人，徵發民夫三十萬人，不分晝夜施工。曹叡甚至不顧自己是九五至尊，竟然親自參與掘土挖泥。

曹叡的這些舉動，大肆消耗民脂民膏，導致百姓辛勞疲累，怨聲載道。忠心於國事的大臣們實在看不過眼了，就開始強行進諫。

司徒董尋率先上表，曹叡大怒，將其廢為庶人。

曹叡又召來馬鈞詢問，想要尋求長生不老之方。馬鈞說：「漢朝二十四天子，漢武帝享國最久，他曾在長安宮中建了一個柏梁台，上立銅人，手捧一盤，名叫『承露盤』，接三更北斗所降沆瀣之水，名叫『天漿』，以美玉為屑，調和服用，可以返老還童，百病不侵。」

曹叡大喜，急忙派馬鈞帶領一萬人，星夜趕到長安，將柏梁台上的銅人拆下，連同承露盤一併運回洛陽，置於宮室之中。

曹叡又在上林苑中廣種奇花異木，蓄養珍禽怪獸，供自己遊玩享樂。曹叡還繼承了曹丕的好色基因，廣選美女數千，日夜宣淫。

少傅楊阜、太子舍人張茂等人冒死勸諫，結果激怒了曹叡，均遭殺身之禍。曹叡隨即下詔，立了一個大油鼎，再有諫者，立烹之。

群臣至此，再無一人敢言。

曹叡的巨變讓人驚詫不已。這個聰明絕頂、少年老成的年輕人，本來是很有機會成為一統天下的明主聖君的。西蜀的頂梁柱諸葛亮已死，劉禪無能，國中人才匱乏，已經不可能對魏國造成威脅。東吳雖人才濟濟，但孫權稱帝之後，也變得剛愎自用，日漸昏庸。如果曹叡能夠像剛剛繼位時那樣勵精圖治，英明迅捷，以魏國的超然實力，完全有可能實現曹叡祖父曹操的遺願，統一四海。

但可惜的是，曹叡成長過程中經歷的那些非人磨難，無可避免地在他性格中留下了深刻的痕跡。當他擁有了無人制約的終極權力後，當外部的壓力一一消退後，潛意識中的那些負面印記終於浮出了水面，並日漸主宰了他的思維。

我們知道，曹叡曾經是那麼痛恨他的父親曹丕，但他的行為做派卻越來越像曹丕了，甚至是有過之而無不及！

曹叡對郭女王的報復雖有心胸狹窄之嫌，但大體上還是可以理解的。但是，曹叡對曹丕劣行的驚人的複製卻未免讓人大跌眼鏡。

曹叡身為平原王的時候，娶了一位姓毛的正妻。一開始也是夫妻恩愛。後來，毛氏被曹叡立為皇后。但是，有著好色基因的曹叡竟然也像父親曹丕一樣，喜新厭舊，迷戀上了另一位寵妃。而這位寵妃竟然也姓郭！

曹叡有了郭妃後，開始嫌棄正妻毛皇后，經常好幾個月都不與毛皇后相見。有一次，曹叡在上林苑中與郭妃賞玩遊樂，然後在花萼樓上飲酒暢敘。郭妃問：「陛下，何不請來毛皇后同樂呢？」

曹叡冷冷地回答道：「她要是來了，我就連一滴水也喝不下了。」隨即下令，讓宮娥們四壁把守，不得讓毛皇后知道些微消息。

無巧不成書，這一天，毛皇后因久已不見曹叡，心中不樂，於是帶著十來個宮女，到與花萼樓相距不遠的翠花樓消遣。

毛皇后在翠花樓上聽到不遠處樂聲嘹亮，於是問是何處作樂。翠花樓內一位知情的侍從回答說：「這是陛下與郭夫人在花萼樓上賞花飲酒。」

毛皇后聽了，心中煩惱頓生，但她是個有涵養的女人，當下並未多言。

第二天，毛皇后乘車出宮遊玩，正好在曲廊上遇見了曹叡。毛皇后強顏歡笑，主動向曹叡致意，開玩笑說：「陛下昨天在花萼樓玩得很開心吧？」

毛皇后的這句話本是善意寒暄，但曹叡聽了，卻分外刺耳。他以為這必是毛皇后刻意打探了自己的行蹤。曹叡頓時大怒，喝令宮中侍衛將毛皇后拿下，當場絞死！

曹叡隨即下令，將昨日在花萼樓陪侍的所有宮女侍從，全部殺了。

沒過多久，曹叡就改立郭夫人為皇后。過了很久，郭皇后有一次趁著和曹叡飲酒的機會，問他為什麼要把這些宮女侍從全部殺掉。

曹叡冷冷地回答說：「我已經下令不得讓毛氏知情。毛氏第二天就故意到我面前說事，一定是這幫人不聽我的命令洩露給毛氏的。這樣的人必須全部殺掉！」

曹叡另覓新歡郭氏，對待原配毛氏冷酷無情的做法完全複製了曹丕當年的行為。曹丕當年曾經深深傷害了曹叡，曹叡為什麼還會走上父親的老路，變成另一個加強版的曹丕呢？

這其實是一種特殊的心理防禦機制，叫做「與攻擊者認同」，即個體在遭受到攻擊者的傷害後，將攻擊者的行為模式內化為自己的行為模式，並施加給其他的人。

在曹叡這一個案中，最初的攻擊者是父親曹丕。曹叡對他十分憤怒，卻又不敢表露。這就造成了內心的痛苦。為了排遣強烈的負面情緒，維護意識的平衡，「與攻擊者認同」這種心理防禦機制就應運而生了。由此，曹叡在潛意識中接受並認同了曹丕的行為。然後，在十幾年後，他在不知不覺間就成了一個唯妙唯肖的模仿者，也即攻擊者，從而完全複製了曹丕的做法。

這種「與攻擊者認同」並不僅僅存於曹叡身上，司馬懿的潛意識中也有這種防禦機制。只是，在司馬懿的個案中，最初的攻擊者是他的夫人張春華。張春華殘殺無辜婢女的行為是司馬懿決不能接受的。但司馬懿卻成了最大的既得利益者，無可反對。於是，司馬懿只能認同攻擊者行為的合理性。

此後，當合適的情境出現後，司馬懿就成了複製張春華殘殺行為的攻擊者。第一個不幸遭到他殘忍攻擊的受害者就是孟達。司馬懿雷厲風行，千里奔襲，斬殺孟達的行為，其內在實質與當初張春華殘殺家中女婢毫無二致。

當然，孟達絕不是唯一的受害者。只要合適的情境再度出現，司馬懿仍然會毫不猶豫地扮演那個殘忍的攻擊者。因為，「與攻擊者認同」這一心理防禦機制早已深深紮根於他的潛意識。同樣，曹叡也會繼續複製曹丕的行為，只是此刻還不知道下一個受害者將會是誰。

曹叡的倒行逆施讓司馬懿十分擔心。因為朝中對他不利的言論，隨著邊境漸安以及他手中的兵權日重再度興起了。曹叡修建淩霄闕的時候，曾經有喜鵲在闕上築巢。曹叡以為這是吉兆，但光祿勳高堂隆卻引用《詩經》中的《召南．鵲巢》一詩，說「維鵲有巢，維鳩居之」。意思是說等不到宮殿建成，恐怕就會有異姓的權臣鳩占鵲巢，取曹魏而代之。

高堂隆雖然沒有直說那個可能有逆篡之心的權臣是誰，但明眼人稍加思考就能判斷出此人非司馬懿莫屬。

且不說「鷹視狼顧論」由來已久，即從現況來看，曹休、曹真早已去世，不久前陳群也去世了。曹丕當初欽定的四大輔政重臣只剩司馬懿碩果僅存。兵權在握的司馬懿在徹底擊敗了諸葛亮後，威望高漲，更是暗合權臣的形象。

司馬懿明白，至高無上的地位背後往往是巨大的風險，他非常擔心日漸昏庸的曹叡會聽信讒言而對自己不利，但一時卻無計可施……

心理感悟：人們之所以變成自己所痛恨的人，也許只是為了逃避痛苦。

47 終於等來新機會

司馬懿在惴惴不安中度過了兩年多的時光，終於等來了高堂隆的死訊。但是司馬懿絕沒有想到，對曹魏帝國忠心耿耿的高堂隆竟然在臨死前還不放過自己。

那時，高堂隆已經無力執筆書寫，只能口述奏章。高堂隆說：「十多年前，在先帝執政時，上天曾經發出過警示之兆。在宮中的燕巢中出現了一種怪鳥，全身通紅，十分詭異。這對魏室很不利啊！陛下應該防範鷹揚之臣，以免禍起蕭牆。最好讓諸王在各自的封地內建立軍隊，像棋子一樣在各地分布，拱衛京畿，保護皇室。」（原文為：臣觀黃初之際，天兆其戒，異類之鳥，育長燕巢，口爪胸赤，此魏室之大異也，宜防鷹揚之臣於蕭牆之內。可選諸王，使君國典兵，往往棋跱，鎮撫皇畿，翼亮帝室。）

高堂隆說「鷹揚之臣」，就差沒有點出司馬懿的名字了。環顧魏國諸臣，除了「鷹視狼顧」且又「軍權在握」的司馬懿，還有誰能擔得起「鷹揚之臣」的名稱呢？

高堂隆死死揪住司馬懿不放，並不是因為他和司馬懿有私人過節，而是出於對國家的忠誠以及對當時情勢的基本判斷。但他的做法給司馬懿帶來了極大的壓力。

司馬懿心裡充滿了苦澀。他這一路走來，幾乎從未真正擺脫過生存危機，在短暫的安寧順遂後，總是會出現種種不召自來的風波或危機。無論他如何精忠竭誠，「鷹視狼顧論」都是揮之不去的魔影，一直懸罩在他的頭上，讓他心力交瘁。要不是司馬懿足夠堅忍，恐怕早就崩潰了。

不過，曹叡正處於他這一生中的自信巔峰，認為自己完全能夠掌控局勢而對高堂隆的臨終諍言沒有太過強烈的反應。

司馬懿得知後，行事更加低調謹慎。同時，他十分懷念此前與諸葛亮烽火連天的攻防歲月。他不由想起了當初和諸葛亮合演的「空城戲」，也更深地體會到，唯有狡兔不死，走狗的自身安全才有保障。

司馬懿十分渴望戰事再起。只有這樣，他的價值才能得到充分體現，他的安全也才能得到保障。但是，蜀魏邊境始終無事，司馬懿只有淡定心神，自求多福。

這樣的日子又過去了一年，司馬懿也踏入了自己的耳順之年。在當時，六十歲已經算是高壽了。司馬懿的同齡人，大多已經先他而去，甚至連很多比他年輕的人也早已離世。但司馬懿的身子骨卻依然硬朗如昔。顯然，命運還沒有打算讓他過早結束生命的旅程，等待他的還將是無法預料的波瀾壯闊。

幽州刺史毌丘儉急報上書曹叡，說是遼東公孫淵造反，自立為燕王，起兵劫掠幽州地界，擊敗了魏軍，氣焰囂張。

遼東本是幽州的一個郡，但因地處偏遠，中央政府鞭長莫及，早在東漢末年一直被公孫氏掌控。從曹操開始，就無暇顧及遼東，只能默認公孫氏的割據現實。後來，曹丕稱帝，也沿襲曹操的做法，採取安撫策略。遼東的統治者公孫康去世後，其子公孫淵年幼，群下擁立公孫康之弟公孫恭繼位。曹丕未加干涉，而是承認了這一既成事實，並授予公孫恭「車騎將軍」的稱號。等到曹叡執政後，生性強悍的公孫淵已經成年，他密謀策劃，強行從叔父手中奪回了寶座。公孫淵擅自廢立引發了魏國群臣的極度不滿，紛紛建議曹叡出兵剿滅公孫淵。但曹叡因為剛剛繼位，不願意把手伸得太長，於是也依照父祖舊例，封公孫淵為揚烈將軍、遼東太守。

後來，孫權登基為帝後，公孫淵假意上表稱臣，把孫權哄得十分開心，當即封他為燕王，並派出很高級別的萬人使團，帶上大量的貴重寶物前去封賞。但公孫淵很快發現，東吳與遼東遠隔千里，投靠孫權並不能給自己帶來安全保障，於是翻臉不認人，對乘興而來的東吳使團大開殺戒，然後反過來向曹叡邀功請賞。

曹叡對於反復無常的公孫淵十分反感，未予置理。公孫淵擔心曹叡對自己下手，於是狗急跳牆，鋌而走險，自立為王，對曹魏開戰。

遼東地處偏遠，攻打十分不易。要不是這個原因，雄才大略的曹操早就在擊敗袁紹後，順勢將遼東剿滅了。孫權在受騙後，大光其火，想要親自帶領水軍，劈波斬浪，掃平遼東，但也因為鞭長難及而不得不強嚥下這口氣。

如今，難題依舊。曹叡覺得十分棘手，盤來算去，只有將鎮守長安的司馬懿召回洛陽商議對策。司馬懿大喜，這正是他朝思暮想的大好機會。於是，他主動向曹叡請戰，說：「陛下，我部下有四萬人馬，足以攻破此賊！」

曹叡看司馬懿已經兩鬢斑白，不免有些疑慮，說：「路遠兵少，恐怕沒那麼容易擊敗公孫淵吧？」

司馬懿信心滿滿地說道：「兵不在多，只要設奇用計，就一定能剿滅公孫淵！陛下無須多慮。」

但曹叡並沒有輕易被司馬懿的豪言壯語打動，而是想知道司馬懿到底有什麼樣的「奇計密謀」來對付狡詐無情的公孫淵。不過，曹叡說話很有策略，他沒有直接發問，以免傷及司馬懿的自尊。曹叡從公孫淵的角度出發，問道：「你覺得公孫淵將會用什麼策略抵禦我們的進攻？」

這種「反向立場提問」，從被問者的對立立場設問，將對被問者的考量轉化為請教，從而有效達成無刺激質詢。

司馬懿微一沉吟，回答說：「如果公孫淵放棄襄平（遼東郡治所所在）而走，當是上策。如果他在遼水之畔的遼隧拒擋我大軍，當是中策。如果他死守襄平，就是下策，一定會被我所擒。」

經驗對於一個人的判斷力至關重要。從司馬懿的回答中，可以明顯看出他在與諸葛亮長達六年的攻防大戰中昇華而得的謀略智慧。

得益於諸葛亮奇絕詭異的凌厲進攻，司馬懿逐漸成長為「三國第一防守聖手」。現在，當他自身由防守者轉化為進攻者之後，他很自然地會從一個防守者的角度來思考公孫淵將如何應對自己的進攻。

當初，司馬懿之所以死守陣地，既不出戰，更不後退，是因為實在是無路可退。只要司馬懿一撤退，軍事重鎮長安就會失守。而長安作為漢室開國之都，是極具象徵意義的政治要地。魏國要是失了長安，就會失去民心，諸葛亮趁勢就有機會收服整個中原。

而遼東則不同。遼東背後是極為廣闊的荒原地帶，如果公孫淵退出襄平，實行堅壁清野之策，司馬懿的大軍很快就會陷入無可攻擊的絕境，用不了多久，彈盡糧絕後，只能收兵回師。公孫淵就可伺機反撲，將司馬懿殲滅。

所以，司馬懿說這是公孫淵的上策。

曹叡立即聽明白了，不由憂上心頭，沉默了片刻，又問道：「那麼，你將用什麼辦法來對付公孫淵呢？」

司馬懿自信地一笑，說：「陛下，只有大智慧者才勇於放棄。公孫淵不過是個愚鈍無知的莽夫，我料定他會先在遼水拒守，然後退守襄平。這樣他就逃不脫我的手心了！」

司馬懿的這個判斷，確實是洞悉人性的智慧之言。他自己當了多年的防守者，深知「寸土不讓」的超級誘惑力。這也正是「稟賦效應」的效力使然。任何一個人，當自己所擁有的東西面臨失去的危險時，一定會竭盡全力加以保護，而絕不肯輕易放棄的。司馬懿料定公孫淵一定會嚴防死守，而做不到以退為進。

曹叡聽了，深覺有理，懸著的心頓時放了下來。他語氣平緩，彷彿勝券在握地問道：「你這一去征討遼東，來回大概需要多長時間？」

司馬懿略略盤算了一下，說：「從這裡到遼東，有四千里地。去需要一百天，回需要一百天，攻打需要一百天，再加上休息六十天。我估計一年的時間就足夠了。」

曹叡大喜，當即決定親自率領文武百官為司馬懿的出征送行。說實話，司馬懿不顧年事已高，主動請戰，是很讓曹叡感動的。這自然也進一步加深了他對司馬懿的信任。為了回報司馬懿為國效忠的拳拳熱忱，曹叡特意下令，讓司馬懿的弟弟司馬孚作為使者，一路歡送，直到他們的故鄉溫縣。

少小離家老大回，鄉音無改鬢毛衰。司馬懿三十歲時離家出仕，如今已經六十歲了。經歷了三十年的挫折與磨難，三十年的奮鬥與掙扎，兩鬢斑白的司馬懿終於在波詭雲譎的政壇上嶄露頭角，位極人臣。富貴不歸故鄉，無異於錦衣夜行。這其實是人之常情。

司馬懿回到故鄉溫縣，似乎渾然忘了領軍出征這件事，一連數日，都沉浸在與父老鄉親們的燈紅酒綠之中。他甚至還借著酒勁，寫了他平生唯一留下的四言詩：

天地開闢，日月重光。遭遇際會，奉辭遐方。將掃逋穢，還過故鄉。肅清萬里，總齊八荒。告成歸老，待罪武陽。

這首詩固然有回顧人生，自我炫耀之意。但從最後的八個字「告成歸老，待罪武陽」中，我們也可以很清晰地看到，司馬懿其實也是在借詩傳意，向皇帝表明自己絕無覬覦之心，一旦功成，就將告老還鄉，安享晚年。

司馬懿這樣做，絕不是多餘的。權重威上、功高震主的人，如果自己還不低調謹慎，是很容易自取其禍，難得善終的。

> 心理感悟：人生最稀缺的一課就是站到對方的立場考慮問題。

㊽ 依樣也難畫葫蘆

司馬懿借詩表明心跡後，心情安定，引領大軍向遼東進發。

等司馬懿趕到遼東後，果然不出其所料，公孫淵早已命令卑衍、楊祚兩將率領精兵數萬，在遼水之畔的遼隧擺開嚴防死守的陣列，阻止司馬懿的大軍渡過遼水。

司馬懿用「堅守不出」熬死戰神諸葛亮的事情早已成為傳奇，傳遍天下。卑衍、楊祚二人雖遠處遼東，但也已知悉司馬懿的大名。迎戰之前，二人商議對策，決定依樣畫葫蘆，以其人之道還治其人之身。

卑衍對楊祚說：「魏兵千里遠來，人多糧少，必難持久。當初司馬懿在渭南堅守，就連諸葛亮也無計可施，只能退兵。我們今天就用司馬懿的招數來對付他。等到他軍糧耗盡，不得不退兵之際，再大舉反攻。」

楊祚大喜，拍掌叫好，覺得司馬懿已經指日可擒。

再說司馬懿見了遼東大軍的陣勢，不由一陣大笑，對麾下諸將說：「這不是拾人牙慧嗎？他們想堅守遼隧，不與我軍交戰。但他們聚集遼東精銳在此，襄平空虛，正好給我們提供了一個好機會。我們可以放棄遼隧，直奔襄平。敵將見勢不妙，必定後撤救援，我們借機在路上伏擊，就能擊潰他們了。」

卑衍和楊祚不知道，司馬懿的堅守策略之所以能夠成功，有一個很重要的原因是諸葛亮越來越趨於保守，不肯冒險。諸葛亮初出祁山之時，如果肯採納魏延的建議，從子午谷派一支奇兵，突襲長安，說不定早就大功告成了。諸葛亮六出祁山，在五丈原與司馬懿僵持時，也有一個繞過魏軍大寨，出武功奇襲長安的機會。司馬懿一度非常擔心諸葛亮這樣做，但諸葛亮還是沒有選擇冒險一試，這才給了司馬懿一直堅守的機會。

現在，當卑、楊二將模仿司馬懿的時候，司馬懿卻絕不會重蹈諸葛亮的覆轍。司馬懿立即下令，從別處渡河，繞過遼隧，直接向遼東首府襄平發起進攻。

這真是小偷遇上了賊祖宗！

卑衍、楊祚二人在司馬懿面前班門弄斧，卻是搬起石頭砸了自己的腳。卑衍、楊祚得知司馬懿大軍已經向襄平進軍，大驚失色，連忙撤防追擊司馬懿。

司馬懿早就伏下了兩路伏兵，卑衍、楊祚中了埋伏，司馬懿又引兵殺回，將遼東大軍團團圍住。經此一戰，卑衍被斬，遼東精銳喪失大半，楊祚帶著殘部退回襄平城中。

公孫淵絕沒想到司馬懿的攻勢竟會如此凌厲無情，只好在襄平城中堅守不出。司馬懿指揮大軍，將襄平城四面圍合，襄平遂成獨立無援的孤城，而公孫淵也成了甕中之鱉。

此時正逢秋雨連綿之季，天降大雨，一月不止，平地水深三尺。魏軍身陷水中，苦不堪言。但大水也給司馬懿帶來了一個好處。運糧之船可以從遼水口直接開到襄平城下，確保了魏軍的糧草供應。但是，雨水不住，軍營中泥濘不堪，兵士們十分不便。

左都督裴景向司馬懿請示，希望將軍營移屯到遠處山上，以避水患。司馬懿知道襄平城中已經缺糧，如果大軍一移動，合圍之勢頓開，遼東軍馬就有可能趁隙而出。司馬懿大怒道：「我難道不知道營中泥濘嗎？現在活捉公孫淵就在眼前，怎麼能隨便移動營盤呢？你不要胡言亂語，亂我軍心，再有說移營者定斬不饒！」

裴景嚇得唯唯而退。

但是，在雨中駐防實在是太難受了。過不多時，右都督仇連應軍士之迫切請求，又來向司馬懿陳說，懇請司馬懿開恩，憐憫士兵的不易。

仇連確實不夠了解司馬懿。這個已經將堅忍與殘忍都修煉到了最高境界的人，不但自己以六十高齡來忍耐水中泥濘的日子，而且也會用殺人不眨眼的威嚴來懲罰一切猶疑之徒。

司馬懿勃然大怒道：「我早已下令，再說移營者斬！你明知故犯，死罪難逃！」當下就將右都督仇連斬了，梟首示眾。

這一殺之威果然生效，滿營軍士，再無一人敢出聲抱怨。

司馬懿圍城日久，突然下令圍攻城南的部隊後撤二十里，任由城內軍民出城，砍樵伐薪，放羊牧牛。行軍司馬陳珪對此大為不解，對司馬懿提出疑問：「太尉，您先前攻占上庸之時，只用八天急行軍就攻到了城下，很快生擒孟達，成就大功。這一次，您帶著精兵四萬，千里而來，為什麼對襄平卻圍而不打呢？還任由軍士在秋雨中忍耐，現在又縱放賊眾砍樵放牧。我看不懂太尉是怎麼想的，請您指教。」

司馬懿哈哈大笑道：「你雖然名為司馬，卻不知兵法。現在的情形和奇襲孟達完全不一樣。當初，孟達糧多兵少，足夠支撐一年。而我的兵馬數量是孟達的四倍，但糧草還不夠支撐一個月。以一月之糧，敵一年之糧，怎麼能不速戰速決呢？以四倍之兵，敵一倍之兵，怎麼能不輕鬆獲勝呢？現在的情況是，遼東兵多，我兵少。遼東缺糧，我糧草充足。圍城一日，敵人就削弱一日，又何必逼攻呢？我現在放開城南一線，其實是欲擒故縱，任由他們樵牧，就可以渙散他們的軍心，以免他們困獸猶鬥！」

陳珪和其他諸將聽了司馬懿精妙的分析，不由對他隨形就勢、善因事變的精深謀略歎為觀止。

在司馬懿的強力推動下，魏國大軍在雨中苦苦堅持了一個多月，終於等來雨過天晴的日子。

司馬懿立即下令對襄平城發動瘋狂的攻擊。魏軍築土山、挖地道、立炮架、搭雲梯，矢石如雨，射入城中，日夜攻打不息。

襄平城中早已糧盡，公孫淵不得已宰殺牛馬為食。等到牛馬也吃光了，就開始發生人吃人的惡性事件。公孫淵眼見民心將變，心裡越來越害怕，於是慌忙派相國王建、御史大夫柳甫出城向司馬懿請降。

王建、柳甫對司馬懿哀告道：「請太尉退兵二十里，我們遼東君臣自來投降。」

司馬懿大怒道：「你們怎麼敢輕視我呢？」立即喝令將王、柳二人斬首。司馬懿隨後寫了一道檄文，讓王、柳二人的隨從帶回給公孫淵。

司馬懿為什麼不肯接受公孫淵的投降，甚至也不給王、柳二人任何解釋的機會，就將他們一殺了之呢？要知道，兩國交戰，不斬來使，是當時最基本的軍事原則。除非在極特殊的情況下，為了表明誓不兩立的決心，才會將對方的使者斬首。當初赤壁之戰的時候周瑜也做過一次這樣的事。那是因為諸葛亮巧用激將法，激起了周瑜對曹操的無比憤恨。司馬懿為什麼要這樣做呢？

這固然是因為司馬懿心狠手辣，但司馬懿其實還另有深意。這從他寫給公孫淵的檄文中可以看出來：

竊謂楚鄭列國，而鄭伯猶肉袒牽羊迎之。孤天子上公，而建等欲孤解圍退舍，豈得禮邪！二人老耄，傳言失指，已相為斬之。若意有未已，可更遣年少有明決策者來！

司馬懿的意思是，春秋戰國時期，楚國和鄭國都是諸侯之國，但楚國討伐鄭國的時候，鄭國的國君袒胸露背，牽著肥羊向楚王請罪。而我的身分是魏國上公，王建竟敢要求魏國大軍退後二十里才出來投降。這豈不是太過無禮了？這兩個人一定是老糊塗了，說的話太不搭調，所以我把他們都砍了。如果你的意思還沒有表達清楚，就派個腦子清楚、有決斷力的年輕人來。

其實，這根本不是司馬懿真正想表達的。司馬懿知道，像公孫淵這種狡詐無情、首鼠兩端的人，是決不能放虎歸山的。如果在此次勢在必得的時候，不將他趕盡殺絕，那麼，他吸取了這次失敗的教訓後，以後就很難對付了。

所以，司馬懿心中早已定下了斬草除根的主張，只不過是故意用這樣的方式來進一步迷惑公孫淵，並瓦解他的鬥志。

驚慌失措的公孫淵果然上當了，他從司馬懿的檄文中窺見了一線生機，但他還是不甘心像鄭伯那樣肉袒牽羊無條件地向司馬懿投降。他與侍中衛演商議後，決定讓衛演前往魏軍大營，再和司馬懿談談條件。

衛演出城來到魏營，膝行入帳去見司馬懿。

衛演早已想好說辭，他對司馬懿說：「願太尉息雷霆之怒。克日先送世子公孫修為質當，然後君臣自縛來降。」

這就是公孫淵和衛演自以為聰明的做法，以為用兒子當人質做幌子，可以拖延時日，再尋逃脫之策。但是，聰明人往往就死在自己的聰明上。投降，最要緊的就是證明自己的誠意。鄭伯之所以能夠得到楚王的寬宥，就是因為無條件地把生殺大權交給了對手，從而激起了對方的憐憫之心。公孫淵本來就因為不講信義而臭名昭著，在火燒眉毛的危急時刻，還一再和司馬懿講條件，早就揮霍了唯一可能的生機。

司馬懿聽了衛演的說辭，倒沒有動怒，淡淡地說：「兩軍交戰，有五條原則：能戰則戰，不能戰當守，不能守當走，不能走當降，不能降當死。你們如果不投降，就只有死路一條了。你回去告訴公孫淵，也用不著送兒子來當人質了，洗頸待戮吧。」

衛演聽了，心中一涼，慌忙趕回城中，將司馬懿的話原樣不動轉述給了公孫淵。

公孫淵聽了大驚，心中最後一點希望也斷絕了。他急忙與兒子公孫修密商，連夜出逃。但是，司馬懿早已布下了天羅地網。公孫淵這一逃，等於是自投羅網，很快就落入了魏國大軍的包圍圈中。

到了這個時刻，公孫淵父子才下馬自縛而降。但是，這個時候的投降，已經毫無意義。「與攻擊者認同」再一次出現了。心腸堅硬的司馬懿立即下令將公孫淵父子及其宗族全部斬首。同時，他還下達了血洗襄平的命令，讓部下大開殺戒，斬殺公孫淵手下文武百官兩千餘人、十五歲以上的兵士七千餘人。一時間，襄平城中哀聲遍野，血流漂櫓。司馬懿一夜之間，就讓自己變成了恐怖之神。

本來，像擒獲敵酋這樣的重大事件，司馬懿應該先將他們繫獄，然後向曹叡匯報，聽候曹叡的指示再做處置。但是，在潛意識中「與攻擊者認同」的驅動下，司馬懿毫不猶豫就下了死手。公孫淵父子也由此和孟達一樣，成為司馬懿雙忍性格下的犧牲品。連帶成為受害者的還有無數從逆而死的無辜冤魂。

至此，從東漢末年就占據遼東長達五十年，連曹操這樣的梟雄都無力剷除的公孫氏家族，就被司馬懿徹底消滅了。司馬懿這一戰，牢牢地樹立起了他無敵於天下、令對手聞風喪膽的恐怖形象。

> 心理感悟：模仿者只有找到「靈活性保鏢」，才能順利抵達彼岸。

49 兩道奇怪的詔令

曹叡收到司馬懿的捷報後，立即增加了司馬懿的封邑作為獎勵。

司馬懿掃平遼東，大功告成，他計算首尾時日，正好與自己估算的一年時間吻合。司馬懿大軍回師，準備先到洛陽覲見皇帝。回程路上，司馬懿的心情十分愉悅。但是，他沒有輕鬆多久就接到了曹叡新下的命令，讓他直接回到原來鎮守的長安，不要再去洛陽了。

司馬懿心裡感到了隱隱的不安，勝利的喜悅立即煙消雲散。按照常規判斷，司馬懿這一次克成大功，皇帝理應在洛陽接見，以示嘉賞才對。曹叡加封縣邑的命令已經傳到，蜀魏邊境平安無事，沒有理由這麼著急就讓司馬懿回鎮長安。司馬懿不得不猜測，是不是自己的威望高漲，又引來了什麼閒言碎語。

三天之後，當司馬懿行至距離洛陽四百里地的汲縣時，又收到了一份加急的皇帝手諭，上面歪歪斜斜寫了十四個字：

間側息望到，到便直排閣入，視吾面。

意思是：「我現在躺在榻上等你到來，你到了之後立即就進宮來見我。」

三天前，曹叡要司馬懿不要去洛陽，直接回長安。三天後，曹叡卻又讓司馬懿立即趕去洛陽和他見面。這前後矛盾的兩道詔令，頓時讓司馬懿警覺起來。他判斷，魏國朝中一定是出大事了！

司馬懿的猜測八九不離十，就在這短短的幾天內，曹叡突然病情危急！

曹叡這一年剛剛三十六歲，正是如日中天的年紀，怎麼會突然病危了呢？

究其根底，這還是「與攻擊者認同」帶來的傷害。在這一心理防禦機制的強力作用下，曹叡變本加厲地複製了父親曹丕的縱情聲色，並最終以提前四年的「優異表現」超越了同樣英年早逝的父親。（曹丕死時四十歲，而曹叡死時三十六歲。）

曹叡後宮中的妃子宮女多達數千人，遠遠逾越了皇帝的禮制核定人數。曹叡在酒色上不加節制，日夜沉溺，終於過早掏空了自己年輕的軀體。而他本人，也極具諷刺意味地成為他的最後一個受害者！

任何一個帝王，到了病情危急的時候，首先要做的事就是趕快立嗣。但可悲的是，曹叡竟然沒有親生骨肉可以繼承他的帝位。

曹叡面臨的窘境並非孤例。在整個中國歷史上，帝王之家的男丁往往一代衰過一代，到後面幾代，往往都斷了子息。這裡面有個優生學的道理。開創帝王基業的始祖，往往男性雄風過人，但他後面的子孫，因為生在皇家，條件優越，在尚未發育成熟時，就過早放縱情欲，這往往導致初生之子體格虛弱。但皇室一般立嫡以長，體弱多病的長子繼位的機率很大。積弱幾代後，男性雄風不再，自然就會出現曹叡式的無子困局。

曹叡曾經在七年前生過一個兒子曹殷，但沒過多久就夭折了。後來，曹叡再也沒有等來自己的親生骨肉。他不得不從宗室子弟中找了兩個孩子，收為養子。但他以為自己年紀尚輕，一定還有生子的機會，並沒有急著立太子。

曹叡突然病危後，就只能在兩個養子中選一個繼承人了。曹叡選定八歲的養子曹芳當太子，接下來要做的就是為這個黃口孺子安排好輔政大臣了。

曹叡的父祖曹操、曹丕都面臨過同樣的場景，但曹叡的情形尤為特殊。曹操臨終托孤時，曹丕已經三十六歲，且歷練甚豐。曹丕臨終托孤時，曹叡也已經二十三歲，基本成熟。但到了曹叡托孤，曹芳還只是個懵懂孩童，由此，輔政大臣的選擇就顯得尤為重要了。

病勢危急的曹叡決定任命自己的叔叔燕王曹宇為大將軍，與領軍將軍夏侯獻、武衛將軍曹爽、屯騎校尉曹肇、驍騎將軍秦朗等六人一起擔當輔佐幼主的重任。

這是聰明睿智的曹叡做的一個糊塗決定！

這份托孤重臣的名單上，其實就寫了四個字——任人唯親。其中，曹宇是曹操之子，自幼與曹叡交好。夏侯氏與曹氏親如一家，夏侯獻自然也是曹叡的同族近親。曹爽是曹真的長子。曹肇是曹休的長子。秦朗雖然不姓曹，但也是曹操的養子。秦朗的父親叫秦宜祿，本是呂布的部下。呂布被曹操攻破後，曹操得知秦宜祿的妻子杜氏美貌無雙，於是強納杜氏為妾。秦朗自小就住在曹操的丞相府中，深得曹操喜愛。曹操還公開指著秦朗，對賓客說：「這世上還有像我這樣喜愛繼子的嗎？」

從這份名單上可以看出，臨死之際的曹叡對於異姓大臣們所流露出來的強烈的不信任感。雖然他此前一直很信任司馬懿，但那是建立在他自覺身體康健、馭控有方的前提下的。當他不得不立年僅八歲的曹芳為太子後，他不得不擔心「鷹視狼顧」的「鷹揚之臣」司馬懿真的會在他死後成為橫行無忌的權臣。

思來想去，曹叡最終還是覺得有著親緣關係的宗族之人更為可信，由此擬定了這麼一份清一色的輔政大臣名單。而他的父祖曹操、曹丕，均是以宗族親信為首輔大臣，並配以異姓能臣均衡班底的。

曹叡頒布這項任命的時間是十二月二十四日。燕王曹宇生性恭順溫和，與曹叡的關係親密。他十分抵觸這項任命，因為接受這項任命就等同於確認曹叡的辭世。他一時在情感上無法接受，於是非常堅決地予以推辭。曹叡沒有同意他的推辭，依然頒布了自己的命令。曹宇只能強忍悲痛，發誓要竭盡全力，不負重托。

曹宇隨即想起了剛剛掃平遼東的司馬懿正在回師洛陽的途中。曹宇非常擔心這位威望第一的老臣會對自己的輔政帶來重大的負面影響，於是起了防範之心。他立即奏請曹叡下詔，讓司馬懿直接去鎮守長安，無須到洛陽覲見。

這就是司馬懿會收到第一封奇怪的詔令的原因。

但是，僅僅三天之後，曹叡就顛覆性地推翻了自己親手擬定的輔政大臣名單，根子還是出在那份失衡的名單上。

曹叡在考慮名單時，完全忽略了兩個他親信的心腹——同為侍中、光祿大夫的劉放、孫資兩人。

劉放、孫資都是資格很老的人。早在曹操時代，這兩個人就得到了曹操的信任而擔任祕書郎一職。到了曹丕時代，劉放擔任中書監，孫資擔任中書令，掌管機密。曹叡繼位後，這兩個人繼續參與中樞策劃，深得信任。每逢有國家大事，朝臣集會議事，曹叡總是讓他們倆決定是非，擇定而行。

中護軍蔣濟對此深表憂慮，專門上書勸諫曹叡說：「陛下高超，明察大臣，親自處理國事，希望不要忘記左右親信造成的流弊。左右親信的忠心和謀略，未必勝於大臣，但有的卻極為擅長逢迎諂媚，阿諛奉承。現在外面議論紛紛，動輒就說『中書』，這個名義足以迷惑世俗了。大臣們見他們能影響陛下，就會順勢趨向他們，希望陛下明察，不要使聖明之朝出現惡吏專權的醜名。」

但是，剛愎自用的曹叡卻沒有接受蔣濟的勸諫，反而對劉放、孫資更加信任。

曹叡臨終前擬定的這份失衡的名單確實讓劉放、孫資心理失衡了，但這還不是最可怕的結果。這幾位輔政大臣除了燕王曹宇，都是少不更事之徒。夏侯獻與曹肇這兩個紈絝子弟一步登天，得到出入皇宮，侍奉皇帝的機會後，毫不掩飾自己對劉放、孫資由來已久的反感。（這種反感與蔣濟等人如出一轍。）

兩人在殿中看到司晨的公雞棲息在樹上，不由聯想到了依附曹叡而獲得大權的劉放、孫資二人。這兩個毫無政治城府的年輕人，想起自己已經掌握了生殺大權，忍不住相視一笑，說：「這玩意在宮中也太久了，看他們還能活多久。」

他們說得很開心，卻不知道這句話已經被旁邊的宮人聽在耳中，並立即報告給了劉放、孫資。

劉放、孫資本來就對夏侯獻等人擔任輔政重臣一事不滿，聽到他們竟有如此打算，內心先是害怕，隨後就決定反戈一擊，以免日後受制於人，性命不保。

兩個人想來想去，決定力挺司馬懿來擔任輔政大臣。他們這麼做，倒不是因為司馬懿和他們有著特殊的交情，而是環顧朝中，只有司馬懿的威望足以和這些靠著血緣關係上位的宗姓貴族相抗衡。

劉放、孫資兩人決定，一定要全力扭轉曹叡的決定。正是他們的這個想法，給司馬懿的命運帶來了戲劇性的變化。這也正是司馬懿收到第二封奇怪的手諭的原因。

帝王身邊的佞幸之人是絕不能得罪的。夏侯獻和曹肇即將為自己的政治幼稚病付出慘重的代價，並連帶改變了整個曹魏帝國的走向……

心理感悟：過度自信是未雨綢繆的第一死敵。

50 最高智慧的托孤

劉放、孫資計議已定，於是日夜不休，衣不解體，守在曹叡身旁，要伺機攬黃曹叡此前的托孤安排。

這一天，曹叡自覺神志清明，想起曹宇的推辭，多少有點不放心，不由自言自語道：「燕王曹宇為什麼要推辭呢？是不是正該這樣做呢？」

劉放、孫資聽到這句話，大喜過望，立即抓住曹叡的話頭進言說：「燕王實際上是有自知之明的，知道自己不堪擔此重任。」

劉、孫二人這麼一說，曹叡立刻就緊張起來了。曹宇是他選定的首輔大臣，年紀也較長，如果曹宇不能勝任，豈不是說整個托孤計畫就跑偏了？

曹叡急忙問：「那麼誰能勝任呢？」

劉放、孫資知道，決不能立即提議司馬懿當首輔大臣。

原因有二。第一，關於司馬懿心懷二心的傳聞人盡皆知。第二，在曹叡的名單中沒有司馬懿的名字。這兩點足以說明，曹叡對司馬懿還是懷有疑慮的。

但劉放、孫資必須立即做出非常肯定的回答，否則就會錯過這個稍縱即逝的機會。這個時候，原名單中的五位輔政大臣剛好只有曹爽在場。這個時候身為宗室親族的曹爽就成了最佳人選了。提名曹爽，就不會招致他的反對，從而有利於分化此前的輔政團隊，將其他人選拉下馬來。

於是，劉放、孫資立刻介面說：「曹爽可以擔當重任！」

真是便宜了曹爽這個小子！劉放、孫資本來對曹爽也沒有多少好感，如果不是他正好在場，劉放和孫資是絕不會提名他擔任首輔大臣的。但因為機緣巧合，曹爽這個本來入圍輔政大臣都不太夠格的小子，竟然一轉眼成了首輔大臣。

不過世事難料，曹爽此刻的超級幸運在日後竟也成了巨大不幸的肇始。可見，機會本身沒有好壞，能否得益則要看自身的能力與作為是否與之匹配。

曹叡還是了解曹爽的能力的，馬上追問了一句：「曹爽能勝任嗎？」

曹爽這個不成器的傢伙，聽到曹叡的這句問話，竟然嚇得渾身冒汗，腿都軟了，緊張得連一句話都說不出來。劉放心裡暗罵了一句，要是曹爽的回答跟不上去，自己和孫資可就白忙活了。曹叡隨時可能放棄變動，維持原來的安排。

劉放暗暗踢了曹爽一腳，附在他耳邊低聲說：「快說以死奉社稷！」

曹爽這才明白過來，連忙按照劉放所教，說：「臣願以死奉社稷。」

劉放在曹氏祖孫三代身邊確實沒有白混，他教曹爽的這一句回答堪稱經典。曹叡問的是曹爽的能力是否能勝任首輔大臣。但既然曹叡這樣問了，說明他對曹爽的能力是有所懷疑的。而關於能力問題是很難用幾句話說清楚的，一個人自賣自誇反倒容易帶來更壞的印象。但如果轉換思路，用誓死效忠來表明態度，則更容易贏得對方的共鳴。劉放十分清楚，這些金字塔頂端的權力人物，最喜歡的就是赤膽忠心的臣子。只要曹爽這樣說了，大事基本就成了。

果然不出劉放所料。身體已經十分虛弱的曹叡同意讓曹爽擔任首輔大臣。於是，劉放、孫資趁勢又提出讓司馬懿參與輔政。

第一個改變是最難的。只要做出了第一個改變，隨後的改變因為有了慣性就容易多了。曹叡已經虛弱不堪，無力再深思熟慮，於是再次同意了劉放、孫資的提議。

永遠不要低估帝王身邊的佞幸之人的能量。如此重大的家國大事，竟然在片刻之間，憑著劉放、孫資的幾句話，就出現了顛覆性的改變。曹叡剛剛頒布三天的輔政大臣名單就全然改變了。第一份名單上的五個人，除了曹爽外，其他都被悄然抹去了。

劉放、孫資趁熱打鐵，請求曹叡寫下手諭。這又是很老到的一手。眼見曹叡已經朝不保夕，如果沒有手諭為憑，燕王曹宇等人完全可以拒絕曹叡對他們不利的新安排，並用矯詔的名義置劉放、孫資於死地。

曹叡動了這麼一番大心思，深感疲累，沒有動筆就沉沉睡去了。劉放、孫資唯恐有變，一直守在曹叡身邊，寸步不離。這才是真正政壇老手的做法。曹宇、曹爽、夏侯獻這些人和劉放、孫資相比真是差得太遠了。

果然，曹叡醒來之後，想了一下，又變卦了，不想改變自己先前的托孤安排了。他主要還是對曹爽的能力不放心，對司馬懿的忠誠不放心。劉放和孫資立即進言，揭發甚至是編造夏侯獻、曹肇等人對宮女無禮的僭越行徑，終於讓曹叡打定了主意。

這一次，劉放、孫資一定要曹叡寫下手諭，留下鐵證。曹叡歎了口氣，說：「我疲乏極了，一點力氣也沒有，寫不了字了。」

劉放立即坐到了曹叡的床上，用自己的手把著曹叡的手，強行寫下了詔書。劉放的這個舉動，震撼性地揭示了中國歷史上無數暗室政治的內幕。很多偉大的決策，往往不是大人物深思熟慮的結果，而是大人物身邊的小人物情緒激發時的意氣之作！

曹魏帝國以及如毛附皮般附屬於其上的諸色人等的命運就此徹底改變！

劉放、孫資的老謀深算還不止於此。他們拿到手諭後，趁著曹叡尚未斷氣，立即拿出宮中，宣布罷免曹宇等人剛剛被任命的官職，不得在宮中滯留，並讓曹宇立即回歸封地，無詔不得入京！

這一招很是厲害。曹宇等人被逐出皇宮後，就失去了近侍曹叡的機會，也就根本沒有可能再勸說曹叡改變心意了。曹叡最後的手詔就此成為無可變更的定局。

正在苦思冥想，準備大幹一番以報效皇帝的高度信任的曹宇聽到這道晴天霹靂般的詔書後，頓時不知所措，根本不知道這短短的三天內到底發生了什麼，只能流著眼淚離開皇宮，趕回自己的封地去了。

劉放、孫資之所以敢這麼做，是因為他們斷定曹宇仁厚溫順，夏侯獻、曹肇庸常無能，缺乏足夠的膽魄與能力在幾天內公開舉事反對。只要趕快將司馬懿召回洛陽，主持大局，就能憑藉他的崇高威望來彈壓一切可能生發的變亂。

於是，劉放、孫資馬上又說服曹叡寫了緊急召回司馬懿的手諭。這一次曹叡沒有任何猶豫，強支病體，歪歪斜斜地寫下了給司馬懿的「十四字手諭」。

曹叡為什麼會如此痛快答應呢？

原來，這是「決策後失調」的心理機制在起作用。

所謂「決策後失調」，就是說一個人在做出了選擇後，往往會提高已選擇對象的吸引力，同時降低被拒絕對象的吸引力。

曹叡本來對司馬懿心懷疑慮，但既已選定他為輔政大臣，為了維護自己決策的正確性，曹叡只有讓自己相信司馬懿確實是合適的人選，從而熱盼他趕快到來，託付後事。

司馬懿接到曹叡的手諭後，立即拿出他一貫的雷厲風行的做派，登上追鋒車，日夜兼程，只用一天一夜就從四百里外的汲縣趕到了洛陽！

這一天正是大年初一，新年的第一天。

司馬懿毫不停留，立即進宮去見曹叡。病榻上的曹叡此時已是奄奄一息。

曹叡見了司馬懿，雖然氣若遊絲，卻兩眼放光，說：「仲達啊，我把後事託付給您，您要與曹爽一起好好輔佐我的幼子曹芳。死難道是可以忍的嗎？我強忍著不死，就是為了等著您到來啊。現在能夠與您見面，我就再無遺恨了！」

司馬懿再是鐵石心腸，聽了曹叡的這一番話，也忍不住熱淚盈眶了。司馬懿出仕三十年，為曹叡效勞十三年，一直生活在「鷹視狼顧論」的陰影下，時不時風波驟起，從未有過真正的平安和順。但是，今天曹叡的這一句「忍死以待」真正讓司馬懿感激涕零了。試問有哪一個君主能夠這樣想，這樣做呢？這難道不是古往今來最為本純的信任嗎？信任的力量是巨大無比的，可以掃清一切的人際陰霾。司馬懿深深地感動了，過去三十年的積鬱頓時一掃而空。這個已經輕易不動感情的冷血老臣，在這一刻，發毒誓要竭盡忠誠，不負曹叡的這一番重托。

曹叡示意太子曹芳拜見司馬懿，勉力用手指著曹芳對司馬懿說：「就是他啊。您仔細看看，不要看錯！」

司馬懿淚流如注，跪地磕頭不止。

曹叡又示意八歲的曹芳上前，摟住司馬懿的脖子。司馬懿的堅硬心腸就在小曹芳的這一個親昵舉動中徹底融化，心中愛意橫溢。曹芳只比司馬懿的長孫司馬炎大了四歲，司馬懿不自覺間也將曹芳當成了需要自己精心呵護的孫子。

這一幕，其實是曹叡畢生智慧最高水準的體現。

世人都將劉備托孤於諸葛亮當作最佳典範。但其實不然，劉備確實開了個好頭，讓諸葛亮涕零感激，發誓要「鞠躬盡瘁，死而後已」，但隨後劉備出於對兒子才具的擔心，又多說了一句「若嗣子可輔則輔之，如其不才，君可自為成都之主」。正是這句話讓諸葛亮如芒刺在背，覺得劉備其實一點兒也不信任自己。雖然諸葛亮日後並未背叛自己的誓言，但劉備這句話一直讓諸葛亮如鯁在喉，鬱結於心。

而曹叡的托孤於司馬懿，完全動之以情，毫無拖泥帶水的多餘動作。雖然他內心對司馬懿不無疑慮，卻呈現出了全然、純然的信任。這正是曹叡高於劉備，甚至高於古往今來一切托孤帝王的地方。

最後時刻，曹叡還是不放心曹爽的能力，於是在任命他為大將軍的同時，又任命尚書孫禮擔任大將軍長史輔佐他。

曹叡強攝心神，忍死而生，託付完了後事，終於油燈耗盡，就在新年的第一天黯然歸西。

曹叡這一生充滿了機會，也充滿了遺憾。他在潛意識中對父親曹丕是如此痛恨，但令人扼腕的是，他卻在行為上變本加厲地「成功」複製了父親「殺妻、荒淫、濫殺、早逝」的人生悲劇。曹操期許的曹氏三世基業最終因為曹叡的早逝而提前畫上了句號。

司馬懿在陰差陽錯中第三次成了托孤大臣，心裡自然是百感交集。像他這樣屢遭懷疑，又屢得信任，連續成為祖孫三代帝王的托孤重臣的人，也許是史上絕無僅有的。

> 心理感悟：信任是人際第一生產力，但遺憾的是，絕大多數不信任這一點。

謁陵之變

權力是個魔術師 / 陰溝裡翻了大船 / 小題大做的權鬥 /
再玩一次裝病的遊戲 / 爐火純青的表演 / 等了十年的機會 /
當智囊遇到酒囊 / 殺到一個都不留 / 踩剎車而不是踩油門 /
順勢而為的智慧

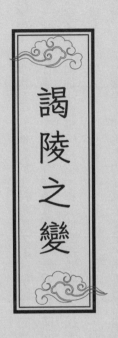

51——權力是個魔術師

司馬懿第三次就任輔政大臣後，慢慢知道了自己並不是曹叡的第一人選，而是靠著劉放、孫資之力才上位的真相。這多少讓他有點不爽。但好在曹爽對他敬以父輩之禮，一有了事情，就非常恭謹地向他請教，從不敢獨斷專行。魏國名義上的首輔大臣是曹爽，但實際上卻是司馬懿在掌控一切。這又讓司馬懿非常愉悅。

當然，曹爽這麼做，多少也是因為他對於主持這麼大的一個國家的政務確實毫無經驗。而司馬懿歷經曹操、曹丕、曹叡三代，擔任過行政、軍事等諸多要職，正是遊刃有餘的第一人選。

曹爽雖身為宗室子弟，但從小就謹慎持重，和其他飛揚跋扈的曹氏子弟大為不同。他因為父親曹真深得曹叡信任，自小就有機會進入宮中。曹叡見他少年老成，行事有禮，而對他十分喜歡。當曹爽把這一套也用在司馬懿身上時，自然也獲得了司馬懿的好感。於是，司馬懿對他也十分客氣，把他當作可以交心的人。

曹爽和司馬懿被授予侍中頭銜，假節鉞，都督中外諸軍、錄尚書事。他們兩個人各自領兵三千，輪流在宮中宿衛。這一少一老的搭檔，在曹芳剛剛繼位的初期，顯得非常默契合拍。

在這友好和諧的氛圍中，年過花甲的司馬懿慢慢放鬆了警惕，以為自己在經歷了三十年的風雨煎熬後，終於不用時刻為自己的生存問題擔憂了。他漸漸地淡忘了自己從血淚斑斑的經歷中提煉凝結出來的權力真諦——權力是會把一個人改變得面目全非的！

德能不足的曹爽又何嘗能夠例外呢？

社會心理學家曾經設計出一種「E測試」的方法，用於檢測一個人是否具備站到對方立場，體驗對方的情緒、觀念和動機的能力。其具體做法是伸出手指，在自己的額頭上畫出一個大寫的字母「E」。測試者在自己的額頭上畫出的「E」如果開口向著自己的左側，說明這個人具備較強的共情能力，傾向於站到對方的立場進行換位思考。如果「E」的開口向著自己的右側，則說明這個人較為自我，往往我行我素，不顧他人感受。

美國西北大學凱洛格管理學院的亞當．加林斯基教授利用這個「E測試」，有效探討了權力與換位思考之間的關係。

加林斯基將被試分為兩組。其中的一組在E測試開始之前，先完成了一系列旨在喚起被試權力感的事項。而另一組則先完成了一系列旨在提醒被試缺乏權力感的事項。然後，研究人員對這兩組被試進行了E測試。結果表明，具有高權力感的被試在自己的額頭上畫出開口向右的E字母的可能性比低權力感的被試要高出整整三倍。

換言之，哪怕只是在實驗中被注入了一丁點兒權力，也會讓人變得我行我素，不願意根據他人的觀點調整自己的主張。

這個E測試實驗與前文中提到的柏克萊甜餅實驗有異曲同工之妙，都說明了，哪怕是微薄的權力都可以讓一個人發生非常大的變化。

要知道，曹爽被賦予的可是一個泱泱大國的最高權力啊！巨大的權力就像一個具備超級能量的魔術師一樣，在極短的時間內讓曹爽判若兩人。

曹爽在漸漸熟悉了治國理政的基本程序後，覺得執掌天下權柄、處理國家大事也不過如此，根本用不著事事都向司馬懿請教。這樣一來，司馬懿自然就成了曹爽眼中的攔路石。

事實上，司馬懿的能力是他的先天基本素質以及數十年歷練而得的職業素養融合而成的。曹爽不是像曹叡那樣的天才，怎麼可能在短短幾十天的時間裡就突飛猛進成為治大國勝似閒庭信步的絕頂高手？

其實，曹爽的這種表現是一種典型的「能力不足效應」，即越是能力不足的人，越是容易高估自己的能力，走向過度自信的陷阱。或者說，曹爽的能力不足首先就體現在對自我能力認知的不足，他對自己到底有幾斤幾兩根本沒有一個準確的判斷，從而盲目樂觀，認為自己無須司馬懿的協助就可以獨立掌權處理一切國事了。

當然，曹爽的快速蛻變也離不開一群狐朋狗友的極力攛掇。

曹爽的這群狐朋狗友都是世人眼中的浮華之人。其中最有名的有五個，分別是何晏、鄧颺、李勝、丁謐、畢軌。

何晏的出身很高貴，他的祖父是東漢末年的大將軍何進。何進被宦官所殺後，曹操繼之而起，得知何進的兒媳婦貌美，就將其納為自己的妾。七歲的何晏由此跟著母親住進了曹操的丞相府。何晏自小就表現出了聰慧過人的才智，曹操十分喜歡他，想要將他收為養子。何晏就在地上畫了個圈，站在裡面。別人問他，他說這是「何氏之廬」。曹操聽說了之後，知道何晏不願意當自己的養子，於是就不再勉強他。但曹操還是沒有改變對他的喜愛之情，後來把自己的女兒金鄉公主嫁給了他。

何晏面色白皙，身為男兒卻喜歡塗脂抹粉，這也是他被人視為浮華少年的重要原因。同時，何晏在玄學上造詣頗深，且頗喜歡清談。

鄧颺的出身也很高貴。他的先祖是東漢開國功臣鄧禹。鄧颺其貌不揚，但年少就有令名。鄧颺特別貪財好色，有個叫臧艾的人，為了求官，竟然把父親的侍妾送給鄧颺。鄧颺竟然也毫不客氣就收下了。後來洛陽就有了「以官易婦鄧玄茂」的說法（玄茂是鄧颺的字）。

鄧颺在曹叡時曾擔任中書郎一職，但後來因為其言行浮華而和李勝一起被曹叡免職。

李勝也是官宦之後，少有才名，遊歷洛陽，結交了很多朋友，後來因為行為不符世望而被剝奪官職並下獄。

丁謐博覽群書，頗有智謀，但為人放浪無禮。他在鄴城時，曾經向別人借了一間空屋，住在裡面。當時住在鄴城的還有多位曹氏的諸侯王。其中一位諸侯王爺不知道丁謐已經借得這間屋子，直接開門而入。丁謐見了，雙腳交叉，橫臥不起，倨傲無禮地對自己的下人喝道：「這是什麼人？趕緊叫他離開。」這位諸侯王痛恨他如此無禮，回去後立即向曹叡上書。曹叡下令將丁謐收監，拘押在鄴城監獄，後來考慮到他的父親曾經為國立功，才把他放出來。

畢軌年輕時就因為才華出眾而聞名，並因此很順利地走上了仕途。曹叡還沒有繼位的時候，畢軌曾擔任他的文學掾，後來被派到地方當長史。曹叡繼位後，畢軌被召回洛陽擔任黃門郎，後來又被派到荊州當刺史。

畢軌少年得志，意氣高揚，行為放誕，結果惹怒了曹叡而被免職。

這五個人都很有才華，但在品性上卻非無可指摘，而且他們都趨炎附勢，熱衷於富貴。魏明帝曹叡在世時很討厭他們的浮華做派，於是對他們一概壓制，決不重用。曹爽本來和他們氣味相投，但為了不得罪曹叡，忍痛斷絕了和他們的交往。也算是曹爽見機得快，否則曹叡必然不會任用他擔任首輔大臣。

等到曹叡一死，曹爽掌了大權後，立即原形畢露，重新和這五個人打得火熱。這五個人很快就得到了曹爽的重用。

權力會改變曹爽，當然也會改變何晏五人。況且，這五個人被曹叡強行壓制後，內心憋屈了很多年。現在有了曹爽當靠山，當然就更想肆無忌憚地盡情釋放。

但是，他們也不能不顧慮四朝元老司馬懿的存在。畢竟，就連他們的靠山曹爽也要向司馬懿時時請教呢。

何晏等人，個個才識出眾，又大多有過實際處理政務的經驗。他們並不像曹爽那樣尊敬司馬懿。於是，自然而然地，他們就想撬掉司馬懿這塊攔路石。

何晏幾個人商議了之後，開始挑撥曹爽與司馬懿之間的關係。何晏找到了一個很好的理由：幾年前，魏國迎擊諸葛亮的時候，司馬懿曾經多次讓曹爽的父親曹真受氣，最後連累曹真早死。

曹爽一想，確實有這麼一回事，對司馬懿的印象就此發生改變。丁謐趁勢又說起了司馬懿的壞話：「司馬公可是個胸懷大志的人，且又兵權在握。他的心機深不可測，您可不能以誠心對待他，必須對他有所防範。」丁謐話中有話，無非是要以此提醒曹爽關於司馬懿的「鷹視狼顧論」由來已久，不可不防。

李勝等三人隨即一起幫腔說，國家權柄，不可託付外人。曹爽本來已經蠢蠢欲動，在這一幫心腹兄弟的集體轟炸下，起心動念就一發不可收了。於是，曹爽開始與何晏等人商量怎麼樣來剝奪司馬懿的權力。

此時曹叡托孤一事才剛剛過去一個多月。

當這一場針對司馬懿的奪權陰謀悄悄醞釀的時候，司馬懿依然沉浸在來之不易的平和生活中，毫無覺察……

心理感悟：權力場上，唯一不能放下的就是警惕性。

52 陰溝裡翻了大船

何晏這幫人確實還是有點能耐的。他們湊在一起合計，想出了一個絕妙的招數，然後由曹爽那文采出眾的胞弟曹羲寫成一封奏疏，以替兄上書的名義呈交皇帝。

這個細節值得多提一句。皇帝曹芳年僅八歲，無法理事，曹爽身為首輔，代替皇帝處理國事。所以，這份暗藏密謀的奏疏就不能以曹爽自己的名義上書，否則就是自己上給自己了。這就會在道義上授人以柄。從這個細節可以看出，司馬懿的這一群隱在幕後的對手是相當精細高深的。

這份奏疏的名字叫做《為兄爽表司馬懿為太傅大司馬》，其內容大致如下：

我的亡父曹真，奉事三朝，出將入相，立了功勞。先帝因為這個緣故，對我大加獎掖，可是我自己卻無德無能無功。先帝聖體不豫，我雖然四處奔走，侍疾奉藥，但也說不上有什麼功勞。我和太尉司馬懿共同領受了先帝遺詔，真是有說不出的慚愧、惶恐。

我聽說舜帝排列賢人的次序，把稷、契放在前面；商湯嘉獎大臣的功勞，以伊尹為首。自古以來，都是按功德的大小來決定官職位次的。可是我無德無能，卻位列百官之首，心中實在是不安。

無論是從德行、功勳，還是威望、年齒來說，司馬懿都是無人可比的。我空有其名，位次卻在他之上，天下人會怎麼樣來看待我呢？一定會說我是沾了宗室之親的光，卻不知進退。所以，我懇請陛下能夠採納我的建議，讓司馬懿擔任太傅、大司馬，這樣上可以充分顯示陛下重用賢才的英明，中可以褒獎司馬懿的文治武功，下可以讓我免除眾人的譏諷。

這封奏疏實在是太高明，太厲害了！曹爽放低姿態，將「明升暗降，明尊暗損」發揮到了極致，就連司馬懿這樣在政壇廝混了三十年的絕頂高手也絕無還手之力。

曹爽隨後立即以皇帝的名義，下發詔書，將司馬懿的職位由太尉提升至太傅，持節統兵都督諸軍事如故。而且，司馬懿還獲得了「入殿不趨、贊拜不名、劍履上殿」這幾項最高特權。這是當初曹操擔任丞相，成為天下第一人後才擁有的特權。

詔書下發的這一天是二月二十一。曹爽和司馬懿領命輔政是在正月初一。只過了短短的五十天，兩位輔政大臣之間的權利爭奪戰就拉開了帷幕。這也許是曹叡無論如何也預料不到的吧。

曹爽透過這封奏疏，用自己的左手和右手玩了一通把戲後，名義上司馬懿的地位更高了，超過了曹爽，位居百官之首。但是，司馬懿宿衛宮禁、處理政務的權力卻被悄然剝奪了。這也意味著司馬懿成了一個至高無上的擺設，既不能親密接觸到皇帝，也失去了第一時間處理軍國大事的機會。但在不知情的外人看來，曹爽深明大義、禮敬老臣的光輝形象卻巍然聳立起來。

曹爽的這一招，和當初曹叡繼位之初的做法頗為類似，但在高妙程度上卻是青出於藍而勝於藍。

曹爽的五人智囊團的精心思慮之處還在於，他們依然保留了司馬懿的軍權，而沒有一概褫奪。這樣既可以不至於傷害司馬懿至深而引發強烈的抵觸，也可以繼續利用司馬懿的軍事權威威懾蜀吳二國。畢竟，曹氏宗親中極為匱乏領軍的將才，司馬懿的作用暫時無人可以替代。

同時，曹爽還大發官帽，司馬懿的長子司馬師被授予散騎常侍的官職，還有三個兒子被封為侯爵，另外四個兒子被任命為宮廷侍從。

美國金融大亨約翰·皮爾龐特·摩根曾經說過：「一個人做任何事總有兩個理由。一個好的理由和一個真正的理由。」這句話揭示了玩弄權術者心底的祕密。

曹爽在智囊團的鼎力相助下，將一個很好的理由和一個真正的理由完全融為一體，成功地打落了司馬懿的牙齒，讓他有苦說不出，只能和著血吞進肚子裡，臉上卻還不得不露出微笑。

在外人看來，司馬懿真是「老」運亨通，福蔭全家，司馬氏這一家就算是紅運當頭，飛黃騰達了，卻不知道，司馬懿心裡那份難過簡直就是如喪考妣，羞憤欲死。

司馬懿從來沒有想到自己竟然會在曹爽這條小小陰溝裡翻了大船。曹爽的無德無能和恭敬禮讓，讓司馬懿產生了美好的錯覺。他一直認為憑曹爽的能力根本就造不成什麼威脅，他對曹爽根本就不曾設防，他甚至認為自己已經迎來了安然無憂的人生階段，從此再也不用為生存擔憂了。

但是，曹爽卻笑裡藏刀，給了他猝不及防的一擊！司馬懿知道，以曹爽的才智與能力，絕對玩不出這麼高明的花招，一定是他背後的狐朋狗友出的主意。極度憤怒的司馬懿由此惡狠狠地記住了何晏、鄧颺、李勝、丁謐、畢軌這幾個名字。

一般人面臨這樣的情況，往往會在第一時間發動反擊。但是，已經將堅忍與殘忍融入血液的司馬懿並沒有急著反擊。在最初的憤怒與羞愧過後，他很快冷靜下來，思考最有效的對策。

司馬懿非常慶幸自己的軍權依然還在。而這一點，也讓司馬懿推斷出，曹爽等人對自己依然頗為忌憚，不敢驟下殺手！

司馬懿冷笑了一聲，他已經精準窺見了曹爽的致命弱點。那就是不夠殘忍！

司馬懿冷冷地想：「如果自己和曹爽易位而居，一定不會這樣拖泥帶水，必須是一擊致命。如果曹爽足夠殘忍，就該將自己的權力盡數剝奪，而決不能留下最有威力的軍權，然後就該將司馬氏一家盡數抄斬，永絕後患。如果曹爽真的這樣做了，自己就永無翻身之日了。」

司馬懿決定，自己先按兵不動，靜觀其變，看看曹爽獨掌大權後到底會演出一幕什麼樣的好戲來。

曹爽架空了司馬懿後，內心暢快無比。剛開始的時候，他在表面上依然對司馬懿擺出一副恭敬有禮的姿態，但很快就連這一套表面功夫也省略了，從此開始大權獨攬，肆無忌憚。其實，曹爽不知道，他在自鳴得意之時，早就因為自己不夠殘忍，給司馬懿預留了日後絕地反擊的大好機會。

古羅馬的統治者凱撒說過一句名言：權力與綱紀是不能同存共榮的。曹爽用自己的表現為這句名言加上了最匹配的注腳。

為了給自己這幾位立了功的心腹安排位置，曹爽先是把吏部尚書盧毓變為僕射，而讓何晏取而代之。鄧颺、丁謐也被曹爽任命為尚書。後來，何晏、鄧颺、丁謐三個人因為胡作非為，而被時人譏諷為「台中三狗」。畢軌擔任了司隸校尉一職，李勝則擔任了河南尹一職。司隸校尉是京都洛陽所在州的州級行政長官，相當於其他州的刺史。河南尹則是洛陽所在郡的郡級行政長官。

曹爽除了把這五位心腹都安排在了至關重要的崗位上，還把自己的親兄弟們安排到了控制中樞的職位上。大弟曹羲出任中領軍，統領京都所有的禁衛軍；二弟曹訓，出任武衛將軍，指揮禁衛軍主力之一的武衛營兵馬；三弟曹彥，擔任皇帝的侍講官，貼身掌控皇帝的一切動向。其餘尚未成年的小弟們，都以列侯的身分，充任皇帝的侍從。

曹爽布好了這些局，就等於是掌控了整個朝政。

何晏等人把持了大權後，上行下效，甚至比曹爽還要肆意妄為，凡是迎合他們的人都可以得到提升，凡是抗逆他們的人都被罷黜辭退。

黃門侍郎傅嘏看不慣何晏等人的悖逆惡行，找到曹爽的弟弟曹羲說：「何晏外表文靜而內心浮躁，巧取豪奪，嗜好利益，不求務本，我擔心他會先誘惑你們兄弟走上邪路，仁人志士都將遠離，而朝政也將要荒廢了。」

何晏聽說了之後，立即找了傅嘏的幾個小毛病，攛掇曹爽將他罷免了。

大將軍長史孫禮是曹叡臨終前特意安排給曹爽當助手的。孫禮忠於使命，經常對曹爽提出規勸意見，曹爽感到很不爽，就把孫禮支到外地，出任揚州刺史。

曹爽一黨的倒行逆施，雖然讓很多仁人志士極為反感，但更多的趨炎附勢之徒卻看清了司馬懿失勢的苗頭，紛紛依附奔走於曹爽之門。

司馬懿的門前，車馬日稀。六十一歲的司馬懿，再一次迎來人生的低谷。並不是每一個花甲之年的老者都能承受這種從巔峰驟然墜落的打擊的，更何況這打擊竟然來自一個乳臭未乾的無能之徒。三國中受氣而死的人不在少數，但司馬懿卻似乎是一個用特殊材質製成的例外。他用自己的深沉，將一切的攻擊與凌辱包容於內，不露一絲痕跡。

曹爽的奪權之謀，十分高明，讓司馬懿頗為忌憚。但是，當他冷眼旁觀了曹爽一黨一系列的胡作非為，心中反倒越來越有底了。他斷定這不過是他們曇花一現的驚豔之作。這一幫浮華之徒，雖有幾分才能，但終究品性不堅，在權力的巨大誘惑面前，必會失去定力，原形畢露。這樣的人，在政治智商的較量上，還差得太遠。

司馬懿不動聲色地耐心等待，繼續觀察……

> 心理感悟：鮮花與掌聲也可能是最致命的武器。

53 小題大做的權鬥

很快，兩年的時間過去了。兩年間，曹爽權勢更熾，也越來越不把垂垂老矣的司馬懿放在眼裡。

司馬懿已經六十三歲了，他一直想要利用手中的軍權對曹爽發起反擊，卻苦於吳蜀邊界一直平安無事而師出無名。

就在這一年，機會終於來了。

東吳孫權趁著魏國幼主臨朝，名將司馬懿遭到壓制的機會，對魏國展開攻擊。其中，全琮進攻淮南，諸葛恪（諸葛瑾之子）進攻六安，諸葛瑾進攻柤中，朱然進攻樊城。

魏國的征東將軍王凌、揚州刺史孫禮與全琮在芍坡交戰，擊敗了全琮。諸葛恪、諸葛瑾也都被魏軍擊退，唯獨朱然死死圍住了樊城。

樊城是荊州的地盤。魏國荊州刺史胡質深知這一戰略要地不容有失，決定派出輕裝部隊，緊急支援樊城。此舉雖然穩定了樊城守將的軍心，但還是無法解開樊城之圍。

司馬懿立即抓住了這個機會，提出要親自領兵馳援樊城。他的想法遭到了群臣的集體反對。顯然，他們都認為司馬懿有點小題大做了。

要知道，司馬懿此時是魏國名義上的第一高官，而東吳圍攻的不過是一個小小的樊城。如果確實需要救援，朝中還有一大把將軍可以派去，哪裡用得著六十三歲的老太傅親自出馬呢？萬一出征途中，年事已高的司馬懿有個三長兩短，豈不是正好長了東吳之士氣，而滅了大魏之威風？

但是，司馬懿考慮的卻是，軍權久久閒置不用，慢慢也就失去效力了。而自己久不發威，也會被眾人逐漸遺忘。為了證明自己的存在，司馬懿必須抓住這次出征的機會。

司馬懿堅持己見。曹爽想了想，還是同意了。當然，他也並沒有安什麼好心。他覺得，年過花甲的司馬懿既然想自討苦吃，那就讓他去好了。征戰有風險，軍中頗勞苦，如果司馬懿因此有個三長兩短，那就最好不過了，省得自己還得花心思對付他。

司馬懿於是抖擻精神，向著樊城出發。沒想到，東吳大將朱然得知司馬懿親臨戰場，竟然嚇得連夜撤軍而逃了。司馬懿趁機追殺，斬首一千餘人。樊城之圍，竟然不費吹灰之力就被司馬懿解開了。

司馬懿為什麼會有如此之威，竟然可以不戰而屈人之兵呢？

三國對峙，魏蜀吳三國各有一個戰神。蜀國的戰神是諸葛亮，吳國的戰神是陸遜，而魏國的戰神就是司馬懿。

東吳之人本對諸葛亮畏之如虎，而司馬懿是靠「逼死」諸葛亮而成為戰神的。朱然見了他，不免心中發虛。再加上樊城久攻不下，吳軍早已疲乏不堪，於是朱然就趁勢退兵了。

司馬懿的這一場勝利，與他此前奇襲孟達、拒守諸葛、掃平遼東等輝煌戰績相比，簡直不值一提，但是卻把曹爽給嚇壞了。

自從兩年前奪權成功後，曹爽一直以為毫無反應的司馬懿已經是一隻「死老虎」了。沒想到，司馬懿這一發威，竟然可以嚇退東吳大軍。曹爽非常擔心司馬懿會借機對自己不利，於是他忙不迭地對司馬懿施以厚賂。

司馬懿得勝回師後，曹爽借著皇帝的名義，將他的封邑增加到四縣一萬戶，司馬家的子弟們有十一個人被封為列侯。

這本是曹爽的心虛之作，卻歪打正著，等於是將司馬懿及整個司馬氏家族往神壇上再推了一步，從而也封住了司馬懿的其他動作。

司馬懿更加覺得高處不勝寒，只能在為人處世上更加謙恭低調。他不但時刻告誡自家子弟切勿驕縱，自己也是以身作則。

時間過得很快，又是兩年過去了。這兩年間，司馬懿與曹爽之間表面上風平浪靜，但其實暗潮湧動。

曹爽進一步控制了朝政，而司馬懿的生存空間則一直被侵蝕擠壓。

司馬懿又動了反擊的念頭。而幸運的是，機會竟然又來了。

東吳重臣諸葛瑾死後，他的兒子諸葛恪得到重用。諸葛恪好大喜功，自以為能力出眾，很想建功立業，證明自己。

於是，諸葛恪出兵騷擾魏國邊境。司馬懿再次提出要親自出征。這一次簡直比上次還要小題大做。群臣紛紛表示反對，認為司馬懿親征純屬用牛刀殺雞。

曹爽左思右想，還是同意了司馬懿的要求。他認為，司馬懿這一年已經六十五歲了，而東吳的諸葛恪能力出眾，比上一次的朱然難對付多了。如果能借諸葛恪之手除掉司馬懿，豈不是上上之選？

但是，曹爽又一次打錯了算盤。

司馬懿這一次出征，諸葛恪竟然也像朱然一樣，望風而逃。司馬懿竟然再一次神奇地不戰而勝！

接連兩次奇蹟般的勝利，使得司馬懿的威望大漲。曹爽深感不爽，覺得司馬懿搶走了自己的風頭，決定此後再也不准許司馬懿親自領兵出征了。

曹爽只是生氣，而同屬曹魏宗室的曹冏卻從中看到了巨大的危險。他立即給皇帝上書，說：「古代帝王，必定任用同姓皇族，以表明親近親族，也必定任用異姓大臣，以表明尊重賢能。如果只重用親族，皇權就會逐漸衰弱；如果只尊重賢能，皇權就會被奪取。先聖了解這樣的情形，所以對於皇族和非皇族廣泛求取，同時任用，因而能保得統治權，國祚長久。現在，曹氏親王空有虛名而實無封地，皇族子弟流竄在大街小巷，不知道國家大政方針，手上的權力就像一介草民。而現在的州牧、郡守，卻都擁有千里之地，身兼軍隊要職。有的一家數人擔任高官，有的兄弟同時占據要職，而皇族子弟竟無一人躋身於高官之列，與他們相互牽制，這就有危險了。俗話說，百足之蟲，死而不僵，就是扶持它身體的腳眾多的緣故。這句話說的雖是小蟲，但可以用來比喻國家大事。」

曹冏名義上是對皇帝上書，但此時的皇帝也只有十二歲，國家大權都掌握在曹爽手中。曹冏的真實用意就是要曹爽高度警惕像司馬懿這樣手握軍權的異姓大臣，加快培植曹氏宗親，以牽制異姓大臣的勢力，確保皇權穩固。

曹爽看了曹冏的上書後，自然要和何晏等五大心腹商議。問題是，這五大心腹均是異姓之臣，他們個個占據了重要崗位，當然不希望看到曹氏宗族來和他們搶位置。同時，曹爽也擔心如果重用其他曹氏宗親，會影響到自己的地位。

這麼一想，曹爽就對曹冏的建議置之不理了。

司馬懿得知曹冏上書的內容後，卻嚇出了一身冷汗。曹冏雖然沒有指名道姓，但司馬懿卻已明白，自己的這兩次勝利，再一次引發了樹大招風的危險。如果曹爽聽取了曹冏的意見，並抓住此前的「鷹視狼顧論」、「三馬同槽論」大做文章，自己立即就會失去道義基礎而連累整個家族遭受滅頂之災。

可惜曹爽這個笨蛋，根本就沒發現司馬懿暴露出來的這個巨大軟肋。此刻，他最操心的是如何讓自己也出出風頭，以蓋過司馬懿的威望。

李勝和鄧颺給曹爽出了一個主意，讓他親自領兵征討蜀漢，以建立軍功，殺殺司馬懿的氣勢。

這兩個毫無軍事經驗的人給另一個毫無軍事經驗的人出的絕對是一個成色極高的餿主意。蜀漢的地形是出了名的易守難攻。以曹爽這樣從未領兵打仗的人，貿然出擊，還想建功立業，豈不是痴人說夢？

但是，這三個草包也許是看司馬懿打勝仗實在太容易了，以為自己也一定能夠旗開得勝，輕鬆建功。

司馬懿得知後，輕蔑一笑。蜀漢自諸葛亮死後，雖已無良將，卻也不是曹爽這樣的人就能夠占到便宜的。他立即想出了一個好主意。他馬上去找曹爽，說了一大堆理由，勸他不要輕易伐蜀。

司馬懿知道，自己越是阻攔，曹爽就越是要去。果然不出他所料，曹爽認定司馬懿是不想讓自己出風頭，斷然拒絕。

曹爽率領大軍出征後，很快受到蜀軍的抵抗，寸步難進。而軍糧又供應困難，牛馬騾驢大量死亡。參軍楊偉見勢不妙，急忙勸曹爽撤軍。但隨軍同行的鄧颺、李勝為了維護自己的面子，當場與楊偉大吵起來。楊偉大罵李勝、鄧颺誤國。曹爽十分不爽，不肯撤軍。

一直密切關注前線戰況的司馬懿見狀給隨軍出征的夏侯玄（夏侯玄是曹爽姑姑的兒子）寫了一封勸告信，說：「從前武皇帝（指曹操）二次進入漢中大敗的事，你是知道的。現在蜀軍已經占據了有利地形，如果我軍進攻，蜀軍可以不應戰，如果撤退被阻截，就會全軍覆沒。你知道自己將會承擔什麼責任嗎？」

夏侯玄越想越害怕，就把司馬懿的話轉述給曹爽。曹爽這才想起當年曹操的大敗，一下子心如死灰。在曹爽心目中，曹操是神一樣的人物。如果連曹操都攻不破漢中，自己又怎麼能做到呢？於是，曹爽立即起了撤軍的念頭。

蜀漢趁勢進攻攔截，曹爽苦戰大敗，好不容易才逃出了生天，但魏軍傷亡慘重，喪失了大量軍事物資。

曹爽本想大出風頭，沒想到威風掃地，從此再也不敢提「親征」兩個字了。但是，這一次失敗卻也讓他警覺起來。曹冏那封信沒能做到的事情，倒是讓這場慘敗做到了。曹爽開始對具備卓越軍事才能的司馬懿橫生戒心，決意要奪走他所有的權力。

司馬懿敏銳地覺察到危險的氛圍。他把自己關在房中，閉門不出，一個人緊張地思考對策……

> 心理感悟：能讓人衝昏頭腦的，除了勝利，還有利益。

54 再玩一次裝病的遊戲

曹爽自征蜀潰敗，自取其辱後，極為不甘，與心腹商議後，決定進一步加強集權，以遏制司馬懿的影響力。

京都洛陽的禁衛軍原本分為武衛、中堅、中壘、五校共四營兵馬。曹爽初掌大權時，任命自己的弟弟曹訓擔任武衛將軍，掌領最精銳的武衛營兵馬。曹爽提出裁撤中堅、中壘二營，將兵馬劃歸另一個弟弟中領軍曹羲掌領。

曹爽這麼做的用意很明顯，就是要強化對禁軍的控制，然後利用皇帝的名義來更為強悍地掌控朝政。這個做法，和當初曹操的挾天子以令諸侯幾乎如出一轍。司馬懿是過來人，一眼就看透了曹爽的深意。

司馬懿擔心曹爽達成目的後，會對自己大大不利，忙以先朝舊制不可違為由，極力阻攔。但曹爽堅持己見，還是這樣做了。

司馬懿硬生生地忍下了這口氣。曹爽見自己一強硬，司馬懿稍加抗拒就退縮了，更是趾高氣揚，不可一世。

此後，曹爽為了更加不受約束地專擅朝政，又聽從了何晏、丁謐、鄧颺的意見，以皇帝已經年滿十六歲，可以親政為由，將郭太后從小皇帝的寢宮遷回到皇太后本來居住的永寧宮。當初郭太后之所以不住永寧宮，就是因為小皇帝曹芳年幼無知，不能理事。曹叡安排郭太后與小皇帝同住，意在讓郭太后坐鎮後宮，以免輔政大臣獨攬朝綱，導致皇帝大權旁落。

曹爽這麼做，就是要徹底剝奪郭太后的話語權，不讓她參與任何國事，從而便於自己完全控制小皇帝。

曹爽這兩招一出，司馬懿頓時感受到了撲面而來的壓力。

此前，面對接連不斷的逆境，司馬懿為了確保生存，一直是逆來順受的。這一方面是因為司馬懿極為隱忍，另一方面則是因為他心懷畏懼。曹操、曹丕、曹叡祖孫三代都是能力超強的英明之主，讓司馬懿不敢有絲毫的懈怠、輕慢，只能老老實實夾著尾巴做人。但是，現在的情勢卻大不一樣了。

首先，司馬懿很看不起曹爽。這樣一個在曹叡臨終前接受遺命被嚇得渾身冒汗，連話都說不出的人，簡直就是一個窩囊廢。

其次，司馬懿很看不起曹芳。十六歲的曹芳已經完全被曹爽「慣」壞了。曹爽成為首輔後，僅僅五十天後就剝奪了司馬懿的權力。這也直接導致曹芳無從得到司馬懿的教誨。曹叡生前「以情動人」的招數本來是極其精妙的，足以激發司馬懿的呵護之情，輔助曹芳順利成長。但曹爽本身就是個草包，為了便於自己擅權，只是放縱曹芳，任其率性恣意，不加教誨。所以，剛剛十六歲的曹芳已經過早地學會了縱情聲色，親近小人。這也讓司馬懿放下了最後的一點顧慮。

司馬懿下定了剷除曹爽的決心，但是儘管他十分藐視曹爽，卻也知道曹爽獨攬大權七八年，勢力已經盤根錯節，不容忽視，必須想出一個萬全之策來。

就在這時，司馬懿的夫人張春華去世了。司馬懿早就移情別戀，對張春華不感興趣了，但為了避免後院失火，在「絕食事件」之後，司馬懿還是和張春華維持了良好的表面關係。

張春華去世時是五十九歲，而司馬懿已經六十九歲了。司馬懿對張春華的死，並無多少悲痛，但張春華的死卻對司馬懿敲響了「去日無多」的警鐘！

人生七十古來稀。司馬懿眼看就要邁入古稀之年，如果不能儘快收拾曹爽一黨，恐怕就只能把無盡的遺憾與憤懣帶入墳墓了。這就迫使司馬懿必須加快剷除曹爽的步伐了。

張春華的死，還給了司馬懿另外一個提醒。

張春華其實是司馬懿的殘忍啟蒙者。司馬懿上的殘忍第一課，就是張春華一手包辦的「殺婢事件」。這一事件經由「與攻擊者認同」這一心理防禦機制，深刻地改變了司馬懿的價值觀。司馬懿從張春華身上很自然地想起了自己四十年前的「裝病事件」。那一次「裝病」非常成功地騙過了曹操，也非常「成功」地把司馬懿帶入了人生的漫漫逆境。

但是，現在，世易時移，情勢已經完全不一樣了。

司馬懿在二十歲剛出頭的時候，裝風痺之疾，確實很容易惹人懷疑。而現在他年近古稀，不管裝什麼病，都不容易引發懷疑了。另外，司馬懿四十年前裝病想要欺瞞的對象是精細過人的曹操，而現在，司馬懿裝病想要欺瞞的對象卻是大草包曹爽。

這麼一對比思考，司馬懿立即覺得裝病是一個很好的辦法。他可以藉由裝病，更好地蒙蔽曹爽，一方面可以促使曹爽放鬆警惕，更加肆意妄為，從而抓到他的小辮子；另一方面，自己則可以有充裕的時間暗中部署力量，做好剷除曹爽的準備。

司馬懿計議一定，一辦完夫人的喪事，立即開始裝病，臥床不起，不再上朝，也不再參與任何朝政。但是，他暗地裡卻找來長子司馬師，讓他悄悄地到民間物色死士，越多越好。

司馬懿一直偏愛幼子司馬昭，因為司馬昭比司馬師更為敏捷機變。但司馬師卻繼承了司馬懿深沉堅毅的特點。司馬懿知道這一密謀不容有失，所以還是選擇了更為沉穩的司馬師來辦理。司馬懿並沒有明說這樣做的目的，但司馬師早已心領神會。此後，他將這件事做得滴水不漏，沒用多長時間就聚集了三千死士，分散在民間各處，以備不時之用。

曹爽剛一得知司馬懿臥病的消息，根本沒起疑心，以為司馬懿真是到了時日無多的人生暮年了，不由大感暢懷。既然郭太后和司馬懿這兩塊攔路石都已不起作用，曹爽從此行事就更加驕奢無度，放縱無忌，和真正的皇帝沒什麼兩樣了。

曹爽的飲食、車馬、服飾，都參照皇帝的規格。他的家裡擺滿了尚方署專門為皇帝製造的御用珍寶和玩品。他還把先帝曹叡留下的七八個姿色出眾的宮女當作自己的侍妾，又強占了將吏、工匠、吹鼓手以及良家百姓的子女共三十三人，讓他們充任歡娛自己的歌舞伎樂人員。曹爽還私自拿走太樂署的樂器，以及中央武器庫中的兵器。

曹爽還頗有「創意」地挖建了地下室，裝修得富麗堂皇，作為自己與何晏等心腹歡聚狂飲的私密場所。

曹爽的弟弟曹羲眼見兄長的行為越來越過分，內心十分著急，但又不敢直接勸諫。左思右想後，他模仿前一次替兄長上書的套路，寫了三篇名義上勸諫諸位幼弟的文章，陳述驕淫過度會招致禍敗的道理，然後故意呈給曹爽，請他指點。

曹爽明白曹羲是在指桑罵槐，規勸自己，很不高興。這時候的曹爽，身居高位久了，已經慢慢失去了對自我能力以及形勢變化的洞察力，變得自傲自滿，就連自己親兄弟的善意提醒都聽不進去了。

曹爽的另一位親信大司農桓範見曹爽日漸驕縱放蕩，經常帶著自己的幾個親兄弟一起外出遊玩，就規勸他說：「您總理天下萬機，掌管京城禁兵，您的兄弟們也都執掌要職，所以不宜同時出城。萬一有人關了城門作亂，有誰能在城內當您的內應呢？」

桓範此人，才識出眾，人稱「智囊」。他的這一番言論，確實有先見之明。如果曹爽能夠聽進去，著意防範，就有可能將對他不利的一切圖謀扼殺在搖籃之中。但是，曹爽聽了，卻是哈哈一笑，道：「有誰敢那樣做呢？」

曹爽這句話鮮明地揭示了他已經落入了幾乎所有位高權重者都會深陷其中的「過度自信陷阱」。這世上絕大多數的成功者，其實都不是被別人擊敗的，而是死於自己的人性弱點。曹爽獨掌大權許多年，誤以為一切盡在自己掌控之中，早已忘了這個世界其實並不太平，那個病榻上鬚髮皆白的老者何嘗有一天不用他銳利如鷹的目光關注著他的一舉一動呢？

曹爽的胡作非為和倒行逆施早已引來一大幫仁人志士的不滿。這些人一直將司馬懿作為唯一能夠與曹爽抗衡的招牌式人物。司馬懿這一生病，這些人就坐不住了。其中就有一直被曹爽惡意排斥的孫禮。

孫禮因為直言勸諫惹怒了曹爽後，先是被支出去擔任揚州刺史，後來被曹爽藉故彈劾，下獄五年。孫禮出獄後，多方營求，才被改任為并州刺史。

臨行之前，孫禮去向司馬懿辭行。司馬懿見他面露慍色，默不作聲，問道：「你是嫌棄并州地盤小呢，還是怨恨朝廷處事不公？」司馬懿知道孫禮一直遭曹爽排擠，有意將他爭取到自己的陣營來，故而用這個問題來試探他。

孫禮氣呼呼地說道：「太傅，您說話怎麼這樣不合道理呢？我雖然無德無能，但也不會把區區官位和過去的事情放在心上。我想說的是，您應該追尋伊尹、呂尚的足跡，匡扶魏國朝政，報答先帝的托孤之恩！現在國家眼看要遭受危難，天下也將動盪不安，這才是我不高興的原因！」說著，孫禮不由悲痛萬分，淚流滿面。

司馬懿的心被深深觸動了，曹叡忍死相待以托幼子，曹芳摟著自己的脖子親昵的那一幕頓時浮現在眼前。他明白了孫禮的心意，但他在真正的時機到來之前不想暴露任何的想法，於是他沒有任何表情，不帶任何情緒地說了一句：「且止，忍不可忍！」意思是，你先停止悲痛，要學會忍受那些不能忍受的事情。

「忍不可忍」這四個字其實是司馬懿一生經歷的最精準概括，也是他人生哲學的最凝練總結。

當他對孫禮說出這四個字的時候，實際上他已經對孫禮表明了心跡與決斷。孫禮雖然還不甚明瞭，但也隱隱地感覺到，躺在病榻上的太傅也許不僅僅是在「忍不可忍」……

心理感悟：當所有的敵人都被消滅時，最大的敵人——你自己，就出現了。

55——爐火純青的表演

孫禮登門探望司馬懿，兩個對頭一碰頭，又引發了曹爽的警覺。

這時，司馬懿裝病閉門不出已經快兩年了。曹爽一直疏於探視，如果貿然登門，又怕會引發司馬懿的懷疑。

正好曹爽的親信河南尹李勝一直提出要回荊州老家任職。曹爽與何晏等心腹商議後，決定套用孫禮的做法，派李勝出任荊州刺史，然後讓李勝也以向太傅辭行的名義，去司馬懿府上探看情況。

高度警覺的司馬懿得知李勝來訪，立即想好了應對之策。

司馬懿是一個很善於把握機會的人。當初諸葛亮的使者給他送來了婦人之服，司馬懿沒有動氣，反而巧妙套出了諸葛亮「食少事煩」的重要情報，並加以利用。這一次，李勝主動登門，對司馬懿來說，就等於是自投羅網。

李勝來到司馬懿府上。司馬懿讓兩個婢女攙扶著出來接見李勝。婢女服侍他更衣，但司馬懿手足笨拙，讓衣服掉到了地上。司馬懿好不容易坐下了，還沒等李勝開言，就咕噥著說口渴了。而口渴卻又不喝水，偏偏要喝粥。婢女端來了粥，司馬懿的手哆哆嗦嗦，連碗也端不住。婢女只好接過碗，餵他喝粥。司馬懿卻連粥也喝不好，剛餵到嘴裡，卻從嘴邊流了出來，胸口衣襟上到處都是。

折騰了好半天，司馬懿才消停下來。李勝早就等得不耐煩了，忍不住說：「太傅，大家都說您的風痺之疾復發了，沒想到您的身體竟然這麼糟糕！」

司馬懿氣喘吁吁地說道：「我年老體弱，臥病不起，眼看著就要死了。您今天怎麼有空來看我這個糟老頭子啊？」

李勝說：「我是要到本州去當刺史了，因此特地向您來辭行。」

李勝是荊州南陽人，故而將荊州稱為「本州」。「本」字的發音與「并」字在口語中頗為相似，表面愚鈍衰弱的司馬懿，心思其實靈便迅捷，馬上抓住了這一點，開始大裝糊塗，說：「你是要去并州上任啊。并州靠近胡地，你去了可要好好加強邊防戒備啊。你去了那麼遠，恐怕我們不能再見面了。我的兩個兒子子元和子上到現在還很不成器。我想把他們託付給你啊。」

李勝見司馬懿說話顛三倒四，心裡暗自好笑，忙更正說：「我不是去并州，我是回我的家鄉荊州。」

司馬懿故意愣了一下，說：「啊？你剛剛從并州回來？」

李勝又是好氣，又是好笑，說：「太傅，我是要去荊州。」

司馬懿這才裝出恍然大悟的樣子，抖抖索索地說：「看來我實在是老糊塗了，連你的話也聽不清楚了。公昭啊，你正是如日中天的年紀，到了荊州，正好可以幹一番轟轟烈烈的大事業啊。可惜我老朽將死，是看不到那一天了。」說完，涕淚橫流。

李勝見了，不由生了幾分惻隱之心，慨歎歲月無情，讓這麼一個令敵國聞風喪膽的戰神，淪落到這般地步。

李勝繼續寒暄幾句，告辭而去。

司馬懿見李勝渾然不覺，墜入自己的彀中，不由冷冷一笑，當下叫來長子司馬師，吩咐他早做準備。

李勝回去後向曹爽描述了這一次見面的詳細情形，然後下結論說：「司馬公軀殼雖在，形神已散，恐怕活不了幾天了，已經不足為慮。」（原話為：司馬公屍居餘氣，形神已離，不足慮矣。）

曹爽得知司馬懿確實已經在苟延殘喘，不由心花怒放，終於徹底放下了心底的這塊大石頭，從此不再對司馬懿做任何防備。

司馬懿的這一番表演，功力與四十年前已經不可同日而語，堪稱爐火純青，異常逼真。但在認知邏輯上，司馬懿的表演並非完美無瑕，而是存在兩個大漏洞。

首先，此前孫禮出任并州刺史，就曾向司馬懿辭行。李勝相隔不久，再去辭行，怎麼可能還是去擔任并州刺史呢？

其次，并州是今日山西太原一帶，在三國時屬於僻遠苦寒之地。而李勝是曹爽的親密心腹，怎麼可能被派到這種窮惡之州去當刺史呢？要派也只會派孫禮這樣不受歡迎的人前去，以作懲罰。

如果李勝、曹爽等人稍加留意分析，就可以發現這兩個漏洞，也就有可能發現司馬懿逼真表演的背後可能掩藏的陰謀。但為什麼他們倆都毫不猶豫就相信了呢？

人們往往根據內心已有的信念或情緒來對外部事物進行評判，以得出與內心一致的結論。這就是驗證性偏見。

曹爽和李勝一直盼著司馬懿早日歸天，正是這種強烈的情緒讓他們產生了強烈的驗證性偏見，從而將司馬懿的表演當作了確鑿無疑的事實。

曹爽一黨也由此陷入了集體性的狂歡之中。

既然司馬懿已經和死人差不多了，何晏不由野心加劇，不甘於當前的職位，開始做起了「三公夢」。

何晏知道管輅精通占卜之術，於是就想請他為自己卜算一下，看看什麼時候能夠成為地位最為尊崇的三公。

管輅是個大名鼎鼎的人，他神奇精準的卜算甚至讓梟雄曹操也為之傾倒，並直接影響了曹操生命末期的重大決策。管輅後來也被歷代卜卦觀相之人奉為祖師。（詳見「心理三國三部曲」之《心理曹操》。）

何晏於是去拜訪管輅，鄧颺陪著他一同前往。

何晏威權日重，說話也就不那麼含蓄了，直接對管輅說：「請為我試卜一卦，看我的地位能不能達到三公。」隨後又說：「我剛剛做了一個夢，夢見幾十隻青蠅落在我的鼻子上，怎麼趕也趕不走，這是什麼徵兆呢？」

管輅說：「古代八元、八愷輔佐虞舜，周公輔佐成王，都是因為溫和仁厚、謙虛恭敬而多福多壽，這可不是占卜所能決定的。」（八元、八愷是古代著名的賢人。）

何晏見管輅有推辭之意，急忙說：「還是給我占上一卦吧。」

管輅卻自顧自地說了下去：「如今您地位尊崇，權勢很大，但人們感念您的恩德卻很少，只是畏懼你的威勢，這恐怕不是求福之道啊。另外，鼻子從面相上來說，屬於天中之山。《孝經》裡說：居高位而不危傾，就可以長久地守住尊貴之位。如今您夢見青蠅這種汙穢的東西聚集在您的鼻子上，這就是說地位高者將要傾覆，輕佻奢侈者將要滅亡了。您不能不深入地思考一下了。希望您削減過多的，補充不足的，不合儀禮的事情就不去做。這樣，就可以得到三公的位置了。青蠅也就可以被驅趕走了。」

何晏聽了，心中一涼，但考慮到管輅名聲遠揚，一時沒有發作。但一旁的鄧颺卻控制不住了，語帶譏諷地反駁道：「你這幾句話不過是老生常談罷了。」

管輅說的，確實不像是占卜大師的話。這幾句話，稍有學識的人，都能說出來。但鄧颺卻不知道，管輅的話裡是有深意的。他早已從面相上看出何晏、鄧颺兩人將不得善終，因此好意規勸他們趕快改邪歸正，說不定還有挽救的可能。但鄧颺竟然反駁他的話，管輅也就毫不客氣地回敬了一句：「夫老生者見不生，常談者見不談。」（引用《魏志・管輅傳》）

這句話機鋒暗藏，是管輅這位堪稱當世一絕的卜算大師的警醒之語。但何晏、鄧颺兩人，得意已久，野望正酣，怎麼能聽得進去這逆耳的忠言呢？

雖然管輅聲名遠揚，但他們其實不是想來聽管輅的忠告的。他們對自己的未來充滿信心，只是想得到管輅的確認而已。這也正是何晏、鄧颺心中強烈湧動著的驗證性偏見。

所以，他們只用一句「真狂客也」，多少為自己挽回一點面子後，就拂袖而去，一路慨歎管輅實在不識好歹，卻依然對自己的未來充滿信心。

管輅隨後對自己的舅舅說起了這件事。他的舅舅嚇了一大跳，說：「現在何晏、鄧颺權傾天下，誰人不懼？你怎麼敢對他們說這種話呢？」

管輅淡淡一笑，說：「我和死人說話，又有什麼好害怕的呢？」

他的舅舅再次嚇了一跳，說：「你可不要胡言亂語，這兩個人活得好端端的，你怎麼說他們是死人呢？」

所謂的大師，往往是牆裡開花牆外香的。管輅名聞天下，但他舅舅卻對他的話深表懷疑。這就是因為人際距離太近造成的「陌生的熟悉人」現象。正因大師近在眼前，身邊的俗人也就有眼不識泰山了。

管輅不以為忤，對舅舅解釋道：「何晏的面相，魂不守宅，血不華色，精爽煙浮，容若槁木，叫做『鬼幽之相』。鄧颺行步，筋不束骨，脈不制肉，起立傾倚，若無手足，叫做『鬼躁之相』。這兩個人，都不是能享福的相，早晚都要粉身碎骨，累及三族，我有什麼好害怕的。」

管輅的舅舅聽了他這番言論，反而更生氣，大罵了幾句「狂子目中無人」後，憤憤離去。

> 心理感悟：有智的人往往看到一廂情願的想像，無知的人才能看到截然不同的真相。

56——等了十年的機會

春去秋來，寒暑交易，轉眼又迎來了新的一年。

這一年，已經是曹爽掌權的第十個年頭了。前一年，曹爽成功地把郭太后遷到永寧宮獨居，又探明了司馬懿風燭殘年即將不久於人世，因此，曹爽的心氣越來越高。

他想起魏明帝曹叡死了已經十年了，此前因為曹芳年幼，一直沒有前去謁陵。現在，曹芳已經年滿十八，自己掌控大權也已穩如泰山，應該安排一次謁陵活動了。

曹爽不知道，他處在人生巔峰所做的這個決定，很快就會讓他墜落深淵。因為，這正是病榻上那個蒼髯老者苦苦等待的大好良機。

曹叡的陵墓叫做高平陵，位於距離洛陽數十里的郊外。曹爽安排皇帝曹芳前往高平陵謁陵祭掃，他本人要陪同前往，而他的弟弟曹羲、曹訓、曹彥等，都是負責禁軍的主要人物，當然也是一同前往的。

正月初六，曹爽興高采烈地護送著曹芳，車駕馬隊，浩浩蕩蕩，出了洛陽城。病榻上的司馬懿得到曹爽離開京都的確信後，立即從床上一躍而起，病容全消，儼然是一個老當益壯的雄壯將軍！

皇帝出行，並非小事。當曹爽預做安排時，司馬懿就已如獲至寶般地開心暢懷，但他還是隱忍未露。直到正月初五的晚上，他才把兩個兒子司馬師、司馬昭叫到跟前，告訴他們明日等到皇帝車駕離開洛陽，就發動兵變，徹底剷除曹爽一黨！

司馬懿雖然從未明言要剷除曹爽一黨，但司馬師、司馬昭這哥倆早就心知肚明，而且司馬師早就奉父命招募蓄養了三千死士了。

司馬懿被奪權十年，門庭冷落車馬稀，連帶司馬師、司馬昭也飽嘗人間冷暖。他們的堅忍功夫遠遠不及司馬懿老到精湛，所以備覺痛苦。他們朝思暮想，早就等著父親發令，畢其功於一役，一掃胸中鬱悶。

司馬師和司馬昭都很興奮，摩拳擦掌，準備來日大幹一場。司馬懿將自己謀劃已久的方案和盤托出，並一一分派部署。

這一夜，司馬懿特意去兩個兒子的房間外探看他們的反應。這是司馬懿從軍多年養成的一個習慣。打仗時，他總是喜歡親自深入一線，查看敵情，掌握第一手的訊息。這一次，他探看兒子的反應，其實是要考察一下兩個兒子誰更能沉得住氣，更能克成大事。

結果，司馬師酣睡如常，而司馬昭卻輾轉反側，一直睡不著覺。

司馬懿的這兩個兒子才幹都極為出色，司馬懿原本頗為偏愛老二司馬昭，但司馬師這一晚的表現，卻為自己掙回了足夠的印象分。司馬懿覺得，老大司馬師沉穩，老二司馬昭跳脫，從主持大局的角度來說，可能還是司馬師更合適一些。

司馬懿這是在為剷除曹爽後，選擇哪一個兒子當接班人做提前考量了。司馬懿顯然認為，自己這一次隱忍十年後的出手，必會一擊致命。但事實上，他多少有些過於樂觀了。這一次兵變，其實也是一場大冒險，一場大賭博，充滿了變數，鹿死誰手，尚不可知。

司馬懿的第一步就是聚集司馬師蓄養的那三千死士，然後帶著他們直奔中央武器庫，取用精良兵器，完成最必要的裝備。（根據當時的軍制，非戰之時，武器收歸入庫，到了戰時，才依照程序發放領取。）

從司馬懿府上到中央武器庫，必須經過曹爽府宅門前的大道。司馬懿率領一眾人等，急匆匆沿著這條大道行進的時候，早有人報知了曹爽的夫人劉氏。

劉氏一聽，大驚失色。在曹爽離京之際，一個原本已經病得奄奄一息的人，突然間變得生龍活虎，領著一幫凶神惡煞般的大漢，急速行進，這意味著什麼？

劉氏頓覺不妙，急忙命令府上負責警衛的嚴世登高探看動靜。女人的直覺性智慧真是不容小覷！要是曹爽有他夫人十分之一的聰慧與敏銳，就絕不會給司馬懿留下任何翻盤的機會。

嚴世領著數十名弓弩手登上高樓，只見司馬懿騎著高頭大馬，精神抖擻，領頭而行。這一幅景象頓時讓嚴世震驚了！

關於司馬懿行將就木的傳聞早已沸沸揚揚，而他竟然趁著曹大將軍出京之際，大搖大擺地出行，顯然不是什麼好事情。嚴世當機立斷，命令一眾弓弩手全神戒備，瞄準司馬懿，就要射擊！

如果這一眾弓弩手數十支利箭齊發，手無寸鐵卻首當其衝的司馬懿立時就會倒斃於馬下！他隱忍十年，裝病兩年，處心積慮的一切謀劃都將成為一場空！

但就在這個時候，嚴世部下一個叫孫謙的人卻攔住了他，說：「千萬不要射，天下大事，還不知道怎麼回事呢！」

嚴世身屬曹府，思維模式自然與曹爽保持相同立場，他一時沒明白孫謙說的話是什麼意思，仍要下令發射！

孫謙於是又連續兩次攔住了他。

司馬懿行進速度很快，孫謙的這三次阻攔，已經足以讓他平安通過曹爽府前了。司馬懿根本就不知道自己非常幸運地死裡逃生了一次。

那麼，孫謙同樣也是曹府中人，為什麼要阻攔嚴世射殺司馬懿呢？

司馬懿看似幸運，其實背後是有原因的。說起來，這就要怪曹爽大肆作孽，悖逆人心，就連他自己身邊的近侍護衛都看不過眼了。孫謙和司馬懿素無淵源，但在這千鈞一髮的時刻，還是選擇了維護司馬懿，足以說明曹爽悖逆人心已經到了無可逆轉的地步。

司馬懿躲過一劫，順利趕到武器庫，將三千死士裝備完畢後，立即率領他們出城，屯駐在洛水浮橋的北岸，防備曹爽回師反擊。

隨後，司馬懿派人請來司徒高柔，讓他以代理大將軍的名義，進駐曹爽原來的大將軍營，控制留守京都的部分軍士。司馬懿十分注意宣傳策略。高柔雖然和他一向交好，但他還是擔心高柔會有所顧慮，不肯參與剷除曹爽。所以，司馬懿對他說：「你成為周勃的時候到了！」就是這一句話，讓高柔言聽計從，全力配合司馬懿的兵變行動。

西漢初年，劉邦死後，呂后為亂。後來，周勃與陳平合力，恢復了劉氏江山。司馬懿用這句話即表明了自己的心跡，也鼓動了高柔的熱情——我不是要犯上作亂，而是要當興扶魏室的陳平，你和我一起，就當周勃吧！

司馬懿又請來太常卿王觀，以代理中領軍的身分進駐禁衛軍大營，控制少量留守的禁軍。

高柔、王觀這些人選是司馬懿裝病期間，密切觀察、謹慎思考後選定的，都是忠於魏室，對曹爽極度不滿之人，所以一邀即中。

控制了這三處要害，司馬懿就基本控制了洛陽的局勢。隨後，他立即趕往永寧宮，向郭太后請命，要求罷免專權作亂的曹爽。

被曹爽視為眼中釘、絆腳石的郭太后，至此又成為司馬懿的一大強援。郭太后早就對曹爽迫使自己遷居而大為不滿了。而且，司馬懿的措辭也十分得當，儘管他內心早已下定血洗曹氏的決心，但對郭太后只是說請求罷免曹爽，以免這位婦道人家擔心太過血腥而不予配合。

郭太后表示同意後，司馬懿立即寫就奏章一份，其內容為：

我當年從遼東趕回，先帝（指曹叡）把陛下（指曹芳）和我叫到御床之前，把後事託付給我。我說：「當年太祖（指曹操）、高祖（指曹丕）都曾經把後事託付給我，這是陛下親眼看到過的，所以勿要擔憂。如果遇到什麼不測，我不惜一死，以奉明詔。」這一情形，當時在場的黃門董箕等人，為先帝侍疾的才人宮女都在場親見。

現在大將軍曹爽，背棄了顧命大臣的職責，敗亂國典，對上僭越，對外專權，破壞禁軍舊制。任命的高官要職，都是自己親近的人。歷來任命的舊臣，紛紛被曹爽掃地出門，他一心任用新人，結黨營私。他還與黃門張當勾結，監視陛下，離間兩位皇后的關係。天下人都看不過眼，群情激憤，人人痛恨。陛下僅僅成了擺設，國家豈能長治久安？這絕不是先帝當年將陛下託付給我的本意。我雖然已經年邁老朽，卻不敢忘記當年的誓言！

當年趙高擅權，秦國就滅亡了。呂后、霍光的勢力早被鏟斷，漢祚才得綿延。這正是我應該承擔使命的時刻。太尉蔣濟、尚書令司馬孚等，都認為曹爽有不臣之心，兄弟幾人不宜繼續擔任禁衛要職。我特意奏請永寧宮，皇太后下令讓我按照奏章上的請求行事。所以，我按照太后敕令，罷免曹爽、曹羲、曹訓的官職，讓他們以列侯的身分回歸宅邸，不得繼續逗留御駕之側。如敢羈留，軍法從事！我已經率領大軍，屯紮在洛水浮橋，以應對一切異常情況。

司馬懿寫好這封深思熟慮的奏章後，立即派特使給皇帝曹芳送去。司馬懿知道，這奏章名義上是上給皇帝的，但第一個看到奏章的人一定是曹爽。司馬懿完全能夠想像出，曹爽突然看到這封意料之外的奏章時那種如五雷轟頂般的醜樣。他不由冷笑一聲，心裡充滿了復仇即將大功告成的暢快之感。

但是，司馬懿猛然想起了一個人，如果對這個人不加控制，可能會壞了大事，急忙派人去宣召此人。這個人就是人稱「智囊」的桓範。

但就在這時，平昌門守吏司蕃來報，說是桓範使詐，逃出城門，投奔曹爽去了。司馬懿不由大驚，冷汗一下子就冒出來了，連呼失策。因為曹爽一旦得了此人之助，就很難對付了。

司馬懿精心謀劃、志在必得的這一場兵變，因為「智囊」桓範的成功出逃而變數橫生……

> 心理感悟：「幸」或「不幸」的背後，其實都是我們看不懂的因果。

57 —— 當智囊遇到酒囊

司馬懿早已下令全城戒嚴，緊閉十二道城門，桓範又是怎樣逃出城去的呢？

桓範真是不愧「智囊」美名。他逃至平昌門之時，城門已經奉司馬懿之命緊緊關閉。桓範一眼瞥見守城門吏是他以前的部屬司蕃，馬上從袖子中取出一塊竹版，大聲說道：「太后有詔，立即開門！」

皇帝曹芳與大將軍曹爽都已離京，洛陽城中最高的尊者就是郭太后。桓範立即借用太后的名頭來詐開城門，足見他反應迅捷。

司蕃習慣性地問了一句：「請驗看一下太后詔書！」

桓範手中的這塊竹版當然是經不起驗看的。但他非但沒有心虛氣短，反而底氣十足地喝道：「你在我手下幹了那麼久，現在怎麼敢對我如此無禮？」

查驗詔書真偽，本是分所應當的程序問題，但桓範卻將之轉化為司蕃對自己的態度問題，並借機發火，從而得以借助權威慣性，衝破了司蕃忠於職守的內心堅持。

司蕃為桓範的氣勢所懾服，不敢懷疑，急忙打開城門，放他出去。桓範出了城門，回頭看看司蕃，心底突然湧起一股故舊之情，擔心司蕃會因為誤放自己出門而慘遭不幸，於是對司蕃大喊了一句：「太傅已經造反，你趕快跟著我速速去見陛下和大將軍！」

司蕃這才明白上了桓範的當了，他急忙上前，要把桓範趕回城內。但桓範撥馬便走，司蕃追趕不及，只好立即去向司馬懿請罪。

司馬懿大驚失色，擔心曹爽得了桓範之助，就能想出應對兵變的妙招來。一旁的太尉蔣濟卻說：「不用擔心。桓範雖有良謀，但曹爽不過是一匹戀棧的駑馬，一定不會採納他的計謀的。」

司馬懿聽了這句話，多少心安了一些。但他想了想，決定馬上補上一招，以抵消桓範的影響。

司馬懿讓蔣濟執筆寫一封信，以他的個人名義擔保，只要曹爽交出權力，就可確保曹爽無事，然後派侍中許允、尚書陳泰趕去勸說曹爽交出兵權。

許允、陳泰走後，司馬懿還是不放心，又找來一個叫做尹大目的殿中校尉。這個人官職雖然不高，卻是曹爽的心腹，深得曹爽信任，一直負責皇帝寢宮的保衛工作。

司馬懿當著尹大目的面，和蔣濟一起，指著洛水發誓，說只是解除曹爽的兵權，絕不涉及其他，然後讓尹大目立即趕去面見曹爽，轉達自己的意思。尹大目見這兩位白髮蒼蒼的三公重臣一本正經地指著洛水發誓，如何能夠不信？

尹大目上路之後，司馬懿寬解了很多，但內心依然隱隱不安。

曹爽正興致勃勃地行進在謁陵的途中，突然接到來自京城的緊急奏章，不由心生疑惑。再一看，奏章署名竟然是臥病在床的司馬懿，立即有了一種不祥的預感。

曹爽打開一看，果然如司馬懿所料，一下子嚇傻了！

這一幕，與當年「死諸葛嚇退活司馬」頗為相似，都是在猝不及防間遭遇了最令人難以置信的逆天之變！

曹爽本來就對司馬懿畏之如虎，而且一直以為司馬懿行將就木，卻沒料到他竟然裝病騙過了自己，然後趁著自己遠離京城之際，發動了兵變！

曹爽這一生錦衣玉食，順風順水，哪裡經歷過這變亂驟生的場面？自然是手足無措，無計可施了。他既不敢將奏章拿給皇帝看，也不敢立即起兵回京反擊司馬懿，只能傳令讓謁陵車駕暫時停駐。

曹爽這時候的心情，很像小孩子做了壞事，一心以為自己只要不對外聲張，這件棘手的事就等於沒有發生。所以，他捂著司馬懿的奏章，對誰也不說，只是一個人呆呆地坐在臨時搭建在路邊的小帳中，愁容滿面，長吁短歎。

曹羲見兄長突然間判若兩人，急忙過去探問。曹爽不得已拿出司馬懿的奏章給曹羲看。曹羲看了，也嚇得目瞪口呆，不知所措！曹羲此前曾經規勸過曹爽，但真正事到臨頭，卻也是慌了手腳，不知該如何應對深藏不露、高深莫測的司馬懿了。兄弟兩個坐在帳中，只是面面相覷，卻毫無主張。

正在這時，「智囊」桓範匆匆趕到了。在一路上的快馬疾馳中，桓範早就想出了一個堪稱絕妙的應對之策。

司馬懿的擔憂還真不是多餘的。桓範的謀略水準，與司馬懿不遑多讓。

桓範想到，雖然司馬懿已經掌控了京都洛陽，但曹魏帝國最重要的人物——皇帝曹芳還控制在曹爽手中。而魏國並非只有一個都城，當初曹丕設立了五座都城，洛陽只是其中之一。只要曹爽護送著皇帝趕到距離較近的許昌，穩住陣腳，就可以宣布「鷹視狼顧」的司馬懿公然叛亂，然後號召天下諸侯勤王，共同討伐司馬懿。

桓範的這一招，正是曹魏帝國的開創始祖曹操的拿手好戲。當初，曹操挾天子以令諸侯，自如操控天下權柄。如今，曹爽完全可以複製這一套做法，上演新的一幕「挾天子以討司馬」。

如果曹爽這麼做了，成功率極高，完全可以反過來置司馬懿於死地。

因為，曹爽兄弟手上的兵權猶在。而桓範作為掌管天下農事的大司農，出逃時已經預先帶上大司農之印，隨時可以徵調天下之糧。手中有兵有糧，心中哪裡用得著慌？況且，司馬懿是借助了皇太后的名義討伐曹爽。但畢竟曹芳是一國之君，皇太后的權威還是比不上皇帝的權威的。曹爽完全可以用皇帝的名義反駁司馬懿的指責，並反控司馬懿為謀逆之徒。司馬懿素有前科，反對者甚眾，只要曹爽以曹芳的名義，登高一呼，相信司馬懿作亂的人絕不在少數。這樣一來，司馬懿立即就會失去道義上的優勢，也就很難控制住洛陽了。

桓範堪稱不世出的「智囊」，但可惜的是，他遇到的曹爽卻也是個不世出的飯袋酒囊！

當桓範把自己的這個敗中取勝、絕地反擊的妙策告訴曹爽後，曹爽卻沒有表現出桓範預想中如獲至寶的欣喜之情。

曹爽眉頭緊鎖，長吁短歎，顯然根本沒有勇氣接受桓範的這個建議。這一方面是擔心與戰神司馬懿直接開戰，難有勝算；另一方面，司馬懿的那封精心寫就的奏章也發揮了極為重要的作用。

司馬懿在奏章中提出「免去曹爽兄弟的官職，但保留他們的列侯身分」，這其實是一個標準的「安全閥策略」。

當一個人被逼到無路可退的絕路時，就會表現出拼死一搏的冒險傾向。而安全閥策略，則是在大局在握的前提下，故意預留出一個活口，適當釋放對手的壓力，以免對手狗急跳牆，最終造成兩敗俱傷的局面。

司馬懿對安全閥策略的運用頗有心得。當初他圍攻遼東襄平城的時候，故意放城內百姓外出砍樵放牧，就是一例。這一次，他在奏章上明確承諾，曹爽兄弟只要交出兵權，還可以保住榮華富貴。正是這個條件，讓曹爽喪失了抗爭的勇氣。

曹爽唯一擔心的就是司馬懿可能只是虛晃一槍，食言而肥。就在他猶豫不決的時候，司馬懿派出的第一撥說客——許允、陳泰趕到了，並帶來了太尉蔣濟的親筆保證書。許允、陳泰極力勸說曹爽趕快交出兵權，向太傅認罪。

曹爽開始動搖了。桓範見曹爽如此糊塗，不禁急上心頭，正要說服他，司馬懿派出的第二撥說客——尹大目也趕到了。

這幾股說降的力量一會合，立即就占了上風，桓範見勢不妙，急忙不惜口舌勸說曹爽不可上當，但不管桓範如何勸說，曹爽都不表態。

於是，在曹爽的軍帳中，桓範與曹爽兄弟，從初夜一直坐到五更。桓範口水都快要說乾了，但曹爽兄弟還是沒有決斷。快要天明的時候，曹爽終於做出了決定。他站起身來，抽出了腰間的刀。桓範以為他是想要揮刀表態，要與司馬懿決一死戰，一陣高興，心想真沒白白辜負自己這一夜搖脣撥舌的辛勞。

沒想到，曹爽卻把刀往地上一扔，如釋重負地說：「司馬公不過是想奪我的權罷了，即便是被免職回家，我也還能當個富家翁吧。」（原話為：司馬公正當欲奪吾權耳。吾得以侯還第，不失為富家翁。）

曹爽左思右想，覺得挾持皇帝與司馬懿開戰，實在太過費力耗神，遠遠超過了他所能承擔的精神極限。因此，不論桓範如何苦苦相勸，他總是下不了決心。而他的兄弟曹羲同樣是個嬌生慣養的公子哥兒，哪裡嘗過世間一星半點的辛勞？當然也是和曹爽一樣的心思。既然司馬懿並沒有把事情做絕，還是給自己兄弟留了一條活路，而且是可以繼續活得很不錯的活路，那麼何苦要與司馬懿拼個你死我活呢？

只是，曹爽壓根兒就不了解司馬懿。這個可以忍辱裝病好多年的人，這個對孟達、公孫淵辣手無情的人，會這麼輕易放過他們兄弟嗎？

桓範頓時心如死灰，深深懊悔自己跟錯了人，激憤之下，一句赤裸裸的斥罵竟然脫口而出：「曹真也算是個人物，怎麼會生出你們這樣豬狗不如的兒子來呢！」（原話為：曹子丹以智謀自矜！——今兄弟三人，真豚犢耳！）

曹爽卻顧不上追究桓範的失禮了，急忙拿出司馬懿的奏章，去見皇帝曹芳，請求皇帝按照司馬懿所奏免去自己一眾兄弟的職務。

曹芳大感詫異，不知道曹爽唱的到底是哪一齣戲。但他平素當慣了傀儡，也不敢多問，只是依言准奏。

第二天一大早，曹爽叫停了謁陵之行，掉轉馬頭，護送著皇帝回到了剛剛離開一天就發生了驚天巨變的京都洛陽。

等待著曹爽的將會是什麼樣的命運呢？

> 心理感悟：當人們把僥倖當作希望的時候，悲劇就發生了。

58 殺到一個都不留

司馬懿的「安全閥策略」，成功瓦解了曹爽的鬥志。曹爽拱手交出兵權，在正月初七這一天，回到了洛陽。

一天前，曹爽還是曹魏帝國手握重權的第一人；一天後，他卻已經成了司馬懿砧板上的魚肉。這真叫做一夜巨變！這一次兵變因魏少帝曹芳謁陵而起，故而史稱「高平陵之變」。

曹爽抱著強烈的僥倖心理，回到了自己的府邸。他想，有了司馬懿和蔣濟的親口親筆保證，自己的榮華富貴還是有保障的。任何人到了任人宰割的時候，都是會抱著這樣的美好幻想的。這是一種典型的自我欺騙，否則就會造成內心嚴重的認知失調。

司馬懿果然沒有「辜負」曹爽的期盼，他確實保證了曹爽的人身安全，卻完全剝奪了他的人身自由。曹爽兄弟幾人一入家門，就被軟禁起來，不許再邁出府門一步。

權力和毒品一樣，是會讓人上癮的。掌權在某種程度上等同於吸毒。當一個人戒毒的時候，會出現種種症狀不良、反應激烈的戒斷反應。當一個人被剝奪權力的時候，也會出現權力戒斷反應，導致生理及心理上的一系列不適症狀。

曹爽很快就感到了極其複雜的情緒波動，壓抑、惶恐、憤怒、懊惱均混雜其中，有說不出的難受，且又自怨自艾，惆悵若狂。

美國名將巴頓曾經說過：「衡量一個人成功的標誌，不是看他登到頂峰的高度，而是看他跌到低谷的反彈力。」

從曹爽和司馬懿面對權力被剝奪的重大逆境的不同表現，就可以看出這兩個人的巨大差距了。司馬懿步履坎坷，歷經磨難，但他總是心如大海，波瀾不驚，數十年來從來沒有一蹶不振。而曹爽從第一天開始就已經受不了了。

在這樣的艱難時刻，自我欺騙就更加不可缺少了。曹爽一再告訴自己，雖然失去了權力，但至少還保住了富貴；雖然失去了自由，但至少還保住了性命。這樣一想，曹爽的心裡踏實、舒坦多了。但他稍一安心，很快又覺得無聊了。

僅僅一兩天前，他還被文武百官前擁後簇，在聲色犬馬、縱情放蕩中度過。但現在卻只能是淒清冷落，顧影自憐。

曹爽長長地歎了一口氣，吩咐府中的下人取來彈弓，想去花園中打鳥解悶。曹爽府邸中的花園位於東南。曹爽剛一往花園邁步，只聽到府邸外的一座高樓上有人大聲喊道：「故大將軍往東南方向去了！」

曹爽抬頭環顧，這才發現，自己府邸之外的四個角上，一夜之間竟然立起了四座高樓，樓上的人，隨時監看自己的行止。顯然，這是司馬懿所為。

曹爽大感掃興，立即失去了打鳥的興致，隨即卻又感到了一陣恐懼。司馬懿這麼做，到底是想做什麼呢？他下一步還會採取什麼行動呢？

曹爽越想越害怕。隨著真相的日益臨近，曹爽心裡越來越發虛。這就需要自我欺騙的升級了。曹爽一再安慰自己，一切都會沒事的。就算司馬懿說話不算數，蔣濟難道也會存心欺騙自己嗎？這一定是不可能的。

儘管如此，曹爽還是免不了惴惴不安。最終，他的心理防線徹底失守。他左思右想，覺得一定要搞清楚司馬懿到底想要做什麼。於是，曹爽用他這輩子最卑微的口氣，給司馬懿寫了一封信：

> 賤子爽，哀惶恐怖，無狀招禍，分受屠滅，前遣家人迎糧，於今未反，數日乏匱，當煩見餉，以繼旦夕。

曹爽這封信的意思是說，我已經罪該萬死，不過家裡缺糧，眼看要斷頓了，希望能接濟一下。一個堂堂的大將軍，在失去權力後，竟然淪落到如此地步，雖說這是曹爽自作孽的惡果，但也不免讓人唏噓不已。

不過，曹爽的真實用意並不是請求接濟，而是以此來試探司馬懿的底線。曹爽的信剛送出去，當天就有了動靜。司馬懿很快派人送來一批米麵魚肉，同時還附上了一封親筆回信：

> 初不知乏糧，甚懷踧踖。令致米一百斛，並肉脯、鹽豉、大豆。

曹爽反反復復看了幾遍司馬懿這封寥寥數十字的信，不禁雀躍起來，大叫道：「司馬公既然這麼說，我們就可以活命了。」

曹爽這個超級大草包，實在是太傻，太天真了。他根本就把曹魏帝國開創始祖曹操畢生心血的總結給忘了。當初，曹操在《讓縣自明本志令》中說：「然欲孤便爾委捐所典兵眾，以還執事，歸就武平侯國，實不可也。何者？誠恐己離兵為人所禍也。」

曹操說得很清楚了，他很擔心放棄兵權後就會為人所害。司馬懿四十年前就已經將這句話銘刻在心了，而那個時候，曹爽甚至還沒有出生。但是，這絕不是曹爽可以無視曹操在權力場上博弈終身總結出來的智慧結晶的理由。

那麼，此時此刻的司馬懿到底在做什麼呢？他是不是真的就放過了曹爽呢？

當然不是。

他之所以還沒有對曹爽採取下一步措施，只是因為還需要一點時間來羅織足夠的證據。

實際上，除了何晏之外，曹爽的一眾黨羽，包括鄧颺、李勝、丁謐、畢軌、桓範、張當等人都已被司馬懿投入了大獄。

司馬懿為什麼獨獨放過了何晏呢？莫不是對他情有獨鍾，要網開一面？

這樣想的人，說明還遠遠不了解司馬懿。在司馬懿內心的黑名單上，除了曹爽，何晏是排在第一位的。司馬懿是絕不會放過他的。相反，司馬懿要好好地消遣他一番。

司馬懿讓曾經被曹爽貶官的盧毓擔任主審官，並讓何晏參與審理。何晏以為這是一個難得的立功贖罪的機會，於是十分賣力地協助盧毓清查曾經與他同一戰線的死黨。

盧毓在司馬懿的授意下，著力對黃門張當嚴刑逼供。張當吃不消嚴刑拷打，終於「招」出了司馬懿最想要的東西——曹爽與何晏、鄧颺等人密謀造反，約定於三月中旬起事！

司馬懿讓何晏排出誅滅三族的名單。當時所謂的三族，是指父母、兄弟姐妹以及妻子兒女這三類親屬。

何晏抱著極大的僥倖心理，強忍著內心的惶恐不安，排出了曹爽、鄧颺、丁謐、李勝、畢軌、桓範、張當這七個人。

司馬懿看了何晏排出的名單後，冷冷地說道：「參與謀反的一共有八家，還有一家沒排出來。」

何晏一下子愣住了，過了好半天才醒悟過來，說：「您難道是在說我？」

司馬懿只回答了一個字：「對！」

何晏最後的幻想被徹底擊碎，頓時心如死灰。司馬懿下令將何晏收監。整個審訊就此結束。這一天是正月初十。

當天，曹爽及曹羲、曹訓、何晏、鄧颺、丁謐、李勝、畢軌、桓範、張當等人全部被誅滅三族，一個不留。多少無辜的婦孺受牽連而死於這場殘忍的大屠殺。

曹爽一定是死不瞑目的。明明司馬懿指著洛水發誓，明明蔣濟親筆寫下保證，怎麼轉眼間就翻臉不認帳了呢？他要是早知道，拱手交出兵權會導致三族夷滅，即便桓範不死命勸說，也會奮起與司馬懿一戰的。但是，誰又不讓他早知道了呢？曹操的心得早已說得很直白了。世上從來就沒有後悔藥。曹爽玩了這麼多年權力，卻從來沒有搞清楚權力場上的終極法則，自動卸甲，自投羅網，又能怪誰呢？

這其中最後悔的一定是桓範。他早已料敵機先，空有滿腹奇謀祕計，到頭來因為看錯了主公而身敗名裂。

曹爽、司馬懿二人爭權，曹爽搶得先手，卻容忍了司馬懿整整十年，而司馬懿隱忍十年，抓住一個機會，僅僅用五天時間，就將曹爽一黨夷滅三族。曹爽確實是死於自己的倒行逆施，死於自己的蠢笨如豬，但在某種程度上，也可以說是死於自己的不夠殘忍。如果他有司馬懿百分之一的殘忍，都不會有這樣悲慘的下場。諷刺的是，指控謀反，本來是曹爽可以用來對付司馬懿的最好理由，但最後卻被司馬懿反過來用在了曹爽的身上。

宋代的蘇過曾經寫過一句話：「天下者，得之艱難，則失之不易；得之既易，則失之亦然。」如果把「天下」兩個字改成「權力」，就可以作為曹爽這悲慘一生的準確寫照了。

集堅忍與殘忍於一體的司馬懿確實是心狠手辣，但他還是沒有將曹爽餘黨趕盡殺絕。事實上，這是一個不可能完成的任務。曹爽專權十年，滿朝文武，絕大多數和他有所關聯。如果一定要掃清所有和曹爽沾邊的人，不但殺不勝殺，而且會給司馬懿帶來普遍的對立面。所以，司馬懿有意放過了大將軍府的參軍辛敞和司馬魯芝這兩個人。辛、魯二人，在司馬懿發動兵變時，也和桓範一樣，破門而出，前去會合曹爽。

按照司馬懿的行事風格，這兩個人本也是要誅滅三族的。但是司馬懿卻有意說：「他們也是各為其主，還是寬恕他們吧。」幾天後，司馬懿反而提升了他們。

這正是司馬懿政治手段的老到之處。首惡及骨幹既除，饒了辛敞與魯芝，也就安了所有和曹爽多少有過關聯的人。京都洛陽的形勢就此安定下來。

經由這一場驚天大殺戮，司馬懿站到了他這一生中的權力巔峰，真真切切地掌握了唯我獨尊的第一權力，放眼四顧，已經沒有任何人膽敢挑戰他的權威了。這一年，他已經七十一歲了。

回望五十年前，血氣方剛的司馬懿是何等痛恨董卓與曹操！但是，歲月流逝，帶走的不僅僅是如水的光陰，還有年少的童真、青春的執著。七十一歲的司馬懿，在歷經沉浮後，永遠也回不到過去的時光了。他十分清楚，站在曹魏帝國權力之巔上的自己，已經成為他人眼中的第三個董卓和第二個曹操了。

這真是莫大的反諷！即便是最具想像力的編劇，恐怕也編不出這樣的人生劇本。那麼，司馬懿會不會在巨大的權力慣性的作用下，也像董卓、曹操那樣，試著邁向那個終極權力寶座呢？

> 心理感悟：對權勢的唯一詮釋就是鮮血與眼淚。

59 ——踩剎車而不是踩油門

很多人以為，司馬懿早就有不臣之心，誅殺曹爽就是為了掃清篡權路上的最大障礙。但是，隨著司馬懿一路走來，我們知道這並非事情的真相。

事實上，在與曹爽共事的這十年間，司馬懿一路退守，生命隨時都受到威脅。只是曹爽識見庸常，且又心不狠、手不辣，這才給了司馬懿絕地反擊的機會。而且，司馬懿剷除曹爽的計畫也並非鐵定成功。如果不是足夠幸運，司馬懿更可能是功敗垂成。所以，客觀地說，在誅殺曹爽之前，司馬懿根本不可能有謀逆之心。

但是，在殺了曹爽之後，司馬懿成為曹魏帝國實際的掌舵人，距離皇帝的終極寶座只有一步之遙。他不可能不想到取而代之的可能性。

自從東漢末年的變亂開始，至此已有五六十年，各路軍閥混戰，權臣相繼而起，其目標都是代漢而自立。這其中，曹操父子就是笑到最後的勝利者。司馬懿幾十年來一直在為曹氏效力，耳聞目染之下，行為改變態度，他的心理上早就已經對「僭越」、「謀逆」這些字眼脫敏了。換言之，司馬懿的價值觀已經排斥了死忠於一姓之天下的僵化理念，並形成了強權者可以自立稱帝的新思想。

既然曹氏可以透過皇帝禪讓的方式取代漢室，司馬氏為什麼不可以藉由同樣的方式取代魏室呢？

當司馬懿這樣想的時候，整個曹魏帝國上下也都是這樣想的。眾人認為，司馬懿必將沿著曹操當年開闢的路徑，加緊上演相同的一幕逼宮大戲。始自曹操的「鷹視狼顧論」和「三馬同槽論」眼看就要成為活生生的現實了。很多人儘管對此極度不滿，但人人對司馬懿畏之如虎，只要司馬懿沒有實質性地走出最後一步，誰又敢說些什麼呢？

司馬懿隨後對於平逆有功者的封賞，更是堅定了大魏群臣們的判斷。

司馬懿首先將太尉蔣濟的亭侯升格為鄉侯，增加食邑七百戶。這一份封賞並不怎麼豐厚。但司馬懿卻對兒子司馬師來了一個躍升式提拔，從第四品的中護軍一下子提升到第二品的衛將軍。司馬師成為衛將軍後，就成了除司馬懿外掌控曹魏軍權的第一人。

司馬懿的這個安排在當下這個頗為特殊的情境中極具訊號意義。人人都看出，司馬懿這是在重點培養接班人了。

但是，「平逆」首功無論如何都是司馬懿的，不能不賞。而針對司馬懿本人的封賞當然不能由他自己提出。這份壓力自然落到了魏少帝曹芳身上。

曹芳已經做了多年傀儡，並不在意由誰來取代曹爽。對他來說，唯一重要的事情就是在權臣的魔爪下保住性命，並得以繼續享樂。但司馬懿的冷酷無情已經足以讓曹芳膽戰心驚。

火燒眉毛，先顧眼前。這是人之常情。曹芳雖然知道加大對司馬懿的封賞只會讓司馬懿權勢更熾，但如果不滿足他的欲望，恐怕當下連命也保不住。所以，在一片恐慌的氣氛中，曹芳懷著「飲鴆止渴」的複雜心情，下令提升司馬懿為丞相，並給他增加四縣一萬戶的食邑。

「丞相」這個頭銜，在東漢末年以及曹魏初年的政治話語體系中有著極為特殊的含義。漢承秦制，在秦朝的官僚體系中，丞相與太尉、御史大夫為中央政府最高官員，合稱「三公」。漢武帝時，丞相之權日削，多任丞相死於非命。到了漢哀帝時，改丞相為大司徒，於是丞相之名被廢除。東漢初年，光武帝劉秀以司徒、太尉、司空為「三公」，但實權卻轉移至尚書台。三公只有加配「錄尚書事」的頭銜，才能參與國事。東漢末年，曹操把持朝政後，為了凸顯自己的特殊重要性，廢除三公，自立為丞相。此後，一直到曹操以魏王的身分去世，始終都保留著丞相的頭銜。

因此，用今天的話語體系來解釋，曹芳加封給司馬懿的這個「丞相」頭銜，無異於承認他就是一個「大獨裁者」。

自曹芳以下，人人都以為這正是司馬懿最想要的東西。儘管曹芳心裡並不情願，但迫於形勢，也只能如此了。

但是，誰也沒有想到，司馬懿竟然斷然拒絕了！

在這特殊的情境下，人人又都以為司馬懿的拒絕是假模假式的，僅僅是丞相，還滿足不了他的胃口，他一定還想要得到更多！

曹操當年榮登丞相寶座就是在第二次徵召司馬懿之時，後來又過五年，曹操進位為魏公，再過三年，才進位為魏王。難道司馬懿的胃口比曹操還要驚人，竟要一步到位，晉升至王爵？

但這樣的要求已經完全超越了曹芳以及魏國群臣所能接受、所能承受的底線了。在這樣的情況下，一種叫做「反向形成」的心理防禦機制應運而生。

所謂「反向形成」，就是指某個人為了將自己無法承受的負面認知或負面情緒排除在意識之外，而從完全相反的角度去解釋同一事件。

在反向形成機制的作用下，曹芳的潛意識將司馬懿的拒絕解讀為司馬懿是為了避免招惹非議而予以推讓。

這樣解釋當然也是有道理的，一個人生活在社會中，不可能不受社會主流價值觀的約束。這種基於某一基本價值觀的社會輿論對身處其中的個體的言行所具有的約束作用，就是「社會評價顧忌」。不管強權如何迫人，不管內心如何認可，謀逆與奪權都是不能明著擺到桌面上的。司馬懿就算有強烈的衝動，要代魏而立，也不能不顧及社會主流輿論的負面評價。曹操當年面對孫權的勸進，就曾說過「是兒欲使吾居爐火之上耶」，表達的正是對社會評價的顧忌。

既然如此，曹芳再次將被司馬懿拒絕了的丞相頭銜加封司馬懿，而司馬懿也再次斷然拒絕。於是，這又演變成了一場「施與受」的多回合拉鋸戰！

最終占了上風的還是司馬懿！誰也想不到，司馬懿竟然是發自內心地推讓這個「丞相」頭銜。司馬懿為什麼要這樣做呢？他想要的到底是什麼？

其實，在驚濤駭浪的風口浪尖上，司馬懿終於想透了一個人生至理。他終於明白為什麼諸葛亮的能力遠勝自己卻最終黯然死於五丈原而功業未成，也終於明白了曹操在距離權力之巔一步之遙時卻絕不稱帝的原因。

趨勢是人世間最大的力量。任何個體，在趨勢面前，都是極其渺小的，都不可能憑藉自己的力量而抗逆趨勢。

諸葛亮英才蓋世，卻不顧天兆惡象和內部反對，逆勢而行，最終的結局只能是一聲歎息。

曹操由丞相而魏公，由魏公而魏王，已經用盡了一生的道德價值積累。忠心耿耿的老臣荀彧和剛直不阿的諫臣崔琰，以軟硬兩種方式表達了自己的反對意見。而更多的人，則將反對意見掩埋在心裡。如果曹操強行稱帝，當然可以如願坐上龍椅。但是，積壓而盛的怨氣一定會像火山爆發，將根基未穩的曹魏帝國掀翻在地。曹操從荀彧、崔琰的反對中，推而廣之看到了趨勢，也看到了形勢，所以，他才會選擇「苟天命在孤，孤為周文王矣」。曹操知道，曹魏的勢力已成，只要順勢而為，到了兒子手上，代漢而立就是自然而然的事情。如果一定要和時間賽跑，搶在趨勢之前，自己稱帝，就是不自量力了。

曹操的這一份領悟，堪稱歷代有望登頂權力巔峰者中的翹楚心得。多少人覬覦皇帝寶座，沒有條件，創造條件也要坐上去過把癮。但曹操卻止步不前，以退為進，不圖其名，只求其實。這是難能可貴的政治智慧。

曹操死後三十年，司馬懿終於領會了這個老謀深算的梟雄的深意。

司馬懿同樣也看到了針對自己的反對意見。

蔣濟可以說是司馬懿最忠實、最可靠的政治盟友了。如果沒有蔣濟全力配合，司馬懿未必能取得兵變的勝利。但是，蔣濟擁護司馬懿剷除曹爽，卻未必擁護他對曹爽誅滅三族。在討論如何處置曹爽一族時，蔣濟出於對曹爽的愧疚（蔣濟曾親筆保證曹爽的生命安全），而提出保留一條曹氏血脈，卻被司馬懿嚴詞拒絕。後來，司馬懿將蔣濟的亭侯升至鄉侯，也被蔣濟拒絕。食言而肥的壓力，以及被司馬懿利用的懊喪，讓蔣濟抑鬱成疾，在「高平陵之變」三個月後，就與世長辭了。

如果司馬懿肆無忌憚地擺出逆篡的架勢，他的反對者一定不在少數。別的不說，恐怕他的親弟弟司馬孚第一個就會站出來反對他。

司馬孚在曹操手上出仕，一路平穩上升，從未因特殊的際遇而改變自己忠君愛上的價值觀，終身對曹氏忠心耿耿。司馬孚是三國第一人瑞，一直活到了九十三歲。「高平陵之變」十六年後，司馬懿的孫子司馬炎代魏而立的時候，司馬孚依然健在，但他至死都自稱為「大魏之純臣」。

司馬懿明白，與其強行與暗流湧動的反對力量抗衡，還不如順其自然，讓時間的流逝來撫平終極之路上的所有障礙。所以，他連丞相的頭銜都不想認領，更不用說王公的頭銜了。不圖其名，只求其實。這既是對曹操的模仿，更是對曹操的超越！

司馬懿的堅忍遠勝曹操，曹操明於形勢都能忍住登頂權力巔峰的衝動，司馬懿又怎麼會做不到呢？

這正是所有的人都認為司馬懿在曹操開闢的道路上要踩油門加速前行的時候，他卻踩了剎車的原因。

> 心理感悟：重名者必失其實，重實者未必不得其名。

60——順勢而為的智慧

事實證明，司馬懿的踩剎車策略是明智的選擇！這不但大大挽回了他搖搖欲墜的聲譽，也讓他得以繼續運用道義的名義消滅一切反對力量。

太尉蔣濟死後，司馬懿刻意選擇司空王凌接替。王凌是漢末名臣王允的侄子（王允離間呂布刺殺了董卓，後來卻被董卓部將李榷殘殺滿門），很早就追隨曹操，是資格比司馬懿還老的魏室四朝元老。王凌一直統兵在外，駐紮在淮揚一帶。司馬懿對這位手握兵權的老臣著意加以籠絡，就是要盡可能消弭一切可能的反對力量。

但是，王凌對司馬懿殺害曹爽後把持朝政一事十分不滿。他想利用自己手中的兵權，剷除司馬懿，復興魏室。於是，他和自己的外甥兗州刺史令狐愚密商，準備起兵討伐司馬懿，改立曹操的另一個兒子楚王曹彪為帝。曹彪年長且能力出眾，足以擺脫權臣的鉗制。

如果司馬懿禁不住終極寶座的誘惑，反形畢露，就會給王凌和令狐愚提供最好的起兵理由。但王凌和令狐愚卻一直沒有等到他們期盼的情形。

到了高平陵之變這一年的十二月，令狐愚沒有等來起兵的機會，卻生病去世了。這就讓王凌陷入了進退兩難的境地。

王凌猶豫了整整一年，到了新一年的正月，他終於決定以向朝廷奏請討伐東吳為名，詐取兵符後，發動討伐司馬懿之戰。

但不幸的是，王凌的一個部屬向司馬懿告了密。

已經七十三歲的司馬懿，因為年事已高，早已不上朝議事了。一切重大事項，都是曹芳親臨太傅府邸請教。但是，一得到王凌謀反的密報，司馬懿立即恢復了二十三年前奇襲孟達的英姿颯爽的精神狀態！他立即集結數萬精銳兵馬，以迅雷不及掩耳之勢，祕密進兵，對王凌駐紮的壽春形成了大兵壓境的雷霆之勢。

司馬懿隨即以朝廷名義公布了王凌的罪狀，同時又宣布特赦王凌之罪。這一招其實和當初誘騙曹爽交出兵權如出一轍。指控謀逆的話語權再一次掌握在司馬懿的手中。王凌迫於情勢，只好向司馬懿獻上降書。

司馬懿心機深沉，王凌投降後，不知道他是否真的會赦免自己的死罪，於是也像此前曹爽用借糧來試探司馬懿的底牌一樣，向負責押送他的軍吏索要釘棺材蓋的釘子。

王凌知道軍吏一定會向司馬懿請示的。很快，司馬懿的答覆來了，軍吏將兩枚長長的棺材釘送到了王凌的面前。王凌這才知道，對司馬懿是絕不能抱有任何幻想的。王凌長歎一聲：「行年八十，竟然身名並滅！」取出身邊密藏的毒藥，自殺身亡。

司馬懿隨後下令，將參與王凌、令狐愚謀反的人全部夷滅三族！他當然也不會放過曹彪，曹彪被逼自殺。隨之倒楣的是所有的曹魏宗室成員。司馬懿下令，所有宗室親王，全部從各自的封國移居到鄴城，並派自己的另一個兒子司馬伷監視他們的一言一行。

這等於是將所有曹魏宗室子弟都關進了集中營。司馬懿這套做法，其實是從曹丕那裡學來的，不過是更加決絕無情的加強版。

到了這個時候，只要司馬懿想當皇帝，已經沒有任何人可以阻擋他了。魏少帝為之惶恐不安，萬般無奈之下提出加封司馬懿為相國（這是比丞相更尊崇的頭銜）、安平郡公。但是，司馬懿卻依然拒而不受。

在生命的暮年，司馬懿將自己的性格特質發揮到了無與倫比的極致。他一手堅忍，絕不表現出對皇位的覬覦；一手殘忍，對任何可能的反對力量全都趕盡殺絕，寸草不留。堅忍和殘忍，就這樣在司馬懿身上得到了極其完美的融合。這在整個中國歷史上，也是僅此一家，別無分店！

但是，在經歷了那麼多的風風雨雨之後，司馬懿的生命也在這個時候走到了盡頭。不過，他對身後之事毫不擔憂，大勢已成，長子司馬師深沉穩重如己，只要將接力棒交給他，讓他順勢而為，再花上二三十年的時間，司馬氏必能自然而然地代魏而立了。

司馬師這一年是四十四歲，真是年富力強的好年紀，按常理推論，接替司馬懿執政二十年，一點問題也沒有。司馬懿含笑而去後，司馬師以撫軍大將軍錄尚書台事的身分總領朝政。

不過，司馬懿還是低估了權力對人的強大侵蝕作用。司馬師得掌大權後，很快就不再深沉穩重。沒過多久，他就廢掉了曹芳，另立更好控制的高貴鄉公曹髦為帝。這一舉動，讓世人對司馬氏的印象急劇變壞。

更讓司馬懿沒有想到的是，長子司馬師在總領朝政後只活了四年，就因目疾去世了。司馬懿的次子司馬昭以大將軍錄尚書台事的職位，接替兄長，獨掌大權。

司馬昭的性情跳脫，與深沉穩重根本搭不上邊，在最高權力的催化下，越發變得飛揚跋扈，不可一世。曹髦對此極度不滿，於是留下了「司馬昭之心，路人皆知」這樣一句日後流傳千古的憤慨之言。

沒過幾年，司馬昭就指使部下將年僅二十歲的曹髦弒殺。至此，司馬氏的名聲徹底臭不可聞。司馬昭死後的當年，他的兒子司馬炎就將魏元帝曹奐趕下皇位，自立為帝，建立晉朝。

人算不如天算，這是司馬懿生前做夢也想不到的情形。他一生在困頓中追逐權力，最終如願以償。但是他最鍾愛、欣賞的兩個兒子卻沒能真正體會到權力運作的真髓，更沒能真正理解如何隨形就勢，順勢而為，也缺乏足夠的耐心。他們只是學到了他的殘忍，卻忽略了更為重要的堅忍。司馬氏固然提早得到了天下，但操之過急，適得其反，他們的聲譽也降到了道德底線之下。

司馬懿一生苦心經營，其名聲並不算太壞。在他死後，淮揚地區爆發了文欽討伐司馬師的叛亂。在文欽的起兵檄文中，著重提到「故相國懿，匡輔魏室，歷事忠貞」，並以此來指責司馬師背棄父命，肆意妄為。可見，司馬懿的身後之名，一開始並不是我們現在普遍認知的負面印象。

但是，到了數十年後的東晉時期，晉明帝司馬紹詢問王導，司馬氏先世如何得到天下。王導講述完畢後，司馬紹竟然羞愧地把臉埋到了床上，說：「如果真的像您所說的那樣，晉朝的國祚怎麼能夠長久呢？」

顯然，此時的司馬氏開創之祖司馬懿已經被世俗輿論貼上了「狼子野心」、「陰險狡詐」的負面標籤。最新呈現的資訊對人們的認知與判斷有著特別大的影響力。這就是人類歸因定式中的「近因效應」的必然結果。司馬氏子孫的一切妄行劣舉，都被集納到了早已作古的司馬懿身上，並與他的「鷹視狼顧」密切關聯。不管司馬懿在此前絕大多數的生存時間裡是如何謹小慎微，忠誠奉公，他也必然只能成為千夫所指的奸賊罪人了。

客觀地說，曹氏可以篡漢，司馬氏為何不能如法炮製篡魏？關鍵就在於，司馬懿的兒孫們沒能耐住性子，且又凶殘畢露，終於連累整個家族以及老祖宗身背惡名。

司馬懿的惡名定型之後，千百年來，人們人云亦云，卻很少有人看到他在距離帝位一步之遙時所做的不同選擇。即便有人看到了，也沒有看懂他這一反常舉動背後的深意。

其實，司馬懿只是希望一切順勢而為。千百年來，幾乎沒有人真正了解他。那麼，今天的我們，到底應該從司馬懿的逆境經歷中學習什麼呢？

我們當然不是要學他的殘忍、他的自私、他的冷酷、他的無情，而是要學他為什麼能夠突破重重的逆境陰霾，迎來陽光燦爛的日子。

很多人會說，司馬懿之所以能夠在逆境中走到成功的巔峰，很大一個原因就在於他的長壽。他活到了七十三歲，而曹操、曹丕、曹叡父祖三代加起來，都沒活過他一個人，從而也給了他可乘之機。

很多人也認為，司馬懿的長壽是基因所致。他的父親司馬防活了七十一歲，他的弟弟司馬孚活了九十三歲。但這種看法其實是片面的。司馬懿的兒子司馬師只活了四十八歲，司馬昭也只活了五十五歲。

司馬懿之所以活得足夠長，其實另有原因。因為，壽命並不僅僅取決於基因，也取決於一個人的生存心態。

心理學家艾倫．蘭格曾經對一家養老院開展研究。她將健康狀況大致相當的老人分成兩組，每位老人都被分到一盆屬於自己的植物，其中一組老人擁有照料植物的自主權，可以自由決定澆水的時間和次數，以及是否將植物放在光照處或陰涼處。另一組老人則被告知植物必須由養老院的護士負責照料。

十八個月後，蘭格回訪這家養老院，有了一個驚人的發現。那組擁有照料植物自主權的老人的健康狀況大有改善，而另一組老人的健康狀況卻惡化了。具體資料是：擁有控制權的老人與沒有控制權的老人的死亡率對比竟然是百分之十五比百分之三十！

這項心理學研究表明，一個人如果失去對外部情境的控制力，往往會導致身心受損，甚至危及生命。這就是控制效應。

從日常經驗來看，控制效應確實是普遍存在的。比如，司馬懿的同僚曹休、曹真都是因為無力改變情勢，受氣而死。但是，司馬懿卻似乎是個極為特殊的例外。他一生坎坷，絕大部分時間身處逆境，極度缺乏對自身命運的掌控權。根據控制效應，他是絕無可能長壽的。

但司馬懿卻有效反制了「控制效應」。他的逆境祕訣其實也很簡單：當外部的情境一時無法改變時，那就調適內部的心境，以良好的心態，平和以待，靜候轉機的出現。

這就是司馬懿隨形就勢的人生哲學。逆境中的第一要務就是活下去，但太多太多的人過早地被逆境擊潰，打垮，甚至放棄了生命，從而永遠失去了東山再起的機會。

秦末漢初隱士黃石公所著的《素書》中有一句話，正可以當作司馬懿人生哲學畫龍點睛般的精確詮釋：逆者難從，順者易行；難從則亂，易行則理。如此，理身，理家，理國可也。

司馬懿用他的實際行動告訴我們，修身、齊家、治國、平天下的最高智慧都蘊藏在這句簡簡單單的話中。

司馬懿，他不只是一隻凶猛的鷹，也不只是一匹孤獨的狼，他還是一個真正懂得生活真諦的智者。如果能拋開對他的千年偏見，撇清他行事中的道德瑕疵，萃取他順勢而為的生存智慧，我們一定能夠更好地直面現實生活中的競爭與挑戰，淡定從容，笑對未來。

心理感悟：趨勢是人世間最大的力量。

本書主要心理學概念解讀

（括號內數字為所在篇目）

1 **高自尊暴力傾向**：當遭到他人的拒絕或否定時，高自尊的人比低自尊的人更容易表現出暴力行為。（1）

2 **對應推論**：人們總是習慣於從他人的行為來推斷其性格特質和價值取向。（2）

3 **刻板印象偏見**：人們根據性別、種族、年齡、職業等社會分類而形成的關於某一類人的固定印象。（2）

4 **防禦性推理**：左右人們行動的主要因素是維持控制效益最大化，損失最小化以及對消極情緒的儘量避免等。（2）

5 **相似性法則**：人們在對陌生人做出愛憎好惡的評判時，如相互間有一些相似之處，就傾向於給出好評。這其中，價值觀是一個很重要的衡量標準，擁有相同價值觀的人很容易相互產生好感，併發展出親密關係。（3）

6 **選擇性偏見**：人們往往根據自己的利益需求、情感好惡、既定態度等來解讀外部的客觀資訊。（4）

7 **啟動效應**：外界某一個特別的資訊或物品激發出了人們的某種特別的情感記憶或身分意識。（5）

8 **結局效應**：人們對於人生中各種事件的回顧性評價很大程度上取決於結束之時的情感方向及強烈程度。如果結束之時的情感狀態是強烈的正向情緒，那麼，再痛苦的歷程，也會變得美好，充滿意義。

反之，則反之。（5）

9 **外表拒絕敏感度**：過於關注自己的外表，擔心自己外表不夠出眾而遭到他人蔑視的一種心理狀態。這是一種自卑性反應。（6）

10 **頭銜身高關聯**：一個人擁有的頭銜越是顯赫，人們對他的身高就會估計得越高。（6）

11 **包達列夫現象**：不同的身分背景會極大地影響到人們對某個人性格特質的判斷。這是一種驗證性偏見。（6）

12 **驗證性偏見**：人們往往根據內心已有的信念或情緒來對外部事物進行評判，以得出與內心一致的結論。（6）

13 **起點效應**：在一個人的職業成長中，選擇或者被選擇從什麼樣的部門、職位作為起點，會極大地影響到未來的職業成就。（7）

14 **鄰近優勢**：基於居住場所或工作場所的相鄰接近這一自然便利性條件而對相互間開展人際交往的促進作用。（7）

15 **公平世界假設**：人們傾向於認為我們生活的世界是公平的，每個人都會得到他所應得的東西。一個人獲得了成功，肯定是因為他做對了什麼。而當不幸降臨到一個人頭上時，肯定也是受害者的咎由自取。（8）

16 **物化衝動**：那些取得了巨大成功的大人物，往往喜歡興建雄偉壯闊的建築物來宣示自己的功業，並希望借由建築物的耐久性而永垂不朽。（9）

17 **失敗深化記憶**：在比試或爭鬥中獲勝的一方，往往會覺得事情已經告一段落，而落敗的一方，則傾向

於認為事情並未完結，從而留下了更為深刻的記憶。（9）

18 **預感**：一種以夢境或遠端感應的形式警告人們危險即將來臨的直覺。（10）

19 **社會排斥**：人是社會性的動物，離不開彼此之間的情感交流。那些被剝奪了社會情感連接或者遭到其他個體排斥而陷入孤立狀況的人，往往在心靈上備受傷害。（10）

20 **心理脫敏現象**：那些足以引發個體劇烈心理反應的外部刺激在頻頻出現後，會導致個體逐漸失去敏感性而見怪不怪。（11）

21 **偏見同化**：當第一印象形成後，人們在理解或解釋後續相關資訊時，往往會不假思索地在認知上讓其與最初的信念或判斷保持一致。（12）

22 **反向歧視**：出於對社會評價的高度敏感，而對本該特別保護、照顧、優惠的個體或群體施予完全相反的措置，以維護自身的名譽或聲望。（16）

23 **基本歸因錯誤**：人們往往把他人的行為歸因於人格或態度等內在特質上，而忽略他們所處情境的重要性。（16）

24 **智力負效應**：那些屢屢從自己的聰明中獲益的人，往往會變得不再在意他人的需要或感受。但這樣的做法最終會給聰明人帶來難以預料的傷害或災難。（17）

25 **習得性無助**：當個體的多次努力都無法取得對生活的控制權後，就會出現絕望冷漠，逆來順受的思維定式。（17）

26 **強悍的表達方式**：在說服時以一種不容置疑的決絕姿態，營造出一種壓迫感極強的情境，迫使他人接受自己的意見。（18）

27 **不作為慣性**：當人們錯過了一個具有吸引力的機會後，將會對隨後出現的類似機會置之不理，即便後來出現的機會比之前的更具吸引力。（19）

28 **權威模仿**：在驚世駭俗之事上，模仿權威人物的做法，可以有效減輕當事者的心理壓力。（19）

29 **選擇性解讀**：對於同一個資訊，人們因為自己頭腦中的圖式不同或需求不同而給出多種多樣的解釋，甚至是完全不同的解釋。而那些智謀出眾、應變能力強的人往往不會局限於某一種解釋，而是能夠根據不同的情境需要而給出最為契合的解釋。（20）

30 **過度合理化效應**：當一個人的所得遠遠超過了他的應得，就會引發內心的認知失調，並影響到此後的行為。（21）

31 **反事實思維**：在經歷了影響巨大的事件後，人們往往會陷入對已發生事實的反向模擬之中。這是人類幸運感或懊悔感的重要心理來源。（22）

32 **柏克萊甜餅法則**：擁有權力後的人們很容易進入「掌權心態」而表現出對他人的粗魯、無禮，以及對一般性社會規範不予遵從。（23）

33 **內隱態度**：就連個體本人也不能準確識別的，深藏於潛意識中的某一種情感認知或反應。內隱態度往往建基於過往某一經驗在潛意識中留下的痕跡。（25）

34 **權力悖論**：權力和自主權兩者不可得兼。擁有越大的權力，就意味著越不能自由行事。（26）

35 **信念固著**：即便是錯誤的資訊或判斷被人們接受後，也很難讓他們否定這些信念。（26）

36 **壓抑**：當一個人受到挫折後，會將自己所承受的那些不能被意識接受的欲望與行動不知不覺地壓抑到潛意識中去。這是最基本的一種心理防禦機制。（27）

37 **合理化**：個體為自己所遭受的種種挫折和打擊找到合情合理的藉口，從而讓自己免於心靈受傷。（28）

38 **權力逆信任**：權力會對一個人信任他人的能力造成侵蝕，讓人變得多疑。（29）

39 **矯枉過正誤區**：當人們做出了一個帶來了不良後果的錯誤決策後，往往會在後續的決策中出現矯枉過正的誤區，對於新出現的機會畏手畏腳，不敢作為。（31）

40 **蜜月效應**：當兩個人的情感處於熱烈升溫階段，相互間的任何要求都有可能得到對方的許可。（32）

41 **類蜜月效應**：當兩個人剛剛結束對立關係之時，每個人對於對方的越格行為會表現出較大的寬容度，以免重蹈關係破裂的覆轍。（32）

42 **權力二八法則**：權力的邊界並非固定。一個人被賦予的權力中只有百分之二十是顯權力，另外的百分之八十則是取決於個體的膽魄與決斷的隱權力。（33）

43 **稟賦效應**：一個人一旦擁有某項物品或權利，那麼他對該物品或權利的價值評估要比未擁有之前大大增加，從而也更不願意捨棄。（38）

44 **祈福式慷慨**：在公平世界的前提假設下，個體希望以自己的各種形式的慷慨付出來換得平安、健康、幸福等回報。（38）

45 **從眾行為**：在集體壓力下，人們很容易放棄自己的獨立立場，出現從眾行為。（39）

46 **自利性偏見**：人們在對外部事物進行判斷時，往往將成功的原因歸功於自己，卻將失敗的責任推諉給他人。（39）

47 **內隱偏見**：對某一類群體或事物所持有的一種負向、消極的內隱態度。（40）

48 **賭注信號**：賭注往往代表著一個人內心最為看重的東西，從而也是觀察一個人價值觀的重要信號。

（40）

49 **行為改變態度**：當一個人做出了與內心態度不一致的行為後，為了克服內心的認知失調，往往會改變先前的態度而與已經無可更改的外在行為保持一致。（41）

50 **重新定義**：給予同一個概念以不同的解釋，以瓦解對方的信念系統，取得說服勝利的一種重要策略。（41）

51 **投入陷阱**：當一個人為某一件事投入心力、資源後，往往很難自拔，而是傾向於不斷追加投入，直至遠遠超越了理性的範疇，也不回頭。（42）

52 **情境智商**：因應不同的情境，而讓自己的言行舉止與之和諧匹配的一種綜合性抗壓能力。（44）

53 **與攻擊者認同**：一種特殊的心理防禦機制。個體在遭受到攻擊者的傷害後，將攻擊者的行為模式內化為自己的行為模式，並施加給其他的人。（46）

54 **反向立場提問**：從被問者的對立立場設問，將對被問者的考量轉化為請教，從而有效達成無刺激質詢。（47）

55 **決策後失調**：一個人在做出了選擇後，往往會提高已選擇對象的吸引力，同時降低被拒絕對象的吸引力。（50）

56 **權力E測試**：哪怕是只被注入了一丁點兒權力，也會讓人變得我行我素，不願意根據他人的觀點調整自己的主張。（51）

57 **能力不足效應**：越是能力不足的人，越是容易高估自己的能力，走向過度自信的陷阱。（51）

58 **安全閥策略**：當一個人被逼到無路可退的絕路時，就會表現出拼死一搏的冒險傾向。為了避免對手狗

急跳牆，掌控局勢者在勝券在握的前提下，故意預留出一個活口，適當釋放對手的壓力，以免兩敗俱傷。（57）

59 **權力戒斷反應**：當一個人被剝奪曾經擁有的權力後，會出現一系列生理及心理上的不適症狀。（58）

60 **反向形成**：一種特殊的心理防禦機制。某個人為了將自己無法承受的負面認知或負面情緒排除在意識之外，而從完全相反的角度去解釋同一事件。（59）

61 **社會評價顧忌**：基於某一基本價值觀的社會輿論會有效約束身處其中的個體，按照這一主流價值觀的標準來行事。（59）

62 **近因效應**：最新呈現的資訊對人們的認知與判斷有著特別大的影響力。（60）

63 **控制效應**：一個人如果失去對外部情境的控制力，往往會導致身心受損，甚至危及生命。（60）

後記

風雨十年心何往

「心理三國（繁中版：用心理學趣讀三國）三部曲」即將推出十周年紀念版，在這個特殊的時刻，不免撫今追昔，往事歷歷，湧上心頭。不過，記憶經過時間的加工，可能早已不是原來的模樣。

十年來，「心理三國」系列以多個版本、數種文字暢銷中國大陸和港澳臺地區以及韓國等東亞文化圈，還有北美、澳大利亞等華人密集處，這是出乎我的意料的。

這部作品是我人生中的一個大事件，是沉寂兩年後的自動噴發。所有的文字就像是流淌出來的，在鍵盤上打字的速度根本就跟不上腦海中文字奔湧的速度。只是，當時我並沒有想到，這部無意中誕生的作品，竟在十年間成為我的代表作之一，並順帶開創了「心理說史」這種獨特的寫作形式。

這十年來，我的生活跌宕起伏、變化多端，彷彿只有不確定才是唯一確定的。

風雨十年心何思？

一個人若不曾跌落低谷，永遠不可能體會人世真相；一個人若不曾歷經滄桑，永遠不可能洞察人性真相；一個人若不曾在絕望處看見光明，永遠不可能探明人生真相。

這十年中，我思考了很多很多。這些思考帶來了巨大的痛苦以及痛定之後不可思議的心性提升。

這十年中，我領悟到，風雲亦只是尋常。我們慣常將目光投注於英雄人物，為他們的成功擊掌，為他們的失敗痛惜，為他們的智慧讚歎，為他們的失誤惋惜。我們往往以為英雄人物與販夫走卒大為不同，但其實在心理學的手術刀下，英雄與凡夫並無二致。人類喜怒哀樂的心理機制、趨吉避凶的人性邏輯，都逃不脫固有的幾個模式。

所以，從心理學意義上來看，每個人的一生都是一個傳奇。所謂歷史，其實只是每個人自己的故事。「心理三國」借用了「英雄人物」的標籤，講述人人都可以代入的人生成敗、悲歡離合。當初我在書中寫到的「三國不僅僅是一段歷史，也是千百年來人們將自己的道德偏好、價值判斷投注其上的一個心靈樣本。我們每個人身上或多或少都有這些三國人物的文化基因和行為記憶。讀懂了他們，就認清了你自己，也就認清了你身邊的人」，這一再得到了時間的驗證。英雄即凡人，凡人亦傳奇。這一領悟也滲入我此後所寫的「心理說史」系列的其他作品中。

佛陀在《金剛經》裡提出了一個「如何安住此心」的人生大命題。

風雨十年心何住？

反躬自省，這十年來，我的心一直住在哪裡呢？

整個「心理三國」系列，我寫下的第一句話就是「關羽是不可能投降的」，實際上，這句話完全是我當時潛意識的反映。

當時，我以靈魂之痛，深刻體會到了人性的複雜多變，但我的心還是住在對抗中，不願意與俗流妥協，不願意對壓力屈服，不願意向逆境投降。

但是黑白分明的抗爭姿態是很消耗能量的，對自己的身心也是一種莫大的傷害。而最關鍵的是，這樣做並不能安住那顆躁動而彷徨的心。

孔子說，人分為三種：一種是生而知之的，一種是學而知之的，還有一種是困而知之的。我生性愚笨，應該是屬於那種困了很久才略有所知的。

抗爭，非但沒有讓我免於痛苦，反而讓我陷入了更大、更漫長的痛苦中。我的心被困於抗爭之中，這等於是自設的心牢。如何才能越獄而出？

物極必反，在黑暗的極點，我明白了，抗爭何如接納？就如納爾遜．曼德拉，也是在看不到頭的牢獄生涯中，明白了必須用包容去迭代抗爭。

接納並不是投降，並不是沒有原則，更不是和稀泥、當好好先生。接納其實是一種最柔軟的抗爭。抗爭是一分為二，接納是合二為一，而一個人在三維世界中所能達到的最高心性境界就是「一」。

當一個人安住在接納之中，自然也就消解了恐懼，消解了憤怒，消解了孤獨。當一個人安住於不確定之中，也就是活在當下了。當一個人安住於包容之中，哪裡還用得著對抗呢？山川萬物皆是我，無限風光由心造，那是一種何等美妙的體驗！

十年間，我出版了三十多本書（包括「心理三國．逆境三部曲」、「心理吳越三部曲」），但我自己知道，有太多的時間並沒有用於創作，而是在和自己的心性做鬥爭。以我的創造力，本可以寫出更多的作品。計畫中的「心理楚漢三部曲」、《心理戰國》（七卷本）、《心理孔子》、《心理秦始皇》、《心理蘇東坡》、《心理岳飛》等之所以未能如期完成，也緣於此。不過，這也是必不可少的「浪費」。好在，我還沒有放棄；好在，我還有時間。

風雨十年，心裡充滿了感恩。對我來說，夜空中最亮的星，就是那些忠實的讀者們。這些素不相識的書友，借助網際網路時代的通信便利，用各種方式表達了他們對作品的喜歡和對我的支持。他們看似微不足道的一句問候，卻彌足珍貴，暖灸我心，給了我繼續前行的力量。在這裡，要對這些書友們道一聲誠摯的感謝。

走過十年，就像一首歌所唱的：孤獨站在這人生的大舞臺，心中有無限感慨。多少青春已不在，多少情懷已更改，但我卻依然擁有你們的愛，無論天上人間，無論天涯海角。

要特別感恩的是師父和陳國瑛老師，他們給了我無數的鼓勵，陪伴我走過了漫漫長路。另外，厚朴先生和馨文女士在重要時刻的熱心幫助，也讓我銘記在心。

俱往矣，時間不會停留，但會開花結果。生長十年，「心理三國」初具模樣，也留下了一些遺憾。但無論如何，「心理三國」一定會活出它自己最茂盛的樣子。

風雨十年心何往？

再過幾天，就將進入21世紀20年代了，人類社會正在發生翻天覆地的變化，技術似乎占據了主導地位，但我始終相信，太陽底下，並無新事；人性心理，千年如一。無論技術如何演變，關於人和人性，仍將是恆久的話題。

展望未來，我還是會繼續用「心理說史」這種形式來「看透歷史，講透人性」。或許，這就是我重要的人生使命吧。

最後，我想說，在上一版的後記中我把這套書獻給我故去的公公婆婆。十年過去了，時間並不能割斷我對他們的思念，也不可能磨滅我對他們的敬意。

謹以此書寄託我對他們不變的愛，雖然我再也沒有機會親口告訴他們。

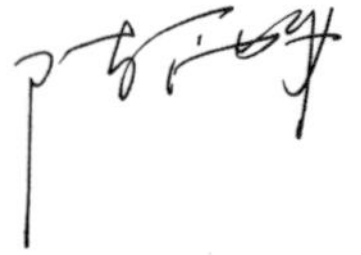

2019年12月24日星期二於北京空港融慧園1912

2020年2月16日星期日於別館13B補定

初版後記

時間會改變很多東西，包括信念、情感和一些看似堅定的決定。

五年之前，我完成了「心理說史」的開創之作「心理三國三部曲」（《心理關羽》、《心理諸葛（繁中版：用心理學趣讀三國！軍師界頂流傳奇——諸葛亮）》、《心理曹操》）後，決定不再涉及三國題材。因為，上下五千年，最不缺的就是歷史。弱水三千，各具資采，何必鎖定一瓢而飲呢？那些取之不盡、浩瀚汪洋、波瀾壯闊、奇譎巧絕的歷史事件或歷史人物都可以供心理說史選材之用。

五年來，我構思了多部作品，也完成了心理說史的另一個大系列——「心理吳越三部曲」（《鞭楚》、《辱越》、《吞吳》）。讓我始料不及的是，三國竟然再一次魂牽夢縈般地走進了我的心靈。

也許是三國的獨特魅力，也許是讀者的殷切期盼，也許是師友的良言指教，也許是說不清道不明的什麼理由。總之，五年之後，這一套「心理三國．逆境三部曲」（《心理劉備（繁中版：用心理學趣讀三國！善用眼淚打江山的梟雄——劉備）》、《心理孫權》、《心理司馬（繁中版：用心理學趣讀三國！忍術一流、笑到最後的權遊高手——司馬懿）》）彎道超車，搶在其他作品之前，出現在大家的面前。

不過，這個三部曲和之前的三部曲有一些明顯的不同。生也有涯，光陰勝金，簡單重複是我唯一不屑去做的事情。我選擇劉備、孫權、司馬懿來書寫三國新篇，是因為這三個人的際遇代表了三種不同類型的逆境。

劉備身無憑依，在匱乏資源的情況下去實現偉大夢想；

孫權驟逢變亂，在毫無準備的情況下不得不力擔艱巨；司馬懿懷才難遇，在備受壓制的情況下圖謀著脫穎而出。

人世間的逆境大抵超不出上述三種類型及其不同分量的組合。劉備、孫權、司馬懿與逆境抗爭的人生經歷有著很強的代表性。

逆境來自追求。沒有追求，就沒有逆境。劉備追求的是地位，孫權追求的是認可，司馬懿追求的是權力。

面對逆境，劉備的奮鬥動力是夢想，孫權的奮鬥動力是責任，司馬懿的奮鬥動力是生存。他們的逆境祕訣也各有不同，劉備是「永不放棄」，用心創造機會；孫權是「以柔克剛」，精心選擇機會；司馬懿是「隨形就勢」，耐心等待機會。

劉備就像是一條游來游去的魚，心懷夢想，到處尋找水草肥美的江湖，合則留，不合則去，在顛沛流離中終於魚躍龍門，克成大業；司馬懿就像是一棵站在原地的樹，即便缺乏陽光雨露，即便時有狂風暴雨，依然不為所動，倔強生長，最終成為參天巨木；孫權則像是一個幸運的孩子，無意中得到了一把鑰匙，他試著用這把鑰匙去開所有的門，竟然幾乎無一落空。當然，世事從來趨於均衡。最後，孫權也嘗到了幸運的苦果。

這就是這三位三國英雄打動我的逆境故事。

逆境有著永恆的魅力。只要星漢一直燦爛，只要地球一直轉動，逆境就永遠不會消失。既然我們永遠無法拒絕逆境的降臨，我們為什麼不去找尋更好的心態與方法，來面對逆境、認知逆境、改變逆境呢？

愛斯基摩部落一位名叫依格加卡加克的巫師曾經說過：「只有困厄與苦難才能使心眼打開，看到那不為他人所知的一切。」

這句話點破了逆境的價值與意義。其實，這就是我創作「心理說史」的初衷，這就是我從來也不會被時間改變的初心。

好了，關於心理三國，我已經寫了太多，說了太多了，還是就此告一段落吧。長路漫漫，初心不改，就讓我們在下一段歷史中相逢吧。

2014年8月31日星期日早10：47於杭州嘉綠苑

國家圖書館出版品預行編目（CIP）資料

用心理學趣讀三國！忍術一流、笑到最後的權遊高手——司馬懿／陳禹安著. -- 初版. -- 臺北市：臺灣東販股份有限公司, 2023.08
378 面；14.7×21 公分
ISBN 978-626-329-926-9（平裝）

1.CST：（三國）司馬懿 2.CST：傳記 3.CST：研究考訂

782.823　　112010134

用心理學趣讀三國！
忍術一流、笑到最後的權遊高手——司馬懿

2023 年 8 月 1 日初版第一刷發行

著　　者　陳禹安
主　　編　陳其衍
美術設計　黃瀞瑢
封面插畫　陳郁涵
發 行 人　若森稔雄
發 行 所　台灣東販股份有限公司
＜地址＞台北市南京東路 4 段 130 號 2F-1
＜電話＞ (02)2577-8878
＜傳真＞ (02)2577-8896
＜網址＞ http://www.tohan.com.tw
郵撥帳號　1405049-4
法律顧問　蕭雄淋律師
總 經 銷　聯合發行股份有限公司
＜電話＞ (02)2917-8022

TOHAN